Wandern
im
Südschwarzwald

Gerhard Göttler

Inhalt

Hinweise

Das Wanderwegenetz im Südschwarzwald wurde vor kurzem fast komplett neu markiert. Abgesehen von wichtigen Fernwanderwegen, Zugangs-, Verbindungs- oder Themenwegen (vgl. S. 119) wird nun nach Schweizer Vorbild nur noch ein einziges Zeichen verwendet, nämlich die **Gelbe Raute GR,** die so oft wie nötig durch Text- und Entfernungsinformationen ergänzt wird. Parallel zu dieser Umstellung ersetzen die vom Landesvermessungsamt LVA in Zusammenarbeit mit dem Schwarzwaldverein SWV und dem Naturpark Südschwarzwald herausgegebenen Freizeitkarten (Zeichen F, Maßstab 1:50 000) und Wanderkarten (Zeichen W, Maßstab 1:30 000 oder 1:35 000) nach und nach die alten Wanderkarten des LVA/SWV. Erschienen sind für die in diesem Buch behandeldeten Gebiete die Blätter F 505, 506, 508 und 509 (auch als Set 1 »Südschwarzwald« verfügbar) sowie WHS (Hochschwarzwald), WBL (St. Blasier Land), WKV (Klettgau, Wutachschlucht), WWT (Wiesental) und WHW (Hotzenwald). Manche der neuen Landkarten sind geradezu überzogen mit Gelb-Rauten-Symbolen – vielleicht tritt im Südschwarzwald schon bald an Stelle des klassischen Wandersymbols ›Rote Raute‹ die ›Gelbe Raute‹ GR !

Im Zuge der Neumarkierung wurden auch Änderungen in den Wegverläufen vorgenommen; aus diesem Grund kann es vorkommen, dass sich Beschreibungen in kurzen Abschnitten evtl. nicht mit den Verhältnissen vor Ort decken. Autor und Verlag würden sich daher über Hinweise auch zu solchen Änderungen freuen. Vielen Dank!

Wandern im Südschwarzwald

Wandersaison

Die beste Wanderzeit im Schwarzwald sind die Monate Juni bis Oktober. Je nach Höhenlage sind die beschriebenen Touren im zeitigen Frühjahr und bei geringen Schneehöhen auch im Winter möglich. Herbst und Winter bieten mit dem Phänomen der Temperaturumkehr (Inversions-Wetterlage) oft Wärme und Sonnenschein auf den Höhen mit fantastischen Ausblicken auf das Nebelmeer in den kalt-feuchten Tälern. Die Wanderwege sind selbst in der Hauptsaison nie überfüllt, wohl aber die öffentlichen Verkehrsmittel, vor allem an Sonntagen. Bergbahnen und Gasthöfe haben häufig in der Zeit von November bis Weihnachten Betriebsruhe.

Anspruch

In der Rubrik ›Die Wanderung in Kürze‹ wird jeweils angegeben, ob es sich bei der Wanderung um eine einfache (+) oder eine mittelschwere (++) Tour handelt.

Gehzeiten

Bitte beachten Sie: Alle in diesem Wanderführer aufgeführten Zeiten verstehen sich als reine Gehzeiten. Rechnen Sie bei der Planung einer Tour noch etwa ein Fünftel bis ein Viertel der Zeit hinzu, für eine Rast oder zum Fotografieren, einen Abstecher oder um schlimmstenfalls ein Verlaufen zu berücksichtigen.

Ausrüstung

Feste, leichte und wasserdichte Wanderstiefel sind bei allen Touren empfehlenswert. Für längere Abstiege sind Teleskopstöcke nützlich, da sie die Gelenke entlasten. Regen- und Sonnenschutz sollte man immer dabeihaben. Ist für eine Wanderung spezielle Ausrüstung notwendig, ist das jeweils vermerkt. Bei allen Touren bietet sich unterwegs oder zumindest am Ausgangs- oder Endpunkt die Gelegenheit einzukehren. Ein Notproviant sollte bei Wanderungen außerhalb der Hochsaison aber immer mitgeführt werden, da Gasthöfe oder Hütten – je nach Wetterlage – überraschend geschlossen oder geöffnet sein können. Weitverbreiteter Ruhetag ist der Montag.

Karten

Zu empfehlen sind die (offiziellen) Karten des Naturparks Südschwarzwald e. V. und des Schwarzwaldvereins SWV auf Basis der topografischen Karten des Landesvermessungsamtes LVA, wobei Blatt WHS (Hochschwarzwald, 1:35 000) den größten Teil des Wandergebietes abdeckt. Die entsprechende Blatt-Nr. und ggf. weitere empfehlenswerte Karten stehen jeweils bei den Touren in der Rubrik »Die Wanderung in Kürze«. Gut und aktuell sind auch die Wanderkarten des ADAC (1:30 000). Weitere Hinweise s. S. 5.

Wetterdienst

Telefonische Wettervorhersagen: Tel. 0900-1164 000 (0,62 €/Min.). Ausführlich und kostenfrei im Internet. Schauinslandbahn: Aktueller Wetterdienst: Tel. 0761/451 14 56.

Notruf

Rettungsdienst/Notarzt: 112
Allgemeiner Notruf/Polizei: Tel. 110
Bergwacht: Tel. 0761/49 33 33

Mit Bus und Bahn

Bei der Tourenauswahl wurde Wert darauf gelegt, dass die Ausgangs- und Endpunkte mit öffentlichen Verkehrsmitteln zu erreichen sind. Bahn und Busse erschließen das gesamte Wandergebiet. Erkundigen Sie sich beim Regio-Verkehrsbund-Freiburg (RVF) nach günstigen Pauschaltarifen oder gar kostenlosen Bus- und Bahnfahrten für Inhaber der ›Konus-Gäsekarte‹. Elektronische Fahrplanauskunft (EFA): Vor Ort unter Tel. 018 05/77 99 66 (0,12 €/Min.), im Internet unter www.suedbadenbus.de, www.efabw.de und www.rvf.de.

SYMBOLE IN DEN KARTEN

♟	Gasthaus, Berghütte (bewirtschaftet)	⚒	Bergwerk (aufgelassen)
♟	Schutzhütte, Unterstand (unbewirtschaftet)	✿	Mühle, Sägerei
		t	Wegkreuz, Marterl
⚲	Kirche	⌐	Rastplatz
⚲	Kapelle	⌐ʷᶠ	Wasserfall
⚲	Kloster	○	Quelle, Wasserbehälter (Wbh.), Brunnen (Br)
⚲	Burg, Schloss	♣	Markanter Nadelbaum
⚔	Burgruine	♀	Markanter Laubbaum
⚲	Aussichtsturm	⊷	Schwimmbad
∴	Archäologische Stätte	⚲	Sendemast
⚲	Denkmal, Monument		NSG Naturschutzgebiet

Der Schwarzwald

Der Schwarzwald verdankt seine Entstehung ebenso wie sein Pendant jenseits des Rheins, die Vogesen (auch diese ein eher noch urwüchsigeres Wanderparadies) gewaltigen Hebungsvorgängen vor ungefähr 60 Mio. Jahren (Tertiär). Wahrscheinlich mehr als 3000 m hoch hob der Druck aus dem Erdinnern einen von Süden nach Norden verlaufenden Bergrücken heraus, dessen Sockel aufgeschmolzene Gesteinsarten, Granite und Gneise, darstellen, überlagert von Schichten des Deckgebirges wie Buntsandstein und Muschelkalk. Etwa 30 Mio. Jahre später brach dieses Massiv in seiner Mitte ein, wobei ein langgestreckter Graben entstand, der in noch späteren Erdperioden den Rhein aus seinem alten Bett nach Norden umlenkte, die heutige Oberrhein-Ebene: Schwarzwald und Vogesen sind seitdem durch den Rheingraben getrennt.

Die Einbruchsklüfte und -risse waren Wegbereiter für vulkanische Eruptionen, die z. B. zur Entstehung des Kaiserstuhls führten. Im Süden (Schweizer Jura), im Westen (Côtes Lorraines) und im Osten (Schwäbische Alb) umgeben von den viel älteren Jura-Sedimentgesteinen, bilden der Schwarzwald, hinter Rhein

und Rheinebene die Vogesen und die Hügellandschaften des Baselbietes heute die grenzüberschreitende sogenannte *Regio,* gewissermaßen die Fortsetzung der gemeinsamen natürlichen Entstehung hin zu einer gemeinsamen Kulturlandschaft.

Gewaltige Gletscher überformten in den Kälteperioden (Eiszeiten) von etwa 600 000 bis 20 000 diese geologischen Gegebenheiten, weiteten die Täler U-förmig aus, hobelten Mulden und Gruben in den Untergrund, die sich mit zunehmender Erderwärmung mit Wasser füllten. Darin entstanden später Seen, wie z.B. der Feldsee, und teilweise Moore (z. B. das Horbacher Moor). Von den Gletschern zusammengeschobene Sand- und Geröllmassen,

die Moränen, versperrten manchem Fluss den Ablauf, was zur Entstehung weiterer Seen führte, wie etwa dem Titisee. Als höchstes deutsches Mittelgebirge entsendet der Schwarzwald seine Bäche und Flüsse in alle Himmelsrichtungen. Wesentlichen Einfluss auf die heutige Ausprägung des Gewässersystems hatten die gewaltigen Wassermassen, die wegen der mitgeführten Steine und Sandmengen die Erosion besonders stark vorantrieben. Flüsse wurden dadurch gar umgeleitet (vgl. Tour 23): Flossen sie zunächst der Donau und damit dem Schwarzen Meer zu, gelangten ihre Wasser jetzt in Hoch- oder Oberrhein und damit in die Nordsee bzw. den Atlantik.

Während im Nordschwarzwald das nährstoffarme und daher wenig fruchtbare Deckgestein (Buntsandstein) erhalten blieb, war es im Südschwarzwald durch Erosionsvorgänge rasch abgetragen: Das kristalline Grundgebirge aus Granit und Gneis trat zutage, aus deren Zerfallsprodukten wesentlich nährstoffreichere und daher fruchtbarere Böden entstehen. Die Folgen für das Landschaftsbild sind nicht zu übersehen: Im Nordschwarzwald herrschen weite, von geschlossenem Nadelwald bedeckte Hochflächen vor. Im Südschwarzwald dagegen bildet ein steter Wechsel von runden Kuppen mit tiefen Kerbtälern, von flachen Bergrücken mit zum Teil bewaldeten Steilhängen einen bunten Fleckenteppich aus Misch- und Nadelwäldern, Wiesen und Weiden, Felshalden und ehemaligen Gletschermulden – hier erstreckt sich unser abwechslungs- und aussichtsreiches Wandergebiet.

Natur am Weg
Unverwechselbar?

Eine bei passender Gelegenheit unter Schwarzwald-Wanderern beliebte Scherzfrage an weniger naturkundige Mitwanderer lautet: Warum liegen keine Tannenzapfen am Boden? Antwort: Am Boden liegen nur Fichtenzapfen! Hätten Sie es gewusst? Der Volksmund nämlich wirft Tannen und Fichten oft in einen Topf, dabei handelt es sich um zwei völlig verschiedene Baumarten. Gerade an ihren Zapfen zeigen sich die Unterschiede: Fichtenzapfen hängen am Ast, sie fallen im ganzen ab und liegen oft in großen Mengen auf den Wanderwegen. Tannenzapfen stehen senkrecht wie Kerzen am Weihnachtsbaum auf den Zweigen, von ihnen fallen nur die Schuppen einzeln ab, der ›Docht‹, die Zapfenspindel, bleibt immer am Ast stehen, sie ist also nie auf dem Weg zu finden. Vielleicht bestellen Sie bei einer Einkehr einmal ein »Tannenzäpfle«, das Pils-Bier der Badischen Staatsbrauerei Rothaus: Es gilt als das beste in der gesamten Region. Steht dann die Flasche vor Ihnen, werden Sie rasch erkennen, dass auf dem Etikett des »Tannenzäpfles« Fichtenzapfen abgebildet sind! Sei's drum, gut ist das Bier allemal (was nicht nur auf das Können der Braumeister, sondern auch auf das in Rothaus vorhandene sehr weiche Grundgebirgswasser zurückzuführen ist). Interessant ist auch, dass die Schwarzwälder Zimmerleute das Tannenholz gar nicht mögen: Bei sonst gleichen Eigenschaften ist es fast doppelt so schwer wie Fichtenholz, an einem Balken gleicher Größe hat der Zimmermann fast das doppelte Gewicht zu heben. Die Bäume mit der größten Holzmasse sind jedoch die Tannen; wenn also zu Zeiten der Flößerei von »Holländertannen« (vor allem solche Baumriesen wurden für den dortigen Schiffsbau benötigt) die Rede war, hatte der Volksmund tatsächlich recht.

Großzügig dagegen ist er wieder beim Umgang mit den Vogelbeer-Büschen. Da wirft er den Roten Holunder und die Eberesche in einen Topf, nur weil beider Beeren gerne von Vögeln verzehrt werden. Wieder haben wir hier völlig unterschiedliche Pflanzen vor uns: Die Rote-Holunder-Vogelbeere eignet sich vielleicht als Vogelnahrung, nicht aber für den menschlichen Verzehr. Die Ebereschen-Vogelbeere dagegen ergibt eine etwas bittere (ähnlich den Preiselbeeren) und grobe Konfitüre; probieren Sie es mit einem Kilo Zucker auf ein Kilo ›Vogelbeeren‹, wenn Sie sicher sind, es mit den korallenroten Eberesche-Beeren zu tun zu haben.

Ein ähnliches Schicksal erleidet die Blaubeere: Heidelbeere und Rauschbeere (auch Trunkelbeere) werden nur ihrer blauen Farbe wegen in einen (Koch-)Topf geworfen. Im Gegensatz zum Roten Holunder sind die Folgen aber nicht dramatisch: Die Rauschbeere ist nicht gif-tig (einen Rausch löst erst der Verzehr größerer Mengen aus), hat aber kaum Aroma im Gegensatz zur köstlichen Heidelbeere. Haben Sie Zweifel, genügt ein einfacher Test: Zwischen den Fingern zerquetscht hinterlässt die Heidelbeere einen dunkel-blauroten Fleck, die Rauschbeere dagegen mit ihrem weißen wässrigen Fruchtfleisch färbt praktisch gar nicht.

Im Falle von Pilzen sieht das ganz anders aus: Röhrlinge oder auch Braunkappen ist eine Bezeichnung, die für viele, zu viele verschiedene Pilze verwendet wird; die Meinung, Röhrlinge seien nicht giftig, ist weit verbreitet – aber schlicht falsch! Wirklich gefährliche, weil tödlich giftige gibt es darunter nicht, zudem fallen diese durch ihren bitteren, herben Geschmack sofort auf. Auch Champignons werden Sie auf den Wanderungen immer wieder finden: Wiesen-, Schaf- und Waldchampignons – ungemein verlockend, von einer schönen Wanderung ein köstliches Abendessen mit nach Hause zu nehmen. Hier ist das Risiko einer Verwechslung im Prinzip gering, die Unterscheidungsmerkmale zum tödlich giftigen Knollenblätterpilz sind so deutlich wie die zwischen Fichte und Tanne. Aber wenn Sie sich nicht auskennen, gilt hier noch mehr: im Zweifelsfall lieber verzichten!

Mein Tipp lautet daher: Schirmpilze (paniert und zubereitet wie Schnitzel), Pfifferlinge, Semmelstoppelpilze, Herbsttrompeten und Goldröhrlinge – alle genannten Arten sind relativ häufig, und das Risiko einer Verwechslung mit anderen Pilzen ist für Unkundige sehr gering.

Schwarzwaldhäuser

Nur selten verbindet sich die Vorstellung von einem Landschaftsbild derart mit der Gestalt der zugehörigen Bauernhäuser, wie dies beim Schwarzwald der Fall ist. Der behäbige **Eindachhof** mit seinen tief herabgezogenen Walmdachflächen, unter denen Wohnung und Stall, Menschen und Tiere gemeinsam vor der Unbill der klimatischen Bedingungen geschützt sind, vermitteln ein unerhörtes Gefühl von Geborgenheit und Sicherheit. Die charakteristische Gestalt verbindet sich funktional mit einer Raumaufteilung im Hausinnern, die alle für das Leben und Wirtschaften erforderlichen Tätigkeiten auch bei ungünstiger Witterung erlaubt – Resultat von über Generationen tradierten Erfahrungen. War der Hof vor der Erfindung von Traktor und Schneepflug im Winter eingeschneit, war in seinem Innern alles vorhanden, um die Versorgung für längere Zeit zu sichern.

Dabei gibt es das Schwarzwaldhaus gar nicht. Jede Region hat ihren eigenen Haustyp entwickelt, der den jeweiligen Anforderungen der Umgebung am besten entsprach. Alle sind jedoch Einhaus-Walmdachhöfe, und allen gemeinsam ist die Verwendung von Materialien, die vor Ort verfügbar und preiswert sind und vor Kälte, Sturm und Regen schützen: Auf einem niedrigen Steinsockel wird ein mit Schindeln oder Stroh gedecktes Holzhaus errichtet.

Die älteste Hausform ist das **Heidenhaus,** heute auch als **Höhenhaus** bezeichnet. Üblicherweise ein Vollwalmhaus, verläuft der First mit der Fallinie des Hanges, an dem es steht. Der Stall liegt vorne, dem Tal zugewandt, der Wohnbereich hinten am Berg, jedoch unterhalb des Weges. Darüber liegt der Heubergeraum, der so direkt angefahren werden kann.

Die jüngere Form des Heidenhauses (ab Ende des 16.Jh.) ähnelt in der Konstruktion dem vorhergehenden. Sein Charakter ist aber ein ganz anderer: Das Haus steht um 180° gegenüber dem alten Heidenhaus gedreht, der Wohnteil ist nicht mehr zum Hang, sondern nach vorn heraus mit freiem Blick auf Tal und Straße ausgerichtet. Breite und Höhe des Hauses sind gereckt. Zum neuen Haustyp gesellen sich Speicher und Mühle. Die Dachflächen sind weniger weit herabgezogen, die Räume deshalb heller.

Das **Zartener,** heute auch **Dreisamtäler Haus,** stellt eine Sonderform des Heidenhauses dar. Es steht senkrecht oder parallel zum Hang, der Wohnteil jedoch talwärts. In günstigeren Klimazonen zu Hause, kann es auf den Vollwalm verzichten. Waren die vorgenannten Hausformen noch Einzelgehöfte, stehen die Dreisamtäler Höfe beisammen und bilden weilerartige Siedlungen.

Das **Schauinslandhaus,** heute auch **Münstertäler Haus,** ist der Haustyp der höchstgelegenen Siedlungsgebiete des Schwarzwalds: Es steht immer hangparallel in Höhen um 1100 m, wo nur noch eine reine Graswirtschaft möglich ist. Der Eingang liegt auf der wetterabgewandten Walmseite des Hauses; der an der Wetterseite gelegene Walm der Stallseite ist wenn möglich bis zum Boden herabgezogen.

Die Einfahrt in den Dachraum erfolgt hangseitig zu einer Brückentenne, die ein bequemes Entladen der Heuwagen ermöglicht.

Das **Hotzenhaus** endlich, südlichster Typ des Schwarzwälder Eindachhofs, ist in seinen Ausmaßen der bescheidenste Hoftyp, der nach außen gar ärmlich anmutet. Der Hotzenwald ist rauher und mit seinen Kältewannen in Talmulden und Sumpfniederungen winterlicher als der Hochschwarzwald. Das Hausgerüst zeigt sehr altertümliche Züge: Es steht als Firstständerhaus parallel zum Hang. Der Walm ist auf der Wetterseite tief herabgezogen; die Wohnung liegt meist auf der Südseite. Das eigentliche Holzhaus ist mit einer Steinmauer oder einer Holzwand ummantelt, so dass ein geschlossener Umgang, der sogenannte Schild, entsteht. Die Wohnräume sind daher sehr dunkel. Verschiedene Nebengebäude kommen hinzu, Brotbackhäusle, Speicher und Mühle. Letzere vor allem ist ebenso untrennbar mit unserer Vorstellung vom Schwarzwald verbunden wie der Walmdachhof selbst.

Die Notwendigkeit zur Modernisierung in den landwirtschaftlichen Techniken und Methoden, die Anpassung an moderne Wohnbedürfnisse und die Verfügbarkeit preisgünstiger Baumaterialien aus den Heimwerkermärkten haben bei unsachgemäßen Umbaumaßnahmen zu irreparablen Verlusten geführt. Die wirtschaftlichen Probleme, mit denen die Schwarzwaldbauern heute zu kämpfen haben, sind für das Interesse an der Erhaltung der Höfe im Originalzustand und damit der Kulturlandschaft Schwarzwald leider nicht gerade förderlich.

Oh Kuckucksuhr ...

Wo immer in der Welt der Schwarzwald bekannt ist, ist er dies auch durch seine Uhren. Geradezu als Synonym für diese Landschaft gilt die Kuckucksuhr. Kein Andenkengeschäft ohne Kuckucksuhr!

Über den Ursprungsort dieses Verkaufsschlagers entbrennt auch heute noch mancher Disput unter den Gemeinden im Gebiet zwischen Villingen, Waldkirch und Neustadt. Als Wahl-St. Märgener bin ich sicher: Er befand sich auf dem Glashof bei den Gebrüdern Kreuz, auf den Halden über dem St. Märgener Ortsteil Glashütte (vgl. Route 31). Beteiligt war auch der Frey-Lorenz aus den Spirzen bei St. Märgen; Pater Franz Steyrer nennt in seiner Uhrenkunst-Geschichte sogar das Jahr: 1667! Glas und Spirzen spielten eine Rolle: Glasträger brachten von ihren Verkaufs-Wanderungen das Wissen um die Uhrentechnik mit; die kleinfeldige Armut der Spirzen und Döbel zwang zur Suche nach Broterwerb in anderen Bereichen, und das forderte an langen Winterabenden den Tüftlergeist heraus. Glasträger der eine, Schnefler (Holzschnitzer) der andere. Hartnäckig hält sich die Fama, diese ›Wälder‹ (Lokalkolorit für Bewohner abgelegener Täler) hätten in tiefer Bewunderung für das wohl vollkommenste Uhrenkunstwerk jener Zeit, die schon 1352 gebaute Turmuhr des Straßburger Münsters, in der Mitte des 17. Jh. eine Uhr von ihren Handelsreisen mitgebracht und sie aus Holz nachgeschnitzt.

Ein wahres Fieber muss nach dieser ›Erfindung‹ um sich gegriffen haben: Bald wurden überall auf den Häusle und Gütchen Uhren hergestellt. Mit der ›Krätze‹ (eine Art Tragekorb) auf dem Buckel in die Welt geschafft, überzeugte der Verkaufserfolg bald auch die Söhne größerer Höfe, sich dem Uhrmacher- bzw. Uhrenhändler-Gewerbe zu widmen.

Um 1850 waren Uhrenproduktion und -vermarktung straff organisiert: Uhrenträger-Kompagnien teilten sich ihre Gebiete untereinander auf und schotteten die Grenzen monopolartig ab (die St. Märgener Kompagnie etwa ›beherrschte‹ England, was dazu führte, dass später die ersten Touristen in St. Märgen von dort kamen!). Die Uhrenhändler exportierten in vier Kontinente und 23 Länder von China bis nach Amerika. Jeder dritte Haushalt war mit der Uhrenproduktion beschäftigt.

Reisen (und Wandern!) bildet: Die ›Wälder‹ machten in der Fremde nicht nur gute Geschäfte, sie brachten auch neues Wissen, neue Werkzeuge, neue Materialien mit. Der Bogen der Veränderungen, denen das Urmodell im Laufe der Zeit unterworfen war, erstreckt sich über den Einbau von Glas- und später Metallglöckchen als Stundenschlag, den Ersatz hölzerner Zahnräder durch solche aus Messing, der Verwendung von Stahl für die Fertigung von Wellen, der Anwendung von sandgefüllten Glasgewichten und später solchen aus Eisen anstelle des Feldsteins als Antrieb bis hin zum konstruktiven Ersatz des Waagbalkens durch das Pendel. Jakob Hebenstreit vom Hinterzartener Jockeleshof (vgl. Tour 24) war ›weltberühmt‹ für seine Miniatur-Uhren, die nach ihm Jockeles-Uhren genannt wurden. Die tüftlerische Art solchen Konstruierens führte bald zur Anwendung mechanischer Spielelemente: Die Uhren wurden bevölkert mit Männ- und Weiblein oder anderen beweglichen Figuren; im Takt des Pendels wurde gesägt oder mit den Augen gerollt. Vielleicht war es ja tatsächlich der Versuch, das Krähen des Gockelhahns auf der Spitze des Straßburger Münsters mit mechanisch betätigten Pfeifen zu imitieren, der irgendwann einmal den Kuckuck aus der Uhr rufen ließ! Rasch erfreute sich der Ruf dieses Vogels großer verkaufsfördernder Beliebtheit.

Wurden Produktivitätssteigerungen zunächst noch durch bessere Werkzeuge, andere Materialien und durch Arbeitsteilung erreicht (1796 75 000, 1810 200 000 Stück), führte die weitere Entwicklung in ein neues Zeitalter: In Lenzkirch wurden 1851 die ersten Uhren industriell hergestellt. Der Fabrikation folgte ein rascher Verfall der hausgewerblichen Uhrenfertigung und eine Verarmung der bisher so erfolgsverwöhnten Uhrmacher. Selbst ›s'Jockelsjockel‹ fing das Trinken an: »... er ist sozusagen der einzige Lump in der Pfarrey«, vermerkt die Chronik.

Inzwischen ist die Schwarzwälder Uhrenindustrie komplett zum Erliegen gekommen. Nur einige wenige Hundert Beschäftigte widmen sich noch Nischenprodukten, zu denen auch die Kuckucksuhr gehört. Überlebt haben nur Firmen, die sich ganz neue Geschäftsfelder erschließen konnten. Deren Erfolg zeigt sich darin, dass die gesamte Region heute als größter High-Tech- und Internet-Dienstleister weltweit gilt!

Für Informationen danke ich: Frau Dr. C. Brink/ehem. Deutsches Uhrenmuseum Furtwangen; Herrn E. Hug/Uhrenmuseum St. Märgen.

Tour 1

Von Römerwarte zu Römerwarte

Über die Hochrheinroute von Rheinfelden nach Bad Säckingen

Der Rhein war lange Zeit Grenze des Römerreichs. Von Wachtürmen am heutigen Schweizer Ufer aus beobachteten die Soldaten das Verhalten der germanischen Widersacher am gegenüberliegenden Schwarzwälder Ufer.

DIE WANDERUNG IN KÜRZE

++
Anspruch

5 Std.
Gehzeit

23 km
Länge

Charakter: Wegen der Länge mittelschwere Wanderung, teils schmaler Pfad, teils asphaltierter Weg. Nach Hochwasser u.U. geänderte Wegführung.

Markierung: Wappensymbol auf gelber Raute

Wanderkarten: LVA/SWV 8, F 508, Atlasco 220 und 221, ADAC Blatt 19

Einkehrmöglichkeiten: In allen Orten, von Kiosk bis gehobene Gastronomie

Anfahrt: Hochrhein-Bahn (Basel–Waldshut–Singen)

DB-Linie 730, Taktverkehr. **Mit dem PKW:** Über die B 34, Parkmöglichkeit im Bahnhofsbereich

Hinweise: Info für **Kraftwerksbesichtigung,** Tel. 07763/8 11, Eglisau 0041-1-867 06 54; für **Grenzübertritt** Ausweis mitnehmen, Tour verläuft fast komplett auf Schweizer Gebiet. **Umleitung!** Ab Kraftwerkbrücke bis zur ersten Römerwarte unangenehme Umleitung wegen Bauarbeiten bis ca. 2012. Zusätzlicher Zeitbedarf: ca. 30 Min.

Vom Bahnhof in **Rheinfelden** gehen wir der Ausschilderung folgend zur Rheinbrücke, dem Grenzübergang in die Schweiz. Wir überqueren den Fluss, der hier eine eindrucksvolle Strömung aufweist. Nach knapp 10 Min. stehen wir am Zollposten auf Schweizer Seite: Sie fühlen sich hier fast ins Mittelalter versetzt. Hier biegen wir links ab und durchqueren die malerisch-lebhafte Altstadt von *Rhifälde* mit ihren Geschäften, Wirtschaften und Cafés im Freien. 200 m weiter verlassen wir die Altstadt mit der noch intakten Stadtmauer durch das Storchentor.

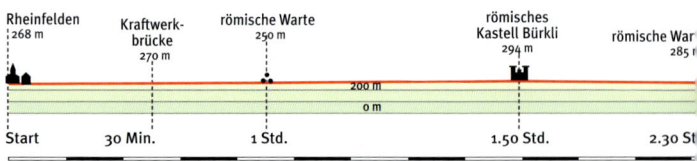

Rheinfelden 268 m — Kraftwerkbrücke 270 m — römische Warte 250 m — römisches Kastell Bürkli 294 m — römische Warte 285 m

200 m — 0 m

Start — 30 Min. — 1 Std. — 1.50 Std. — 2.30 St

Die malerische alte Holzbrücke verbindet Bad Säckingen mit Stein am Schweizer Ufer

Unser Route verlässt jetzt die Straße nach links abknickend zum Rhein hinab. Wir unterqueren auf dem Uferweg die Terrasse eines schlösschenartigen Herrensitzes, passieren im Uferbereich erbaute moderne Villen und erreichen nach 30 Min. erstmals einen jener für diese Grenzregion typischen einfachen Flussübergänge, die nur Fußgängern oder Radfahrern ohne Waren tags-über offenstehen. Hier an der **Kraftwerkbrücke** können Sie, außer sonntags, letztmalig bis Wallbach auch einkehren (30 Min; Taverne zum Zähringer).

Wir wandern auf kiesigem Weg leicht bergan, dann führt der Pfad links hinab durch lichten Wald wieder ans Flussufer. Lautes Rauschen ist zu vernehmen: Voraus befindet sich bei imposanten Stromschnellen eine Staustufe, über die die Rheinfluten je nach Wasserstand in mehr oder weniger großen Mengen herabstürzen.

Fast idyllisch am Ufer entlang führt der sandige Weg unter großen Bäumen weiter flussaufwärts. Neben uns im Wald steigt steil das Hochufer auf. Schließlich mündet von rechts ein Fahrsträßchen, ein Wegzeichen verweist auf eine **römische Warte** (1 Std.). Der Abstecher dorthin (7 Min.) verläuft sehr steil bergauf. Oben halten wir uns rechts und gehen am Waldrand entlang, bis kaum 50 m weiter ein Trampelpfad zu den eindrucksvollen Ruinen des Wachturms führt. Im Sommer ist der Wald hier leider so dicht, dass man die Schwarzwaldberge jenseits des Rheins kaum sieht. Dennoch ist gut vorstellbar, wie von dieser Stelle aus die Bergvorlande und Flussebenen auf der Nordseite überwacht werden konnten und die römischen Solda-

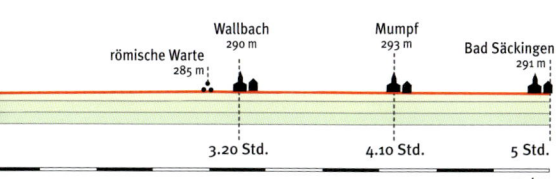

römische Warte
285 m

Wallbach
290 m

Mumpf
293 m

Bad Säckingen
291 m

3.20 Std.

4.10 Std.

5 Std.

23 km

ten voller Angst die Flussschnellen beobachteten, wo vielleicht in Zeiten niedrigen Wasserstandes den kriegerischen Germanen eine Flussüberquerung möglich war.

Wir folgen dem Rhein weiter flussaufwärts durch lichten Buchenwald. Gegenüber am deutschen Ufer liegt Schloss Beuggen, eine ehemalige Ordensburg aus dem 13. Jh., heute zeitgemäß renoviert. Steil führt der kiesige Weg zum Hochufer hinauf, hält sich aber nur ein kurzes Stück oben, um dann ebenso steil wieder zum Fluss hinabzuführen: Hochwasser hat hier die Uferböschung abgespült, weshalb der Weg über die Hochfläche gelegt werden musste.

Lautes Rauschen erklärt sich dann in Form der Staustufe des **Kraftwerks Ryburg-Schwörstadt** (1.30 Std.; tagsüber Rheinübergang für Fußgänger und Radfahrer). Wir durchqueren hier wieder ein Stück Zivilisation: Im Umfeld der Kraftwerksanlagen finden sich wohlangelegte Grillplätze. Rasch nimmt uns der Wald wieder auf, in dem es wieder steil bergauf geht, Treppen erleichtern den Aufstieg. Nur wenig weiter durchqueren wir, auch mit Hilfe eines 2007 errichteten Zollsteges, das Naturschutzgebiet Bachtele. Erneut geht es über eine Treppe steil bergauf. Kaum oben, haben wir nur ca. 100 m links einen weiteren römischen Wachposten erreicht, das **Kastell Bürkli** (1.50 Std., Informationstafel): Hier war die strategische Situation offensichtlich so günstig, dass sich die antiken Baumeister nicht mit einem Turm begnügten, sondern eine richtige Festung erbauten.

Wir bleiben auf dem Hochufer und wandern auf wechselnden Wegen weiter flussaufwärts. Ungefähr 20 Min. ab Bürkli liegt links unten am Ufer die Fischerzunft-Hütte **Chräbis**

(Einkehrmöglichkeit sonntags). Das Rheintal verengt sich augenfällig; auch am deutschen Ufer treten jetzt die Schwarzwaldberge sehr dicht ans Ufer heran, gegenüber liegt Schwörstadt. Auf gleicher Höhe trifft unsere Route wieder auf Mauerreste einer **römischen Warte** (2.30 Std.).

Der Wanderpfad geht erneut in einen kiesigen Holzabfuhrweg über. Im dichten und schattigen Wald stehen jetzt auch Fichten und Kiefern, Ausblicke sind kaum möglich. Schließlich erreichen wir eine Hütte mit einem Schild, das Rücksichtnahme auf die Natur fordert. Daneben Ruinenreste einer weiteren **römischen Warte**. Eine Tafel klärt über Entstehung und Funktion auf, ein Wanderschild nennt den Ortsnamen Stelli.

Dann geht es am Zaun einer Industrieanlage entlang durch dichtes Strauchwerk fast auf Höhe des Wasserspiegels weiter. Ausgerechnet hier, neben den Fabrikhallen, könnten uns mehrere, zum Teil auch große Bäume mit deutlichen Nagespu-

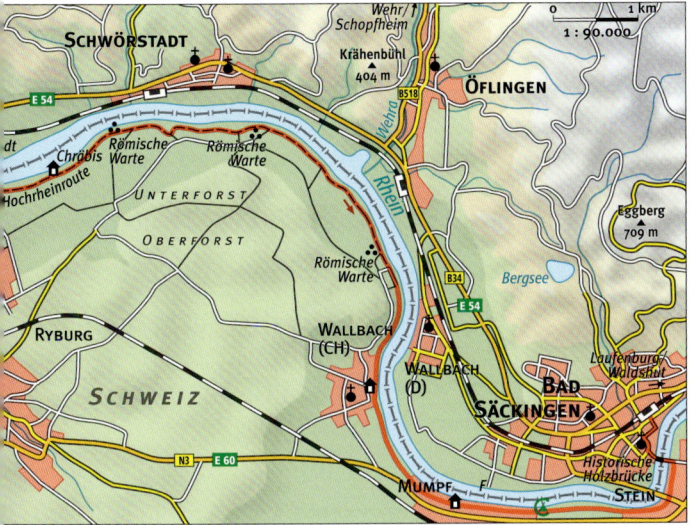

ren auffallen. Der Biber ist am Hochrhein wieder heimisch geworden!

Zwischen Feldern und Fluss und schließlich auf einem engen Pfad über parkähnliche Grundstücke nähern wir uns den ersten Häusern von **Wallbach** (3.20 Std.), wo wir innerhalb der lockeren Bebauung ein Ortssträßchen erreichen. Unsere Route verläuft jetzt auf befestigten Wegen unmittelbar am Fluss entlang. Die Fähranlegestelle Wallbach kurz darauf bietet leider nur selten Schiffsverbindungen. Kaum 50 m weiter liegt das **Gasthaus zum Schiff** und etwas nördlich davon in der Ortsmitte das **Restaurant Adler**. An der Ortsstraße befinden sich auch Haltestellen des schweizerischen PTT-Busses, mit dem Sie im Fall des Falles auch nach Stein weiterfahren können.

Auf engstem Pfad geht es dann am Ufer entlang weiter. ›Wanderer-Gegenverkehr‹ ist nicht vorgesehen, ein Geländer sichert zum Wasser hin. Schließlich erreichen wir den Ort **Mumpf** (4.10 Std.) und kurz darauf

die Fähranlegestelle (geringe Fährfrequenz). Einen halben Kilometer weiter folgt der Campingplatz (Rägeboge-Stübli, preiswertes Essen).

Der Weg verläuft fast auf Höhe des Wasserspiegels, die Kantonalstraße drängt uns ans Flussufer. Ein Wegschild informiert darüber, dass wir nur noch 15 Min. bis zur Holzbrücke von Stein benötigen. Wir unterqueren eine moderne Brücke auf betoniertem Weg und erreichen dann die schon weithin sichtbare und malerisch vor uns liegende alte Holzbrücke (erstmals erwähnt im 13. Jh., das heutige Bauwerk stammt aus dem 17./18. Jh.), die Stein auf der Schweizer Rheinseite mit **Bad Säckingen** verbindet (5 Std.).

Die Züge zurück nach Rheinfelden verkehren etwa im Stundentakt, sodass noch Zeit für einen Bummel durch die sehenswerte Altstadt von Bad Säckingen bleibt. (In Stein auf Schweizer Seite besteht mit der SBB im 20-Minuten-Takt Rückkehrmöglichkeit nach Rheinfelden/Schweiz.)

Tour 2

Die Hohe Möhr

Von Schlechtbach über die Hohe Möhr hinab nach Schweigmatt

Von den vielen Aussichtsbergen des Schwarzwaldes ist dieser besonders reizvoll, ermöglicht er doch den Blick auf den gesamten Südwestschwarzwald, die Vogesen, den Schweizer Jura und bei klarem Wetter auf das Alpenpanorama vom Mont Blanc bis zu den Glarner Alpen.

DIE WANDERUNG IN KÜRZE

+
Anspruch

2.30 Std.
Gehzeit

9 km
Länge

Charakter: Leichte Rundwanderung, bei klarem Wetter mit Alpensicht

Markierung: Bis Schweigmatt rote Raute (Westweg), dann GR

Wanderkarten: WWT (Wiesental), LVA/SWV 8, F 508, Atlasco 217 und 220, ADAC Blatt 16 oder 19

Einkehrmöglichkeiten: In Schlechtbach Gasthaus Blume (Mo, Di bis 15 Uhr geschl.), Berggasthof Waldhaus in Schweigmatt (günstig, Do geschl.)

Anfahrt: Mit dem Bus: SBG-
Linie 7308 Schopfheim–Gersbach. **Mit dem PKW:** Von Schopfheim (Wiesetal) über Hausen/Raitbach und Schweigmatt nach Schlechtbach (Parkplätze im Ortsbereich) oder vom Wehratal aus über Gersbach. Kostenloser Wanderbus von Mai bis Okt., Tel. 07622/38 11.

Ausgangspunkt ist das ehem. **Gasthaus Auerhahn** bzw. die dortige Bus-Haltestelle ›Auerhahn‹ in **Schlechtbach.** Nur wenige Meter unterhalb des ehem. Gasthauses (bei der talwärtigen Bushaltestelle) zweigt ein asphaltierter Fahrweg ohne Ausschilderung ab, dem wir nach rechts dem Hang entlang folgen (und nicht der GR links/abwärts). Kaum 10 Min.

später endet das Sträßchen am **Gasthaus Blume.** Wir gehen auf einem Feldweg weiter und bergab am Waldrand entlang. Von rechts mündet der **Westweg Pforzheim-Basel** in unsere Route. Seine rote Raute dient uns bis Schweigmatt als Orientierung.

Nach knapp 20 Min. haben wir den Pass an der **Sandwürfe** erreicht. Etwa 30 m folgen wir halbrechts der

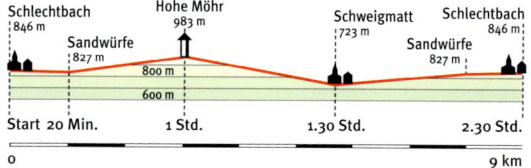

Schlechtbach | Hohe Möhr | Schweigmatt | Schlechtbach
846 m | 983 m | 723 m | 846 m
Sandwürfe | | | Sandwürfe
827 m | | | 827 m
800 m
600 m
Start | 20 Min. | 1 Std. | 1.30 Std. | 2.30 Std.
0 | | | 9 km

Straße und gehen dann nach links mäßig bergauf in den Schwatternwald hinein; wir halten uns an den Westweg, der mal über einfache Fahrwege, mal über schmale Pfade führt.

Nördlich des 960 m hohen Gleichen gehen wir auf einem Kammweg weiter. Am Weg stehen mehrere alte Grenzsteine aus unterschiedlichen Epochen: Hier verlief offensichtlich früher eine Grenzlinie, u. a. die zwischen der Markgrafschaft Baden-Durlach und Vorderösterreich. Wir erreichen den Bergsattel **Rotruhe** (30 Min.; Unterstehhütte).

Auf einem Holzfuhrweg geht es bergauf, dann nach links weg weiter auf schmalem Pfad und schließlich in Serpentinen etwas steiler bergauf. An einem Abzweig findet sich ein Hinweisschild auf einen Brunnen: Etwa 150 m entfernt fließt köstlich kühles Quellwasser aus einem Rohr aus dem Berg. Über uns ist schon der Aussichtsturm auf der Hohen Möhr und etwas später auch ein Fernsehmast zu erkennen. Vorbei an diesem Funkmast erreichen wir die **Hohe Möhr** (1 Std.). Der Grundstein des 30 m hohen Turmes wurde 1893 gelegt. 144 Stufen führen spiralförmig hinauf. Die Aussicht von oben ist die schönste im südwestlichen Schwarzwald: Bei guter Sicht erschließt sie seine gesamte Südwestecke mit Wiesen- und Hochrheintal, Dinkelberg und Hotzenwald, dem vom Hochrhein durchschnittenen Jura. Im Westen liegen tief unten Schopfheim und Basel, dahinter sind die Vogesen zu sehen. Im Osten sieht man Gersbach, jenseits der Schwelle den Hotzenwald. Zu unseren Füßen erstreckt sich das Tal der Wiese, am Horizont Feldberg und Belchen. Bei klarem Wetter fällt der Blick im Süden auf ein einmaliges Alpenpanorama.

Vom Turm folgen wir wieder der roten Raute des Westweges steil bergab auf einem Wanderweg, der mit Erreichen eines Fahrweges – ein Schild weist darauf hin – einer neuen Linienführung folgt: Derzeit werden viele Wanderwege im Schwarzwald über Forstwege verlegt; die Wegeführung hier an der Hohen Möhr ist auch in aktuellen Karten noch nicht verzeichnet. In einem weiten Bogen um die Hohe Möhr herum gehen wir in nördliche Richtung. 20 Minuten ab dem Turm erreichen wir eine weitere Unterstehmöglichkeit an der **Kastendyk-Tanne;** der mächtige Baum ist in vielen Karten als Naturdenkmal vermerkt. Der Westweg führt in einer engen Kurve auf dem Forstweg weiter recht steil hinab durch den ›Graben‹. Aus dem Wald heraustretend, geht der Weg in ein Sträßchen über. In einer Serpentine kurz vor dem Berggasthof Waldhaus, das erste Haus von **Schweigmatt** (1.30 Std.), zweigt unser Weg Richtung Schlechtbach nach links durch einen Hohlweg ab. Wir verlassen hier den Westweg und folgen der GR Richtung Sandwürfe.

Am Waldrand entlang gehen wir bergauf dem Edelsberg zu (grüner Punkt und II). Nach ca. 2.15 Std. erreichen wir den Sandwürfe-Sattel und von dort **Schlechtbach** (2.30 Std.).

Tour 3

Bergwälder und Hochweiden

Von St. Blasien über den Lehenkopf zum Bildsteinfelsen und über das Horbacher Moor zurück

Die Wanderung überschreitet zweimal die Grenze zwischen Hochschwarzwald und Hotzenwald und führt durch die jeweils charakteristischen Landschaften aus Bergwäldern, Hochweiden und Mooren.

DIE WANDERUNG IN KÜRZE

++
Anspruch

Charakter: Mittelschwer; teilweise steile Anstiege und Abstiege

Markierung: GR

5 Std.
Gehzeit

Wanderkarten: WHW (Hotzenwald), Atlasco 211, ADAC Blatt 17

13 km
Länge

Einkehrmöglichkeiten: In St. Blasien mehrere, unterwegs nur etwas abseits der Route der Klosterwei-

herhof am Horbacher Klosterweiher (war im Januar 2009 jedoch geschl.)

Anfahrt: Mit dem Bus: Mit SBG-Linien 7320.1, 7321.1 und 7321.2. **Mit dem PKW:** Der Ort liegt am Schnittpunkt der L 149 und L 150 südlich des Schluchsees (wenige und kaum kostenlose Parkmöglichkeiten im Ort).

Genau auf der Rückseite der **Klosterkirche** in **St. Blasien** (auf der Westseite umgehen) unterqueren wir in einer Fußgängerunterführung die Landstraße (L 149, Umgehungsstraße). Drüben geht es noch ein Stück über Asphalt steil bergauf. An einer Wegespinne noch im Bereich des asphaltierten Weges stehen Texttafeln: Die gelbe Raute und der Text »Lehenkopf 2 km« weisen uns nach halblinks auf einen einfachen Wirtschaftsweg und steil hinauf in den

Wald hinein. Wir gewinnen rasch an Höhe, der Verkehrslärm im Tal ebbt mehr und mehr ab, der Wald wird immer schöner. Nach einer Serpentine queren wir einen Holzabfuhrweg, und kurz darauf lädt das Schwandbrünnele zu einem erfrischenden Schluck ein, bevor es weiter steil bergauf geht. Wir erreichen einen Bergsattel und eine Wegverzweigung: Unsere Route führt nach rechts und verläuft zunächst deutlich weniger steil in einem weiten

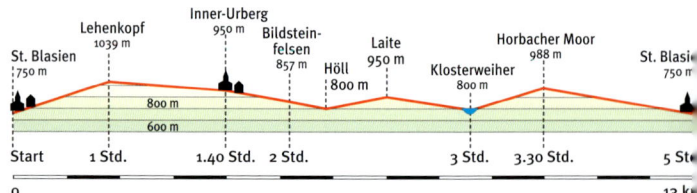

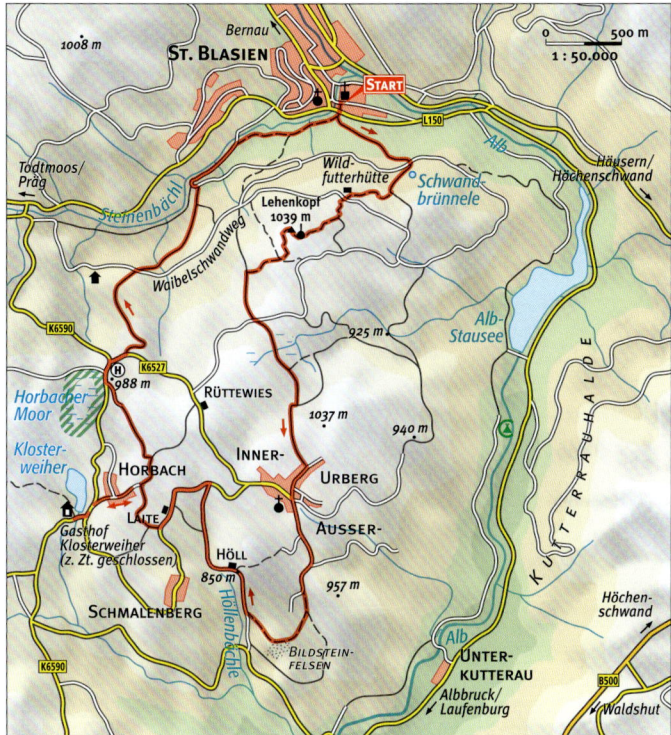

Bogen um einen nordorientierten Bergrücken herum. Im Wald stehen mehrere mächtige Tannen. An einer überdimensionierten Wildfutterhütte vorbei, die ggf. als Unterstand dienen kann, überqueren wir einen gut ausgebauten Holzabfuhrweg, den Oberen Lehenkopfweg.

Unser Weg wird vorübergehend zum Pfad und führt erneut steil durch jungen Laubwald aufwärts. An einem weiteren Bergsattel passieren wir eine Art Steinbruch, eventuell ein Hinweis auf früheren Bergbau. Der Pfad verflacht und verläuft teilweise auf einer schmalen Stützmauer durch einen steinverblockten Bergwald. Wir gehen um einen felsigen Bergrücken herum und sehen bereits den Aussichtsturm vor uns. Rasch sind die letzten Meter hinauf zum **Lehenkopf** bewältigt (1 Std.). Der ganz aus Holz erbaute Lehenkopfturm (1039 m) erinnert sehr an einen römischen Wachturm (vgl. Tour 1); 76 Stufen führen zur Plattform hinauf. Die Aussicht zeigt viele bewaldete Gipfel und Höhenrücken, klassischer Hochschwarzwald im Schluchseebereich. Bei klarem Wetter ist das Alpenpanorama jenseits der Waldberge höchst eindrucksvoll. Im Osten ist Höchenschwand zu sehen; die Bezeichnung »Dorf am Himmel« wird aus dieser Perspektive besonders verständlich (vgl. Tour 4).

Der Texttafel ›Urberg‹ folgend, steigen wir drüben auf steilem und

Blick über den Hotzenwald auf die Alpen

steinigem Weg vom Lehenkopfgipfel herab. Dann überqueren wir einen breiten Sattel geradeaus, durchwandern einen unschönen Fichtenwald und stoßen kurz danach wieder an einer Kreuzung auf einen Sattel vor einer urwüchsigen Hochweide. Jetzt halten wir uns an den Texthinweis ›Urberg/Bildsteinfelsen‹. Wir durchqueren die Hochweide auf einfachem Weg leicht bergab. Vor uns liegt ein mooriges Tal, wir überqueren den **Bach** (1.20 Std.) und die hübschen Moorflächen mit ihrer charakteristischen Vegetation. Dabei verlassen wir auch die Hochweide. An dieser Stelle geht der Hochschwarzwald in den Hotzenwald über, die Landschaft wird nun offener.

Durch eine mit Erika bestandene Heidefläche wandern wir etwa 10 Min. auf steinigem Weg bergauf. Ein Blick zurück zeigt ein ansprechendes Panorama um Feldberg und Herzogenhorn; das Moor liegt malerisch im Vordergrund. Rasch ist ein Höhenrücken erreicht. Vor einer weiteren Hochweide biegen wir (ohne Wegzeichen!) im rechten Winkel ab und gehen auf einem Wirtschaftsweg in weitem Bogen hinab. Vor uns liegen bereits die Häuser von **Inner-Urberg** (1.40 Std.). Auf einem asphaltierten Weg durchqueren wir den Ort und wandern dabei an einem eigenartigen überdachten Brunnen vorbei. Die Texttafel »Bildsteinfelsen« weist uns den richtigen Weg.

Immer noch auf asphaltiertem Sträßchen, passieren wir zunächst das ehem. Gasthaus Kaiser und haben damit den Rand der geschlosse-

leicht bergab führt. 10 Min. nach dem Ende des Asphaltwegs haben wir den **Bildsteinfelsen** (2 Std.) und damit auch den südlichsten Punkt der Wanderung erreicht (Vorsicht! Ungesicherte Felskanzeln!). Große Kiefern stehen auf mächtigen Felsklötzen, die das tief unten liegende Albtal an der Einmündung des rauschenden Höllenbächles zu beherrschen scheinen.

Der Weg führt nun einige Meter sehr steil, steinig und wurzelig am westlichen Rand der Felsgruppe hinab. Dann durchqueren wir – weiter in westliche und nordwestliche Richtung gehend – einen Steilhang. 10 Min. nach Verlassen des Bildsteinfelsens erreichen wir ein asphaltiertes Fahrsträßchen, dem wir rechts hinauf folgen. Über Wiesen und Weiden des engen Taldobels hinweg werden dann die abgelegenen kleinen Bauernhöfe, heute nur noch Ferien- und Wochenendhäuser, des Dachsberger Ortsteiles **Höll** sichtbar. Mit Verwunderung nehmen wir zur Kenntnis, dass ausgerechnet das Haus Gottesehre hier in der Höll steht!

Wir durchqueren die kleine Ansiedlung teilweise recht steil auf dem asphaltierten Sträßchen bergauf und steigen dann entlang einer malerisch gelegenen Bergwiese weiter bergan. Achtung! Der in älteren Wanderkarten eingetragene Wanderweg hinüber nach Laite wurde zwischenzeitlich gesperrt; wir bleiben auf Asphalt!

Ein Waldstück wird bergauf durchquert, dann stoßen wir in rechtem Winkel auf ein etwas größeres Fahrsträßchen, der Verbindungsweg zwischen Urberg und Wittenschwand. Wir biegen nach links ab und gehen wieder leicht bergab auf die einzelstehenden Häuser des Dachsberger

nen Ortschaft erreicht. Jetzt geht es durch Wiesenflächen und vorbei an den weitverstreuten kleinen Einzelgehöften und Häusern von Außer-Urberg. Der Weg führt zunächst noch leicht bergab. Über einen freien Höhenrücken haben wir dann erstmals einen ungehinderten Blick über den Hochrhein-Einschnitt auf die Bergkulisse des Schweizer Jura, über dem bei klarer Sicht scheinbar zum Greifen nahe die Alpenkette aufsteigt.

Das Fahrsträßchen führt jetzt steil bergab. Vorbei am **Keramikhof** (nahe dem Goldenhof) gehen wir noch ein Stück auf Asphalt, dann auf einem einfachen Wirtschaftsweg bergab. Dieser mündet in einen Pfad, der uns am Hang entlang längs eines Zaunes und einer Stützmauer nur noch

Ortsteils **Laite** zu. Über Wiesen hinweg haben wir jetzt wieder hübsche Ausblicke nach Süden. Nach dem letzten Haus von Laite biegt das Sträßchen nach rechts um eine Hangkante herum; hier verlassen wir die Straße und gehen nach rechts auf einem schönen Wiesenweg weiter. Nach knapp 100 m halten wir uns an einer Verzweigung rechts und gehen auf einen Waldrand zu, dem wir – wieder bergauf gehend – folgen. Voraus sind bereits die Häuser von Horbach zu sehen. Der Wanderweg verläuft dann im Wald weiter und steigt weiterhin an. Nach einer Schranke erreichen wir einen weiteren querlaufenden Fahrweg. Wer den **Klosterweiher** besuchen möchte, geht an dieser Stelle links und erreicht dieses Ausflugsziel nach ca. 300 m (3 Std.). Der Gasthof Klosterweiher war allerdings im Januar 2009 geschlossen.

Der eigentliche Wanderweg führt uns nach rechts. Neben der gelben Markierung finden wir auch das Zeichen des Höhenzugangsweges, eine blaue Raute mit senkrechtem Balken. Ein kurzes Stück ist der Weg noch asphaltiert und führt steil bergauf. Kaum 5 Min. später erreichen wir die Höhe und schöne Viehweiden. Der Asphalt endet, wir gehen auf einem kiesigen Wirtschaftsweg weiter. Achtung: Kaum auf der Höhe, gehen wir an einem eisernen Wegkreuz nach links in die Weide hinein (Schild: »Zum Naturlehrpfad«; wir folgen also nicht dem Wirtschaftsweg!) und befinden uns jetzt auf dem **Naturlehrpfad Horbacher Moor.** Diesem Pfad folgen wir nach rechts, Richtung Norden.

Leicht ansteigend durchqueren wir die Horbacher Weide. Informationstafeln klären über die frühere und heutige Nutzung auf, erläutern Tiere und Pflanzen. An einer Verzweigung steht ein Wegschild »Zur Aussicht«: Wer will, geht hier 150 m rechts hinauf und erreicht nach einem mäßigen Anstieg im hübschen Wald einen Aussichtspunkt, der wieder einen schönen Blick zum Feldberg und dem vorgelagerten Herzogenhorn erlaubt.

Der Naturlehrpfad führt am Hang über dem Horbacher Moor entlang, wendet sich dann auf einem Wirtschaftsweg links hinab. Unmittelbar am **Horbacher Moor** erreichen wir die **Kreisstraße K 6590** (3.30 Std.), der wir einige Meter nach rechts bis zur Einmündung der nach Inner-Urberg führenden Kreisstraße folgen. Wir verlassen dabei den Hotzenwald und gehen praktisch auf der Straße hinein in den Hochschwarzwald – die Landschaftsveränderung ist augenfällig.

Wir gehen nun am linken, nördlichen Straßenrand nur ca. 50 m in Richtung Osten, Richtung Urberg. Dann biegt der mit der gelben Raute markierte Wanderweg nach links von der Straße in den am Rand mit Büschen bewachsenen Wald ab. Wir wandern relativ steil bergab, durchqueren einen Talgrund und folgen dann einem einfachen Wirtschaftsweg durch Fichtenwälder – wir sind wieder im Hochschwarzwald. An Wegverzweigungen fehlen mitunter die Markierungen: Wir halten uns jeweils halbrechts und folgen dem Wirtschaftsweg. Ein sehr guter Holzabfuhrweg, der Waibelschwandweg, wird diagonal überquert. Wir wandern stetig bergab durch wenig interessante Fichtenmonokulturen. An einer weiteren Kreuzung verschiedener Wirtschaftswege gehen wir sehr steil links hinab (das Wegzeichen ist schlecht zu sehen), immer noch auf einem Wirtschaftsweg,

Im Dachsberger Ortsteil Höll

queren einen größeren Weg erneut diagonal (gut markiert) und erreichen dann unmittelbar am rauschenden Steinenbächle den Talgrund und hier einen rötlich sandigen Wirtschaftsweg. Wir folgen diesem bachnahen Weg talauswärts. Zwei Brücken bieten die Möglichkeit, den Bach zu queren, wir halten uns jedoch immer weiter bergab gehend auf dieser Talseite.

Jenseits des Baches sind die ersten Häuser von St. Blasien zu sehen. Andere Wege führen über Brücken oder Stege Richtung Ort. Wir bleiben auf unserer Seite und gehen auf angenehmen Kurwegen weiter bergab. Das Steinenbächle rauscht teilweise unmittelbar links unter uns in einer Art Schlucht. Geländer sichern den Wegrand. Schließlich erreichen wir wieder den asphaltierten Platz in **St. Blasien** jenseits der Durchgangsstraße (5 Std.). Die Fußgängerunterführung leitet uns hinter der Kuppelkirche in den Ort hinein.

Das ›Dorf am Himmel‹

Durch die Höchenschwander Welt

Der Felsenweg ist der sportlichste unter den Wanderwegen rund um den heilklimatischen Kurort Höchenschwand. Den Beinamen ›Dorf am Himmel‹ verdankt der Ort seiner herrlichen Lage auf der Südterrasse des Hochschwarzwaldes.

DIE WANDERUNG IN KÜRZE		
+ Anspruch	**Charakter:** Leichte Rundwanderung auf unterschiedlich beschaffenen Wegen	**Anfahrt: Mit dem Bus:** SBG-Linie 7322.1 bis Ortsmitte Höchenschwand (Haltestelle Rathaus oder Kurhaus). **Mit dem PKW:** Über die Bundesstraße 500 bis zum Wanderparkplatz Kreuzstein (1 km südöstlich des für Kfz gesperrten Ortes).
2.45 Std. Gehzeit	**Markierung:** GR, Mittelweg und Dreiländerweg	
	Wanderkarten: LVA/SWV 9, F 509, Atlasco 211, ADAC Blatt 17	
11 km Länge	**Einkehrmöglichkeiten:** In Höchenschwand mehrere Gasthäuser und in Strittberg Landgasthof Adler (Mo geschl.)	**Hinweis: Webcam** s. www. hoechenschwandweb.de (Webcams/WaldshuterStraße)

Bei Anfahrt mit dem Bus beginnt unsere Route in der Ortsmitte des Kurortes **Höchenschwand.** Deutlich ausgeschildert geht es über Wiesen auf asphaltiertem Weg nach Südosten aus dem Ort hinaus bis zum 1 km entfernten **Wanderparkplatz Kreuzstein,** wo wir die Rundwanderung bei Anfahrt mit dem Auto beginnen (alle folgenden Zeitangaben gelten ab Parkplatz).

Hier finden wir eine Übersichtskarte zum Erholungsgebiet Lerchenberg und Wegweiser in alle Himmelsrichtungen. Wir folgen zunächst der Markierung ›Felsenweg‹ des Mittel-

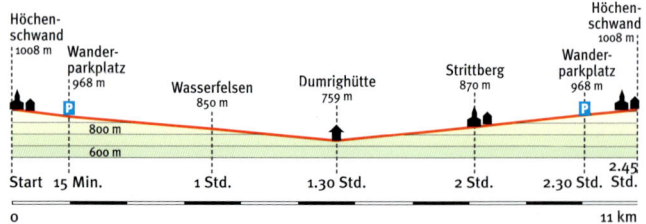

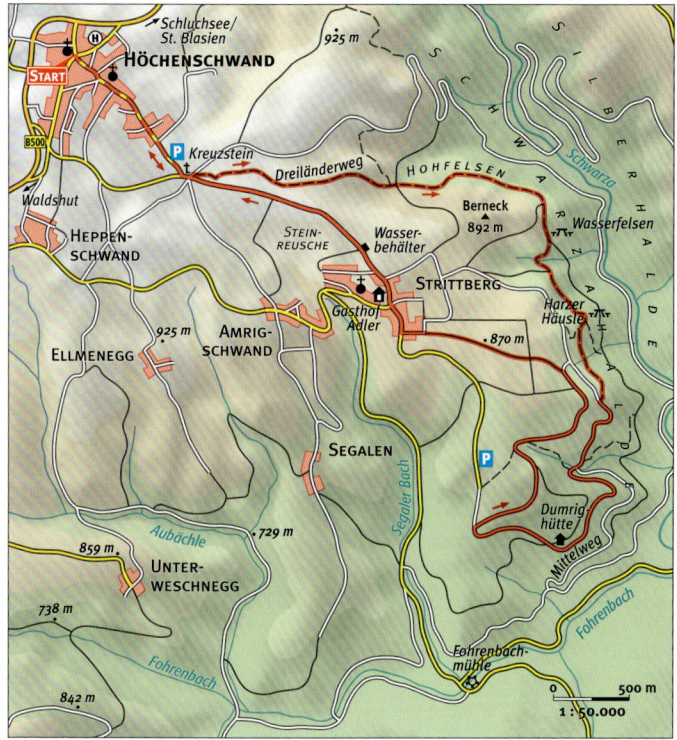

und Dreiländerweges auf einem Wurzelpfad durch Wald und auf ebener Strecke der Höhe entlang. Schon wenig weiter bieten sich erstmals Ausblicke ins Schwarzatal. Nach 700 m führt unser Weg durch lichten Hochwald, in dem viele Pilze wachsen, bergab. Nach 15 Min. überqueren wir zwei Holzabfuhrwege und folgen dann unserem Wanderweg überwiegend leicht bergab durch schöne Mischwälder, vorbei an der Kreuzung zum Rehbrünnele und zur Lerchenberghütte.

Nach 40 Min. erreichen wir einen Bannwald. Schilder erläutern die Funktion dieses »Urwaldes von morgen«. Bitte bleiben Sie auf den Wegen und entnehmen Sie keine Pflan-

zen oder Früchte. Wir befinden uns unweit von Hohfels (links) und Berneck (rechts). Steinig und wurzelig führt der Pfad am steilen Hang der Schwarzahalde entlang bergab, exponierte Stellen sind durch Geländer gesichert. Am **Wasserfelsen** steht unter einer Birke ein Ruhebänkchen mit Tisch (1 Std.). Der Weg führt in südlicher Richtung weiter die steilen Halden entlang. An Verzweigungen folgen wir den Wanderzeichen. Dann kommen wir an einem hübschen, wasserreichen Brunnen vorbei. Kurz darauf erreichen wir das **Harzer-Häusle,** auch hier stehen Tisch und Bänke.

Weiter geht es an der steilen Halde entlang, an Felsspornen stehen weitere Bänkchen. Durch den Wald sind auch drüben am Gegenhang über die Schwarza hinweg Felshalden zu sehen. Die Schwarza unter uns ist leider kein rauschender Wildbach mehr, enthält sie doch nur noch jene geringe Wassermenge, die die Schluchsee-Kraftwerke ihr belassen.

Andere Wanderwege kreuzen, der Pfad verläuft streckenweise auf Trockenmauern, die als Stützen in den steilen Hang gebaut sind. Wir erreichen einen weiteren Holzabfuhrweg, den Hornweg. Hier trennen sich die Wege: Während der Mittelweg/Dreiländerweg als Felsenweg hinunter zur Fohrenbachmühle führt, zweigt unser GR-Pfad bergauf ab.

Auf dem schmaleren und schlechteren Weg wandern wir nun weiter in Richtung der bereits ausgeschilderten Dumrighütte. Um eine Bergkuppe herum geht es weiter Richtung Südwesten durch schönen Mischwald im Wechsel mit hässlichem dunklem Fichtenwald. Auf einem Höhenrücken überqueren wir einen bemoosten Waldweg. Die Markierungen sind jetzt eher spärlich. Wir gehen geradeaus bergab. Ein Stück weiter an einer Kehre erreichen wir die **Dumrighütte** (1.30 Std.), ein Blockhaus, das Werbung macht für »Gesundes Wohnen mit Holz«; Holzmuster verschiedener Bäume von Ahorn über Douglasie und Esche bis zu Ulme sind an der Außenwand angebracht. Ein Brunnen mit Tisch und Bänken lädt zur Rast ein.

Unser Weg führt jetzt in Richtung Strittberg und Höchenschwand auf dem Dumrigweg, einem Wirtschaftsweg, bergauf. An weiteren Verzweigungen folgen wir stets unserem Wegzeichen. Durch lichten Mischwald geht es mal leicht bergauf, mal eben in Richtung Nordosten. Nach rechts zweigt der Horizontalweg ab,

wir dagegen befinden uns auf der Horizontalstraße. An einer weiteren Verzweigung mündet rechts der Hornweg ein, an dem sich drüben an der Schwarzahalde unser Weg vom Mittelweg getrennt hatte.

Wir wandern auf der Horizontalstraße weiter. Der Wirtschaftsweg führt uns auf einen freien Höhenrücken zu, am aufgelockerten Haselnuss-Waldrand treffen wir auf eine Schranke. Dann geht es über freie Wiesenflächen auf Strittberg zu. Auf halbem Hang erreichen wir einen Asphaltweg und folgen ihm nach rechts. Ein kurzes Stück führt das Sträßchen recht steil bergauf; über den Herrgottsholzweg wieder links gehend, erreichen wir dann **Strittberg** (2 Std.). Gleich links am Ortseingang steht ein typisches Hotzenhaus. Im Ort stoßen wir auf die Fahrstraße und gehen wieder nach rechts. Schon nach wenigen Schritten haben wir den Ortsrand erreicht.

Wir folgen parallel der Kreisstraße K 6555 einem nicht asphaltierten Gehweg bergauf und kommen am Wasserhochbehälter der Gemeinde Strittberg vorbei. Über die schutzlosen Höhenrücken der Steinreusche verläuft die sogenannte Panoramastraße – bei klarem Wetter ist Alpensicht garantiert! – durch Wiesen oder Felder.

Wenig weiter führt der Weg in den Wald hinein. Immer parallel zur Straße im Wald gehend, haben wir dann rasch wieder den **Wander-Parkplatz Kreuzstein** erreicht (2.30 Std.). Zurück zur Ortsmitte von **Höchenschwand** und damit zur **Bushaltestelle** bleiben noch 15 Min. zu gehen.

Typische Landschaft im Südschwarzwald

Tour 5

Auf dem Gutedel-Wiiwegli

Von Badenweiler auf dem ›Wein-Wegle‹ nach Staufen

Im Herbst zur Weinernte oder im Frühjahr zur Baumblüte sind hier die Kenner und Genießer unterwegs. Weite Ausblicke und gepflegte Gasthäuser verleiten eher zum gemütlichen Bummeln als zum strammen Wandern.

DIE WANDERUNG IN KÜRZE

+
Anspruch

3.30 Std.
Gehzeit

16 km
Länge

Charakter: Leichte Streckenwanderung durch Wald und Weinberge

Markierung: Wiiwegli (»Wein-Wegle«), gelbe Traube in roter Raute

Wanderkarten: LVA/SWV 8, F 508, Atlasco 222 und 215, ADAC Blatt 14

Einkehrmöglichkeiten: Überall in den Ortschaften; teilweise gehobene oder gar erstrangige Gastronomie, jedoch nicht direkt am Wanderweg

An- und Abfahrt: Mit der **Rheintalbahn** bis Müllheim

(Taktverkehr), dort Anschluss an **SWEG-Buslinie** 111 bis Haltestelle Niederweiler-Warteck. **Rückfahrt** ab Staufen mit der **SWEG-Münstertal-Bahn** 113. **Mit dem PKW:** In diesem Fall empfiehlt sich eine Rundwanderung ab Staufen: auf dem Bettlerpfad nach Süden bis Sulzburg oder Muggardt, dann auf dem Wiiwegli wie beschrieben zurück nach Staufen.

Hinweis: Webcam s. www.regiowebcam.de (Markgräflerland, Blick von Grunern Richtung Staufen)

Der Weg beginnt in **Niederweiler** an der **Haltestelle Warteck** des Linienbusses Müllheim–Badenweiler, etwa 3,5 km östlich vom Bahnhof Müllheim. Knapp 100 m westlich der Haltestelle finden wir das Zeichen des **Wiiwegli.** Wir gehen nach rechts, den Gottesackerweg hinauf, unterqueren die Schnellstraße Müllheim–Badenweiler und biegen unmittelbar da-

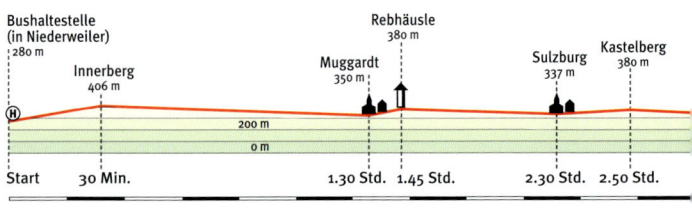

Bushaltestelle (in Niederweiler) 280 m · Innerberg 406 m · Muggardt 350 m · Rebhäusle 380 m · Sulzburg 337 m · Kastelberg 380 m

200 m · 0 m

Start · 30 Min. · 1.30 Std. · 1.45 Std. · 2.30 Std. · 2.50 Std.

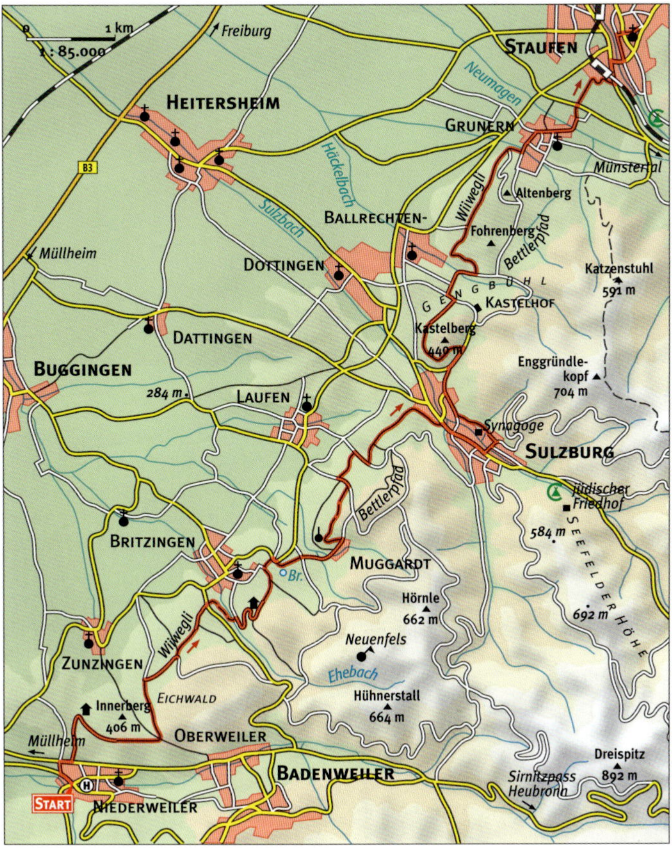

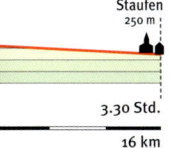

nach rechts auf einen Wirtschaftsweg ein. Vorbei an einer Gärtnerei folgen wir unserem Weg, gehen links einen Wiesenweg hinauf, dann wieder auf einem asphaltierten Wirtschaftsweg weiter, der an einer Stützmauer entlang bergauf führt. Nach 15 Min. biegt das Wiiwegli rechts hinauf auf einen weiteren Wirtschaftsweg ab und führt nun noch steiler bergauf. Wir wandern an einer Rebhütte vorbei und erreichen einen eingeschotterten Weg, auf dem wir auf einen Sendemast zugehen. Es bieten sich schöne Ausblicke zum Schwarzwald, zur Rheinebene über Müllheim hinweg, nach Norden und Süden über die Vorberge am Schwarzwaldrand entlang. Nach 30 Min. haben wir dann den **Innerberg** erreicht.

Weinbauern am Wiiwegli

Noch immer geht es bergauf, vorbei am Sendemast, dann in einen lichten, niedrigen Wald hinein. An einer Kreuzung kurz darauf gehen wir bergab, dem Hohleweg, dem Talweg nach Zunzingen, folgend. Wir wandern zwischen »Elefantenbeinen«, hochstämmigen Buchen im lichten Wald, der sich hier trotzdem Eichwald nennt. An der nächsten Gabelung geht es halbrechts am Hang entlang weiter. Wir gelangen wieder ins Freie; bei einer Baumgruppe mit Ruhebänkchen findet sich unsere Wegmarkierung. Wir gehen nach rechts fast eben weiter und genießen die Aussicht nach Westen über die Weinberge hinweg. Ein kurzes Stück geht es wieder durch ein Waldstück oder links daran vorbei; kurz danach erreichen wir einen kalkgeschotterten Wirtschaftsweg, dem wir nach links durch die Weinberge hinab folgen. Wir queren das **Landsträßchen** zwischen Britzingen und Oberweiler (1 Std.). Einem grasigen Feldweg folgen wir bergab, wenden uns 20–30 m weiter wieder nach rechts und queren dann im Talgrund den Ehebach. Drüben gehen wir auf einem weiteren Wirtschaftsweg sanft bergauf. Jetzt haben wir den **Britzinger Wein-**

lehrpfad erreicht, dem wir ein kurzes Stück folgen. Schautafeln informieren über die verschiedenen Rebsorten und den Weinanbau. Der Lehrpfad zieht sich dann nach links in den hübschen Ort hinein.

Für uns geht es jedoch im Zickzack erneut steil bergauf. Oben erreichen wir eine Schutzhütte, von der sich ein weiter Ausblick bietet. Der breite Wirtschaftsweg führt uns wieder leicht bergab nach Norden. Vorbei an einem Wasserhochbehälter, geht es erneut auf den Ortsrand von Britzingen zu und dann zwischen Rebreihen hindurch auf einem Pfad über einen flachen Rebbuckel hinweg. Drüben erreichen wir einen Brunnen, an dem wir rechts auf einem Wirtschaftsweg bergauf gehen. Rasch haben wir dann den fast versteckt liegenden Weiler **Muggardt** erreicht (1.30 Std.). Wir durchqueren den Ort bergauf und biegen an dessen Ende rechtwinklig nach links (geradeaus ginge es auf dem Bettlerpfad weiter) auf einen Feldweg ab, der uns am Hang entlang ein kurzes Stück in südwestliche Richtung führt. Von der Hangkante dehnt sich erneut das Vorbergpanorama (bei klarem Wetter bis zu den höchsten Vogesenbergen) vor uns aus. Folgerichtig steht dort ein **Beob-achtungsturm** (1.45 Std.), das Reb-häusle, von dem aus die traubenlüs-ternen Starenschwärme beobachtet und mit Böllerschüssen verjagt wer-den. Auf einem Wiesenweg erreichen wir ein Wäldchen, der zu einem gro-ßen Teil aus Robinien (falschen Aka-zien) besteht, eine in Weinanbauge-bieten häufige Baumart, da ihr Holz sehr verrottungsfest ist und früher für Rebpfähle Verwendung fand.

Am Waldrand entlang wandern wir auf dem Wiesenweg leicht bergab. Dann erreichen wir einen geteerten Wirtschaftsweg, den wir links hinab gehen und nur wenig weiter wieder scharf nach rechts verlassen. Links unter uns liegt inmitten eines Mee-res aus Rebstöcken der Winzerort **Laufen**. Der hier gekelterte Wein hat bei den Kennern in den Weinstuben der Region einen guten Ruf.

Um eine Hangkante herum und über Obstwiesen ein kurzes Stück steil bergab gehend, erreichen wir nun **Sulzburg** (2.30 Std.). Unsere Route führt durch das alte Stadttor in das malerische Städtchen mit dem Landesbergbau-Museum hinein.

Wir folgen dem Wiiwegli aus Sulz-burg heraus. Nahe beim Stadttor überqueren wir den Sulzbach (das bedeutet Silberbach), gehen auf asphaltierten Straßen durch Neu-baugebiete in nördliche Richtung und dann bergauf dem Kastelhof zu. Bevor wir dort oben den Pass errei-chen, zweigt jedoch das Wiiwegli nach links zurück in die Weinberge ab. Mitten durch sonnenverwöhnte Rebberge hindurch und mit prächti-gen Ausblicken umwandern wir den **Kastelberg** (2.50 Std.) auf seiner Westseite Richtung Norden.

Wanderwege und Wirtschaftswege wechseln sich ab; mitten in den Re-ben überqueren wir den Bergrücken des Gengbühl. Der Weg führt nun auf den Fohrenberg zu, links liegt das Dorf Ballrechten. Kurz vor dem Zie-gelhof, einer ehemaligen Ziegelei, überqueren wir den unscheinbaren Häckelbach und wandern dann den Fohrenberg hinauf. Auch dieser wird dann auf seiner Westflanke mitten in den Rebbergen umgangen.

Am Altenberg entlang führt das Wiiwegli auf **Grunern** zu und durch den hübschen Ort hindurch. In der breiten Ebene des Münstertales ver-flacht das Gelände, der Weg wird un-interessanter, bemüht sich aber wei-terhin, wanderfreundlich und seinem Thema entsprechend naturnah bei Reben zu bleiben. Am Faust-Gymna-sium erreichen wir den Ortsrand von Staufen, halten uns eher rechts und erreichen beim Bahnhof Staufen-Süd das Städtchen (s. Tour 13). Nach links über die Landstraße hinweg folgen wir dem vom Schauinsland herunter-kommenden Fluss Neumagen und überqueren diesen bei der Kirche. Gassen mit alten Bürgerhäusern neh-men uns auf, und rasch erreichen wir am Marktplatz das malerische Orts-zentrum von **Staufen** (3.30 Std.).

Wer eine Fortsetzung des Weges sucht: Bis nach Freiburg (ca. 24 km) kann man zwar weiterhin dem Wiiwegli folgen, ab Staufen emp-fiehlt sich jedoch eher der Bettler-pfad (vgl. Tour 13).

Das Wein-Wegle

Das Wiiwegli im Süden der westlichen Schwarzwälder Vorbergzone ist offi-ziell das Markgräfler Wiiwegli. Da die Gutedel-Traube die Spezialität des Markgräfler Weinlandes ist (sie darf erst südlich der Dreisam angebaut werden), hat sich auch die Bezeich-nung Gutedel-Wiiwegli eingebürgert.

Tour 6

Zur Kälbelescheuer

Vom Haldenhof auf die Kälbelescheuer und über den Nonnenmattweiher zurück

Auf der Kälbelescheuer soll es den besten Speck im ganzen Schwarzwald geben. Wer das nachprüfen will, kann dann gestärkt den Sirnitzkopf hinaufsteigen, um sich anschließend im kühlen Wasser des Nonnenmattweihers zu erfrischen.

DIE WANDERUNG IN KÜRZE

+ Anspruch	**Charakter:** Leichte Rundwanderung auf mäßig guten Wegen, steiler Anstieg zum Sirnitzkopf
3 Std. Gehzeit	**Markierung:** Mit verschiedenen Zeichen durchgängig markiert
8 km Länge	**Wanderkarten:** WWT (Wiesental), LVA/SWV 8, F 508, Atlasco 215, 217 oder 222, ADAC Blatt 16
	Einkehrmöglichkeiten: Gasthof Haldenhof, Kälbe-

Einkehrmöglichkeiten: Gasthof Haldenhof, Kälbelescheuer (Mo geschl.), Fischerhütte am Nonnenmattweiher (Mo geschl.)

Anfahrt: Mit dem Bus: Aus Richtung Schopfheim mit der SBG-Linie 7310 bis Haldenhof; aus Richtung Müllheim/Badenweiler mit SWEG-Linie 111. **Mit dem PKW:** Über Staufen–Münstertal–Münsterhalden, Müllheim–Badenweiler–Sirnitzpass oder Schopfheim–Tegernau–Neuenweg

Auf der dem **Gasthof Haldenhof** gegenüberliegenden Straßenseite beginnt ein mit blauer Raute und dem Schild ›Kälbelescheuer‹ markierter Wanderweg, der hier Teil eines Waldschadenslehrpfades ist: Informationstafeln geben Hinweise, und die Bäume sind zusätzlich entsprechend ihrer Schädigung mit verschiedenen Farbsymbolen gekennzeichnet.

Der Weg führt eben am steilen Nordhang entlang. Nach 15 Min. treten wir aus dem Wald heraus: Links über uns liegt der mächtige Felsbrocken des Weiherfelsens. Er begrenzt die Skiabfahrt Weiherkopf, die wir jetzt überqueren. Über die Hänge der Skipiste hinweg bietet sich eine eindrucksvolle Sicht in die steilen Nordwestflanken des Belchen und

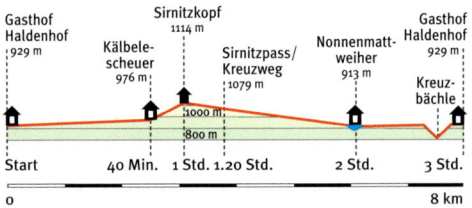

Gasthof Haldenhof 929 m — Kälbelescheuer 976 m — Sirnitzkopf 1114 m — Sirnitzpass/Kreuzweg 1079 m — Nonnenmattweiher 913 m — Gasthof Haldenhof 929 m — Kreuzbächle

1000 m
800 m

Start — 40 Min. — 1 Std. 1.20 Std. — 2 Std. — 3 Std.

0 — 8 km

zum Hohen Kelch. Der Pfad steigt dann über Weidegelände an und biegt am Rande des Skigeländes um eine Hangkante herum: Hier öffnen sich weite Blicke hinab ins Münstertal mit den einzeln liegenden Gehöften von Münsterhalden. Wir erreichen dabei wieder den Waldrand.

Weitgehend eben führt der Weg den steilen Waldhang entlang, windet sich durch Taleinschnitte und überquert den feuchten Talgrund des Langenbaches. Wir treten aus dem Wald heraus: Vor uns liegen die steilen Almweiden der **Kälbelescheuer,** die drüben auf dem Sattel schon zu sehen ist. Über den Parkplatz gelangen wir zur exponiert liegenden Almwirtschaft (40 Min.) und genießen den schönen Ausblick zum Belchen oder über die Waldhänge des Sulzbachtales.

Nach Verlassen der Kälbelescheuer haben Sie Gelegenheit, für zu viel Speckgenuss Buße zu tun: Es geht zur Sirnitz, und zwar recht steil bergauf. Hinter dem Parkplatz gehen wir nach Süden und wählen den mittleren von drei Wanderwegen, der steil und steinig bergauf führt (Kreuzweg, Ausschilderung folgt erst später).

Links dehnt sich der Ausblick vom Belchen bis zum Schauinsland, rechts bietet sich bei klarem Wetter ein weiter Blick über die Rheinebene hinaus bis zur Vogesenkette. Der Weg führt zunächst nach links über die steilen Weidehänge, biegt dann wieder im spitzen Winkel nach rechts ab und führt dabei weniger steil auf eine Hütte am Waldrand zu: Wir haben den **Sirnitzkopf** erreicht (1 Std.). Weit dehnt sich der herrliche Ausblick, jetzt erstmals auch nach Süden, wo sich rechts der bewaldeten Höhe des Köhlgartens die Höhenlinien zum Blauen hinziehen.

Wir folgen links der Ausschilderung Kreuzweg eben über Wiesengelände, dann einem einfachen Holzabfuhrweg leicht bergab in den Wald hinein. Am Südhang nähern wir uns dem Sirnitzpass (auch Kreuzweg genannt); links oben ist im lichten Wald der Weiherkopf zu sehen. Schließlich erreichen wir den **Sirnitzpass** (1.20 Std.) und queren hier die Straße Badenweiler–Schönau (und den Westweg), links liegt eine Lifttrasse am Waldrand, der Blick geht hinunter Richtung Haldenhof, Heubronn und Neuenweg bis hinüber zum Belchen. Am hinteren Ende des Parkplatzes folgen wir den Markierungen und dem Wegweiser »Nonnenmattweiher« links am Waldrand entlang hinunter, mit schönem Blick auf die Talsenke Große Brach. Später führt der Weg im Wald weiter. An einer Verzweigung (1.45 Std.) weist uns die Markierung nach links auf einen Holzabfuhrweg, der recht steil bergab führt.

Unten erreichen wir einen ebenen Fichtenhochwald und stoßen an der nächsten Kreuzung wieder auf die blaue Raute. Vorbei an einer Tafel, die über das Naturschutzgebiet Nonnenmattweiher informiert, gehen wir nach rechts und erreichen den **Nonnenmattweiher** (2 Std.).

Dieser Weiher ist wie der bekanntere Feldsee drüben am Feldberg ein Karsee, also durch die Vergletscherung in der letzten Eiszeit entstanden (vgl. Tour 17). Der Name hat nichts mit einem Nonnenkloster zu tun. Unter Nonnen versteht man im hiesigen Sprachgebrauch Jungrinder, die nicht zur Milch-, sondern auch zur Fleischerzeugung gehalten wurden. Diese Tiere hatten auf den nassen Wiesen am Weiher ihre Weiden. Der See selbst entstand in seiner heutigen Größe erst durch einen Damm, der bereits im 18. Jh. angelegt wurde, um die unterhalb liegenden Mühlen am Klemmbach mit größeren Wassermengen zu versorgen. Beim Damm am Ostufer des idyllisch gelegenen Sees finden Sie auch das **Lokal Fischerhütte.** Mitten im See schwimmt eine Insel, auch sie besteht wie die Moorflächen der Ufer aus Torf und ist damit ein Hochmoor. Eine Absperrung aus aneinandergebundenen Baumstämmen durchzieht den See und zeigt die Grenze des Naturschutzgebietes an: Die Insel ist für Badelustige tabu!

An der Fischerhütte überqueren wir den ehem. Parkplatz in östlicher Richtung talauswärts. Der mit »Haldenhof« ausgeschilderte Weg führt über weite Wiesenflächen (mit schönen Ausblicken zum Belchen), biegt nach links um die Hangkante des Dürsberges herum und führt dann über Weideflächen hinweg leicht bergauf. Nach Durchquerung eines Fichtenwaldes geht es bergab, über das Kreuzbächle hinweg und wieder steil hinauf zum **Gasthof Haldenhof** (3 Std.).

Die größte Tanne Westeuropas

Vom Parkplatz am Sirnitzpass (Kreuzweg) führt das Sonnenwegle (Gelbe Raute, Richtung Badenweiler) zunächst an der Straße hinab nach Westen, immer den Klemmbach entlang. Nach etwa 2 km erreichen wir das Bergwachthaus an der Landstraße, der wir etwa 300 m talabwärts folgen und dann im Wald weitergehen. Nach weiteren 300 m stehen wir dann vor einer gigantischen Tanne, deren Stamm unten hohl ist und sogar betreten werden kann. Die etwa 50 m hohe Tanne ist fast 300 Jahre alt, ihr Stamm hat einen Umfang von über 5 m und einen Durchmesser von fast 2 m.

Imker, Nonnen und Bergleute

Auf dem Talweg durchs Obermünstertal

Tief eingekerbt in die steilen Westflanken zieht sich eines der schönsten Täler des Schwarzwaldes zwischen Schauinsland und Belchen hinab. Gute Gasthäuser, ein Bienenmuseum und ein Besuchsbergwerk runden das Wandererlebnis ab.

DIE WANDERUNG IN KÜRZE

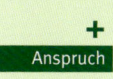
+
Anspruch

2.30 Std.
Gehzeit

6 km
Länge

Charakter: Leichte Streckenwanderung auf guten Wegen, jedoch Trittsicherheit und Schwindelfreiheit über 20–30 m auf schmalem Pfad erforderlich

Markierung: ›Talweg‹, GR und andere

Ausrüstung: Taschenlampe für die Besichtigung von Stollenlöchern

Wanderkarten: LVA/SWV 6, F 508 oder 505, Atlasco 214, ADAC Blatt 14

Einkehrmöglichkeiten: Unterwegs verschiedene von gehobener Qualität

Anfahrt: Mit der **Münstertalbahn** Linie 113 bis Untermünstertal, dann mit dem **Bus** der Linie 291 bis Münstertal-Spielweg. **Mit dem PKW:** Bis zum Bahnhof von Untermünstertal (Parkmöglichkeit), dann wie oben weiter.

Öffnungszeiten: Bienenmuseum, Münstertal-Spielweg, Mi, Sa, So und Feiertag 14–17 Uhr. Die Klosteranlage St. Trudpert ist von innen nicht zu besichtigen. **Besuchsbergwerk Teufelsgrund,** Ortsteil Mulden, Tel. 07636/14 50.

An der **Bushaltestelle** in **Münstertal/Spielweg** gehen wir einige Meter die Landstraße zurück, unterqueren diese bei der Spielweg-Kapelle (Fußgängerunterführung), überqueren das Flüsschen Neumagen auf einer Brücke und gehen durch die Untere Gasse vorbei am Romantikhotel Spielweg bergab (blaue Raute).

Nach knapp 10 Min. haben wir das in einem malerischen Altbau untergebrachte **Bienenmuseum** erreicht. Ein braunes Holzschild »Talweg« weist ums Hauseck herum auf den Kohlerweg. Kaum 20 m weiter biegen wir auf einen nun nicht mehr asphaltierten Fußweg nach links ab. Sportplatz mit Gaststätte und die öffentliche Viehwaage passierend, verlassen wir den Ort.

Über Obstbaumwiesen führt der Pfad gemächlich bergab. Nach 15 Min. kommen wir an einer Wassertretanlage auf Höhe des Gasthauses Sonne vorbei, das jenseits des Neumagen liegt. Schattig geht es im Wald weiter, links unter uns rauscht der Neumagen zu Tale. Der Pfad wird vom Fluss links und von Felsen rechts am steilen Hang eingeengt. Viele Ru-

Kloster St. Trudpert im Obermünstertal

hebänkchen laden zu kühler Rast. Ein asphaltiertes Sträßchen wird überquert: Nach links führt eine Brücke über den Fluss, nach rechts ist der Zugang zum Höhenweg Staufen–Schauinsland ausgeschildert. Wir folgen dem Talweg geradeaus, der mal enger mal breiter zwischen Fluss und steilem Berghang sachte bergab führt. Malerisch ziehen sich Bergweiden den steilen Hang hinauf, unterbrochen von lichten Bergwäldern.

Nach 30 Min. führt der Weg einen Felsvorsprung entlang, eine Staustufe bildet einen kleinen Wasserfall, und ein Steg ermöglicht den Zugang zur Pension Vogelsang.

An einem auffälligen **Longinuskreuz** gabelt sich der Weg, und wir gehen ein kurzes Stück geradeaus auf Asphalt weiter. In einem kleinen Gehege regen sich Ziegen, Enten und verschiedene Gänsearten. Eine Felsnische rechts am Hang birgt eine Ma-

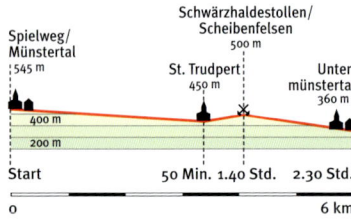

Spielweg/
Münstertal
545 m

Schwärzhaldestollen/
Scheibenfelsen
500 m

St. Trudpert
450 m

Untermünstertal
360 m

400 m

200 m

Start   50 Min. 1.40 Std. 2.30 Std.

0   6 km

40

zum Ortsteil Krummlinden), dessen Speisekarte auch hier aushängt.

Erneut queren wir ein Asphaltsträßchen und gehen wieder ein Stück Asphalt, bis uns ein Wanderweg aufnimmt. In diesem Abschnitt des Neumagen leben viele Wasseramseln. Eine Staustufe leitet das Wasser aus, und wir folgen nun einem kleinen Kanal, der Wanderweg wird zum »Waalweg«. Ein kleines Steinhäuschen entpuppt sich als **Turbineneinlauf.** Bei der Gabelung an dieser Stelle fehlt die Ausschilderung: Wir verlassen hier zunächst den Talweg, überqueren den Neumagen und die Landstraße in Richtung der weithin sichtbaren Kloster- und Kirchengebäude von **St. Trudpert** (50 Min.). Vorbei am Gasthaus Kreuz (bekannt für besonders gute Schwarzwälder Kirschtorte) erreichen wir die Klosterkirche und die angrenzenden Gebäude in kaum 5 Min. Wir umrunden den gesamten Komplex und genießen dabei immer neue Ausblicke auf die das Tal dominierende eindrucksvolle Anlage. Am Ende des Rundgangs erreichen wir an der äußersten nordöstlichen Umfassungsmauer eine Quellkapelle: Eini-

riengrotte. Nur wenig weiter befinden wir uns hinter dem historischen **Gasthaus Linde** (Brückchen über den Neumagen zum Gasthaus und

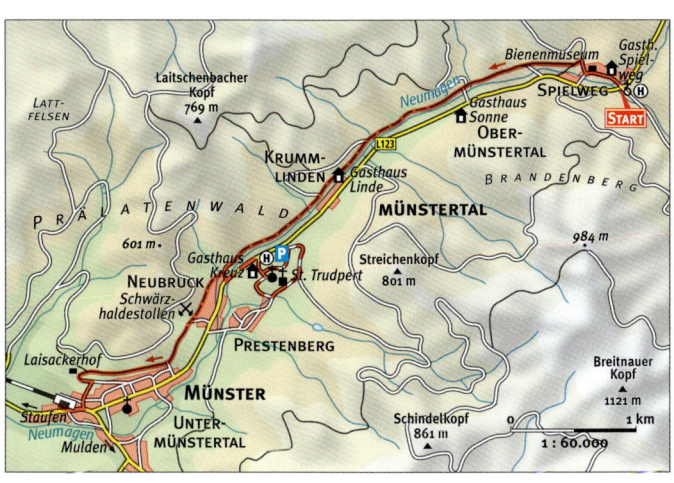

ge Stufen führen hinab zum erfrischenden Wasser. Vorbei am Friedhof kehren wir nach der Klosterumrundung (ca. 30 Min.) zu unserem Wanderweg jenseits des Neumagen zurück.

Drüben angekommen, gehen wir an der Abzweigung halbrechts weiter. Nur wenig weiter erreichen wir eine weitere **Gabelung** (1.20 Std.), an der wir dem ausgeschilderten Talweg halbrechts hinauf folgen. Der Pfad führt recht steil in Serpentinen in den Wald hinein. Ein anderer Wanderpfad kommt hinzu, unserer wird zum (nicht genutzten) Wirtschaftsweg, und wir gehen halblinks weiter. Immer wieder bieten Ruhebänkchen schöne Ausblicke auf das Kloster. Dann geht es sachte und gleichmäßig durch gelichteten Bergwald und immer den steilen Hang entlang bergab. Wir passieren eine Schranke und biegen in den Moosweg ein, ein Sträßchen, das wir nach wenigen Metern der Ausschilderung »Talweg« folgend wieder verlassen, um auf einem engen Pfad weiterzugehen. Wir befinden uns jetzt auf dem Geologisch-bergbaugeschichtlichen Wanderweg. Schmal zieht sich der Pfad den steilen Hang entlang, hier ist ein kurzes Wegstück die eingangs erwähnte Schwindelfreiheit erforderlich. Ein Serpentinenpfad zweigt rechts hinauf zum Münsterfelsen (Abstecher 300 m) ab, von dem sich ein schöner Blick über das Tal und das Kloster bietet. Der eigentliche Wanderweg führt malerisch um einen Felsvorsprung herum und wird wieder breiter.

Wenig weiter erreichen wir den **Schwärzhaldestollen** (1.40 Std.). Unterhalb einer Felswand ist deutlich der Eingang eines ehemaligen Stollens zu sehen, der in seinem vorderen Bereich auch als Keller genutzt

wurde. Wer eine Taschenlampe und der Enge und der feuchten Felswände wegen eine unempfindliche Regenjacke dabei hat, kann ein Stück über den alten und sehr eng werdenden Stollen in den Berg vordringen.

Abstecher: Zurück am Tageslicht gehen wir auf dem Talweg weiter. Nach knapp 20 m führt ein Abstecher (400 m) steil durch den Wald den Hang hinauf zum **Aussichtspunkt Scheibenfelsen:** An der ersten Serpentine rechts herum, dann vor einem Felssporn gleich wieder links (nicht geradeaus weiter!). Der Ausblick von der romantischen (ungesicherten) Felskanzel ist eindrucksvoll.

Mit oder ohne Abstecher geht es auf einem angenehm breiten Weg weiter durch Wald. Eine Hinweistafel erläutert die Entstehung von Gneis, einem der wichtigsten kristallinen Gesteine des gesamten Schwarzwaldes. Der leicht bergab führende Weg beschleunigt unsere Schritte. Eine weitere Tafel klärt über die Bedeutung des Quarzporphyrs auf.

An einer nicht markierten Gabelung gehen wir geradeaus weiter und wieder sacht bergan. Dann treten wir auf einem Pfad auf eine Wiese hinaus und folgen einem Hang, an dem einzelne Bäume stehen. Wieder bergab gehend erreichen wir eine **Kreuzung** (2.15 Std.): Hier treffen von Norden nach Süden und von Osten nach Westen verlaufende Wanderwege zusammen. Wir folgen der Ausschilderung »Bahnhof« links hinab, gehen (jetzt nur noch auf Asphalt) den Laisackerweg (rechts der malerische Laisackerhof) recht steil hinab, erreichen unten wieder die Landstraße und folgen dieser nach rechts bis zum **Bahnhof Untermünstertal** (2.30 Std.).

›Haute Route‹ zum Belchen

Auf Höhenwegen vom Schauinsland zum Belchen

Eine Hochtour mit wunderbaren Ausblicken über die höchsten Berge im südwestlichen Schwarzwald. Ziel ist der Belchen, den Johann Peter Hebel den Großen, Wolkenspendenden nannte und zum Sitz der Götter und zur ersten Station auf dem Weg zum Himmel erhob.

DIE WANDERUNG IN KÜRZE

++ Anspruch **6** Std. Gehzeit **20 km** Länge **900 m** Abstieg	**Charakter:** Teilweise anstrengende Höhenwanderung, steiler Abstieg ab Hörnle, steiler Anstieg ab Krinne; 900 Höhenmeter Abstieg bei Verlängerung nach Schönau **Markierungen:** Blaue Raute bis kurz vor Böden, rote Raute (Westweg) bis Belchen, blaue Raute vom Belchen bis Schönau **Wanderkarten:** WHS (Hochschwarzwald), F 508, ADAC Blatt 14 **Einkehrmöglichkeiten:** Bergstation Schauinsland, Berghotel Wiedener Eck, Belchenhaus (Mo bei schlechtem Wetter geschl., Tel. 07673/281)

An-/Abfahrt: Ab Freiburg Straßenbahn/Bus bis zur Schauinslandbahn, zurück ab Belchen mit Bus via Todtnau/Kirchzarten (dort Bahn) oder via Münstertal. Rückfahrt ab Schönau: SBG-Bus über Todtnau, Linien 7215 und 9006

Fahrzeiten: Schauinslandbahn: 9–18 Uhr (Sommer), 9.30–17 Uhr (Winter)

Wetter: Tel. 0761/451 14 56 (Ansage). Die Route ist bei geringer Schneehöhe auch im Winter begehbar. Bei Nebel auf keinen Fall wandern!

Webcam: www.belchen-seilbahn.de (Blick vom Belchen-Gipfel)

Nach Verlassen der **Schauinslandbahn-Bergstation** empfängt uns die deutlich frischere Bergluft. Auf dem nach Süden führenden Sträßchen gehen wir hinab zur Passhöhe der Schauinslandstraße. Hier folgen wir der blauen Raute links den Waldrand entlang nach Südwesten. Schon öffnen sich weite Blicke nach Süden zum Feldberg und nach Südwesten zum Belchen, unserem Ziel: Steil ragt seine kahle Kuppe in den Himmel. Wir überqueren die Ortszufahrt nach Hofsgrund, links hinab führen die Schlepplifte von Roßhang und Poche. Am Weg stehen viele Wetterbuchen, für die der Schauinsland bekannt ist.

Nach 30 Min. überqueren wir die Landstraße L 124. Windausgesetzt, aber mit herrlichem Ausblick nach Westen zu den Vogesen und in die Rheinebene folgen wir über Weiden hinweg einem Wirtschaftsweg. Im

Wetterbuchen sind typisch für die höheren Lagen des Schauinslands, im Hintergrund das Ziel dieser Tour: der Belchen

Wald erreichen wir dann die **Hütte Dreieck** (1 Std.; Schutzhütte mit Ofen).

An einer Verzweigung folgen wir geradeaus der blauen Raute. Etwa 15 Min. nach der Hütte mündet von links der Westweg ein, dem wir von nun an bis zum Belchen folgen (rote Raute). Ein Brunnen am Wegesrand bietet Trinkwasser. Vorbei an einer weiteren unbewirtschafteten Hütte erreichen wir den waldfreien Höhenrücken **Auf den Böden** (1.30 Std.).

Dann wird der Wanderweg steinig,

führt steil bergab und hinaus auf weite Weideflächen: Über das Wiedener Eck hinweg reicht der Blick zum Belchen, rechts drüben liegt das Hörnle, ein beliebter Aussichtspunkt. Es geht weiter steil über Weiden bergab. Am großen Oberen Jetzenwald-Hof vorbei können sich unsere Füße auf einem Wiesenweg erholen.

Unsere Route führt rechts in weitem Bogen um eine bewaldete Kuppe herum. Erneut geht es steil und steinig bergab, dann den Hang ent-

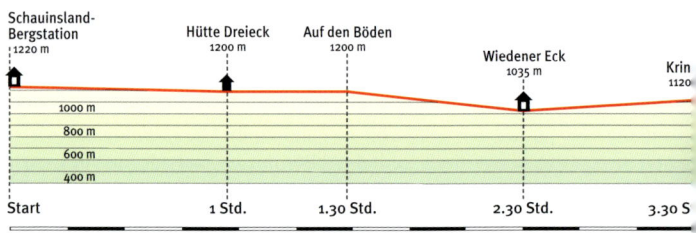

lang und nach links in den Buchenwald hinein. Hier öffnet sich ein
schöner Blick ins Obermünstertal.
Gegenüber sind die Abfahrtshänge
des Skigebiets am Heidstein zu sehen. Schließlich ist am **Wiedener Eck**
(2.30 Std.) die Passstraße erreicht.
  Wir überqueren die Straße und folgen drüben einem Wirtschaftsweg
bergauf. Rechts unter uns liegt Ober-
münstertal-Neuhof. Wir passieren
die Trasse des Skilifts und gehen
dann auf einem steinigen Pfad bergauf durch die Bergwälder. Am steilen

Hang öffnet sich ein wunderbarer
Blick hinüber zum Feldberg, kurz darauf auch zum Schauinsland mit seinem Aussichtsturm und in die Rheinebene. Zweimal queren wir eine
Schlepplifttrasse und eine weitere
Abfahrtsschneise im Wald. Der Weg
führt im dichten Mischwald weiter
leicht bergan um eine Hangkante herum. Bei einem Brunnen bietet sich
durch den Wald ein Blick hinab ins
Münstertal und bis nach Staufen in
der Ferne. Wir haben das Naturschutzgebiet Belchen erreicht.

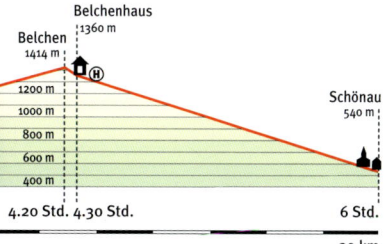

45

Tour 8

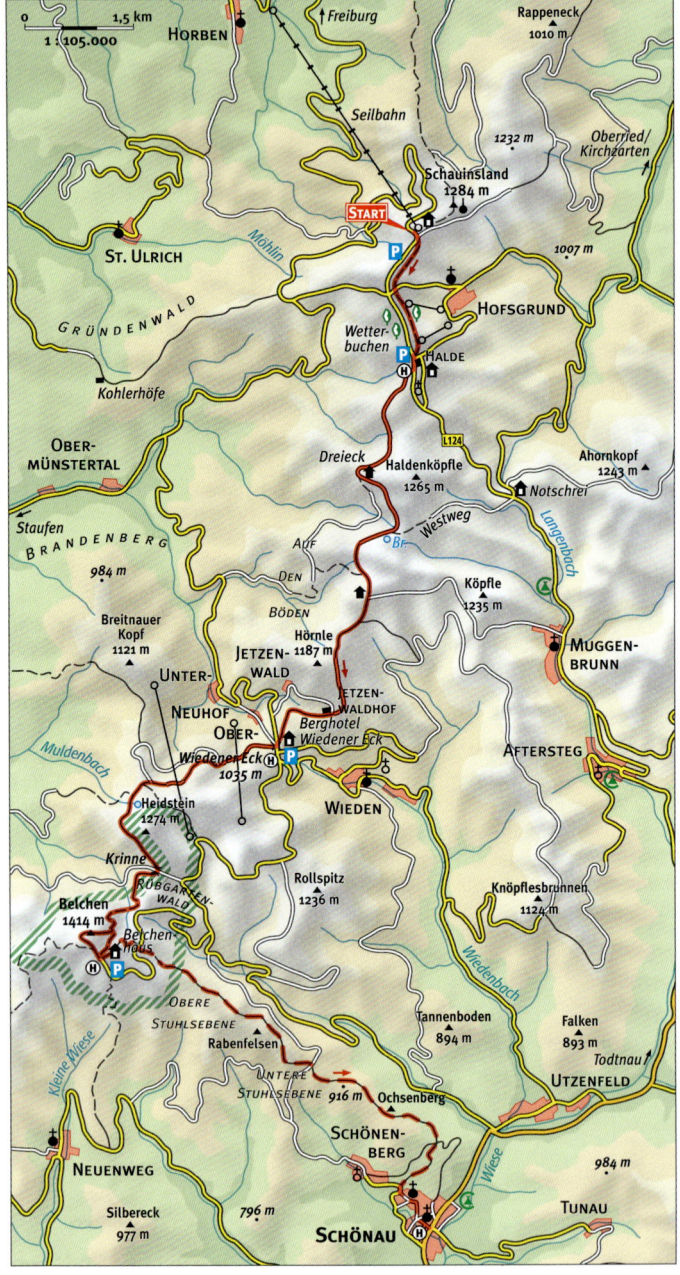

Einer der höchsten Schwarzwald-Gipfel: der knapp 1500 m hohe Belchen

Erneut gehen wir um eine Bergflanke herum und folgen dem Pfad an einem Südwesthang unterhalb des Heidsteins. Der Weg wird jetzt zum schmalen und steinigen Pfad, der über steile Geröllschutthalden durch das Gewann Heidstein leicht bergab zur **Krinne** führt, einem schmalen Pass (3.30 Std.). In einer Kehre folgen wir dem Weg rechts hinauf in den Wald hinein.

Noch ist der Pfad in gutem Zustand und führt nicht allzu steil den Hang entlang hoch. Eindrucksvoll ragt der Belchen vor uns auf. Wir queren weite Geröllhänge im sturmgelichteten Bergwald und erreichen nach zwei Serpentinen einen Höhenrücken links: Wir befinden uns unweit der Belchen-Fahrstraße beim **Oberen Rübgartenwald:** Hier beginnt der alpine Belchenaufstieg.

In Serpentinen führt der Weg nun steil bergauf, meidet dabei gefährliche Felsriegel. Die Flora nimmt mehr und mehr alpine Züge an. An einer Hangkante treten wir aus dem Wald heraus: Wir haben den Belchen-Gipfelrundweg erreicht, auf dem wir in wenigen Minuten zum Gipfelkreuz des **Belchen** gelangen (4.20 Std.).

Ein überwältigender Ausblick belohnt uns für den anstrengenden Aufstieg. Das Belchenhaus liegt auf der Südostseite des Berges. Hier endet auch die Kabinenbahn (sie versah ihre Dienste zuvor auf der Expo 2000 in Hannover); an ihrer Talstation liegt die **Haltestelle** des Busses, mit dem wir ggf. zurückfahren können (4.30 Std.).

Wer eine Wanderung auch hinab in Betracht zieht, dem sei die Sonnenseite des Belchen empfohlen: Ein mit blauer Raute markierter Höhenrückenweg führt in 1.30 Std. über Stuhlsebenen, Rabenfelsen und Ochsenberg über 900 Höhenmeter hinunter nach **Schönau**. Dort haben wir wieder Anschluss an das Busnetz der SBG (6 Std.).

Tour 9

Zum Knöpflesbrunnen

Vom Notschrei über die Knöpflesbrunnen-Hütte nach Aftersteg
Fast durchgängig in 1100 m Höhe und daher im Sommer wunderbar kühl führt die Wanderung durch naturnahe Bergwälder, an Mooren und Talauen vorbei zum spektakulären Aussichtspunkt Knöpflesbrunnen über dem oberen Wiesental.

DIE WANDERUNG IN KÜRZE

+
Anspruch

Charakter: Leichte Höhenwanderung auf angenehmen Waldwanderpfaden und kiesigen Holzabfuhrsträßchen

3.45 Std.
Gehzeit

Markierung: GR

Wanderkarten: LVA/SWV 6, WHS (Hochschwarzwald), F 508, ADAC Blatt 14

12 km
Länge

Ausrüstung: Proviant, falls Almhütte Knöpflesbrunnen geschlossen ist

Einkehrmöglichkeiten: Waldhotel Notschrei, an der Strecke nur Almhütte Knöpflesbrunnen (Fr geschl.) und in Aftersteg

Anfahrt: Mit dem Bus: SBG-Linie 7215 Freiburg–Todtnau–Schönau. **Mit dem PKW:** Über die L 126 von Kirchzarten/Oberried oder Todtnau bzw. die L 124 von Freiburg/Schauinsland. Große Parkplätze am Ausgangspunkt.

Hinweis: Die Wanderung ist oft bis weit in das Frühjahr hinein wegen Schnee nicht durchführbar.

Auf der dem **Waldhotel Notschrei** gegenüberliegenden Straßenseite finden wir nahe dem Vesperstüble eine ganze Reihe von Wegzeichen. Hier folgen wir dem Westweg (rote Raute) zunächst leicht an-, dann wieder absteigend auf einem angenehmen Holzabfuhrweg in den hochstämmigen Wald hinein. In einem Talgrund erreichen wir den Langenbach, in dem sich viele Bachforellen tummeln. Wir folgen der roten Rau-

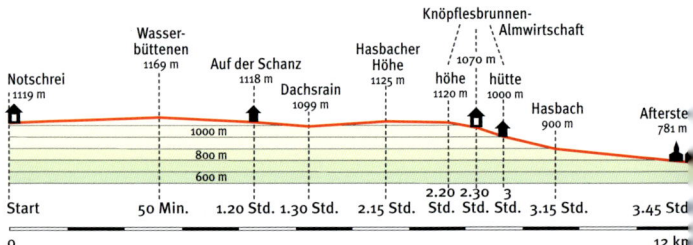

48

te halbrechts und passieren wenig weiter ein für dieses Gebiet typisches Hochmoor mit ehemaligem Torfstich (Betreten nicht gestattet). Die Moorflächen lockern den Waldbestand auf, würzige Luft streicht über sonnendurchflutete Schachtelhalmwiesen.

Der Wirtschaftsweg verläuft zunächst fast eben, steigt dann mehr und mehr an. Daneben plätschert der Langenbach zu Tale. Nach knapp 30 Min. erreichen wir eine Anhöhe, an der der Wirtschaftsweg nach links abbiegt. Wir verlassen ihn geradeaus auf einem breiten Wanderweg, dem Wegzeichen folgend. Ein kurzes Stück geht es steil und steinig bergauf. Oben erreichen wir eine Kreuzung, an der wir den Westweg verlassen und der blauen Raute nach links folgen. Der breite Wanderweg führt durch hochstämmigen Wald mit durchschnittlich 220 Jahre alten Bäumen. Nach etwa 35 Min. erreichen wir ein Naturschutzgebiet und wenig später das **Trubelsbachtal**.

An einer Gabelung folgen wir geradeaus der blauen Raute und gelangen kurz darauf zu einer größeren Kreuzung. Wir sind – wie ein Schild angibt – an **Wasserbüttenen** angekommen (50 Min.). Durch schöne lichte Bergwälder folgen wir jetzt einem kiesigen Waldwirtschaftsweg bergab. Der lichte Baumbestand ermöglicht immer wieder Ausblicke nach Westen auf die Höfe des Wiedener Ortsteils Ungendwieden und den Belchen am Horizont. An einem Bergsattel folgen wir der blauen Raute auf einem Wanderweg, treffen jedoch bald wieder auf den Waldwirtschaftsweg an der Kreuzung Gschwender Hölzle. Nur etwa 10–15 Min. weiter im Bergwald gehend erreichen wir die Wegkreuzung **Auf der Schanz** (1.20 Std.), wo eine einfache

Schutzhütte im Fall des Falles Unterstand bietet. Wieder finden sich alle Wegzeichen. Wir halten uns halbrechts und folgen dem Knöpflesbrunnenweg, einem Wirtschaftsweg.

Erneut genießen wir schöne Ausblicke hinab ins Wiedener Tal und hinüber zum horizontbegrenzenden Belchen. Ein Brunnen bietet die Möglichkeit, sich zu erfrischen. Der Weg führt stetig bergab, und so erreichen wir rasch eine weitere Wegkreuzung, den **Dachsrain** (1.30 Std.). Geht man hier 50 m nach Osten, bietet sich ein schöner Ausblick aufs Obere Wiesental und hinüber zum Silberberg und zum Hasenhorn (vgl. Tour 10). Der Seebuck ist gerade noch über dem Waldrand zu erkennen.

Geradeaus/halblinks führt ein einfacher, naturnaher breiter Waldweg, der Obere Rüttewaldweg, weiter Richtung Knöpflesbrunnen bis zum

Bergsattel vor der **Hasbacher Höhe** (2.15 Std.; Ausblick zum Gisiboden, vgl. Tour 10). Wir folgen hier der Ausschilderung nach rechts auf einen Holzabfuhrweg leicht bergab und erreichen nach 15 Min. die freien Wiesen und Weiden oberhalb der Almwirtschaft. Dann kommen wir an eine weitere große Kreuzung an der **Knöpflesbrunnenhöhe** (2.20 Std.): Hier zweigt nach links der mit der blauen Raute markierte Höhenzugangsweg ab, dem wir später nach Aftersteg folgen werden. Geradeaus führt der Weg weiter zur Almwirtschaft, die wir jedoch nicht ansteuern sollten, ohne zuvor den eigentlichen **Knöpflesbrunnen(-berg)** besucht zu haben: Er liegt wenige Minuten rechts des Weges hinter den Weiden. Hier finden wir Weidbuchen auf einer kahlen, teils felsig-

Die Todtnauer Wasserfälle nahe der Wanderroute

romantischen Bergkuppe. Der Ausblick dehnt sich weithin nach allen Seiten, vom Feldberg zum Belchen, im Nordwesten ist das markante Hörnle (vgl. Tour 8) zu erkennen, und tief unter uns liegt das Wiesental – ein idealer Platz zum Verweilen, Schauen, Seligsein.

Wir gehen noch 5 Min. bergab und erreichen dann die **Almwirtschaft Knöpflesbrunnen** (2.30 Std.). Freitag ist Ruhetag, doch keine Bange, Sie müssen auch dann nicht verdursten: Der Wirt hat Bier, Sprudel und Limo in Kisten bereitgestellt, eine Papptafel nennt die Preise, und eine kleine Kasse steht parat. Immerhin ist der Öffner für die Kronkorken angebunden. Heile Welt am Knöpflesbrunnen!

Gestärkt an Leib und Seele setzen wir unsere Wanderung fort und müssen dazu zunächst bis zur Knöpflesbrunnenhöhe zurückgehen. Hier biegen wir nach rechts auf den mit einer blauen Raute und GR markierten Weg ab (Ausschilderung u.a. »Feriendorf«). Nach der ebenen Überquerung einer Wiesenfläche nimmt uns 10 Min. nach Verlassen der Almwirtschaft der Wald auf. Der Weg wird rasch steiler und führt schließlich in Serpentinen durch den Bergwald hinab. Wir überqueren zweimal Holzabfuhrsträßchen und erreichen dann an einer Serpentine des Kohlwaldwegs die **Knöpflesbrunnenhütten,** einen Brunnen mit Grillplatz (3 Std.). Hier verlassen wir den mit der blauen Raute markierten Weg und folgen dem kiesigen Fahrweg in nördlicher Richtung bergab.

Der kiesige Weg führt durch Weideflächen am sonnigen Steilhang entlang und eröffnet herrliche Blicke über Todtnau, zu den Todtnauer Wasserfällen, ins Wiesental und hinüber zu Silberberg und Hasenhorn mit der Sommerrodelbahn.

An einer Schranke biegen wir um einen Bergrücken herum, vor uns liegt jetzt das weite Schönenbachtal mit den Höfen und Wiesen von Hasbach und Aftersteg. Ab hier ist unser Weg asphaltiert; obwohl für den Verkehr freigegeben, fährt hier nur selten ein Fahrzeug. Wir erreichen die ersten Häuser von **Hasbach** (3.15 Std.) und gehen durch die herrliche Schwarzwaldlandschaft weiter bergab auf Aftersteg zu. Im Ort angekommen, gehen wir ein kurzes Stück der Ausschilderung folgend auf dem Talweg nach links (in Richtung Todtnauberg), überqueren den Schönenbach nach rechts und erreichen am Gegenhang, wieder nach rechts gehend, rasch am Ortsausgang von **Aftersteg** die Durchgangsstraße L 126 (3.45 Std.).

Die **Bushaltestelle** liegt gleich rechts. Nach fahrplanmäßig 20 Min. ist mit dem Bus der Ausgangspunkt erreicht (Fahrplan beachten!).

Die Todtnauer Wasserfälle

Folgen Sie der L 126 über Parkplätze hinweg nach links bergauf, erreichen Sie nach knapp 500 m eine Serpentine; hier zweigt nach rechts bei einem Kisok ein vielbegangener Wanderweg ab, der Sie nach 500 m zu den Todtnauer Wasserfällen führt. Sie sind mit 98 m die höchsten Naturwasserfälle Deutschlands.

Tour 10

Im Oberen Wiesental

Alpiner Pfad zu Silberberg, Grafenmatt und Herzogenhorn

Der Hasenhornlift über Todtnau erleichtert den Zugang zum Wanderparadies zwischen Feldberg, Oberem Wiesental und Bernau. Die Wanderung führt durch abgelegene Bergwälder zu den landschaftlichen Highlights des südlichen Feldberggebiets.

DIE WANDERUNG IN KÜRZE

++
Anspruch

5 Std.
Gehzeit

17 km
Länge

Charakter: Mittelschwere Höhentour, die ein kurzes Stück Trittsicherheit erfordert. Wanderwege verlaufen überwiegend im Wald.

Markierung: Bis auf ein kurzes Stück abseits der markierten Route durchgängig gut markiert

Wanderkarten: WHS (Hochschwarzwald), F 508, ADAC Blatt 14

Einkehrmöglichkeiten: Verschiedene in Todtnau, in Routennähe am Feldbergpass, Berggasthöfe Herzogenhorn und Gisiboden (evtl. Mo ab 15 Uhr geschl., Tel. 07671/99 98 21)

Anfahrt: Mit dem Bus: Bis Todtnau mit SBG-Linien 7215 oder 7300. **Mit dem PKW:** Bis Todtnau über die B 317 oder L 126.

Fahrzeit Hasenhornbahn: Tägl. 9.30–17.30 Uhr, wetter- und saisonabhängig, Tel. 07671/508

Webcam: www.emmendingerhuette.de/de/webcam.htm (Blick von der Grafenmatt)

Mit der **Hasenhornbahn** ist die Höhendifferenz zwischen Todtnau und dem Hasenhorn rasch und komfortabel überwunden. Von der **Bergstation** gehen wir der blauen Raute folgend steil und steinig bergauf. Nach 10 Min. mündet von links der Wanderweg ein, den Nicht-Liftbenutzer von Todtnau heraufkommen. Auf wurzeligem und steinigem Weg geht es durch den Mauswald, ein ehemaliges Bergwerksgebiet. Nach weite-

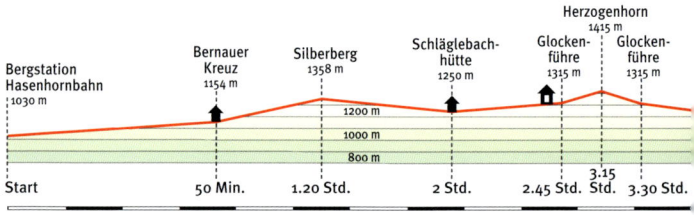

ren 10 Min. erreichen wir eine Gabelung, an der wir halblinks Richtung Bernauer Kreuz (GR) gehen.

Der Weg führt jetzt fast eben am Hang entlang weiter und trifft bald darauf auf einen breiten Waldwirtschaftsweg, den ›Bernauer Kreuzweg‹, dem wir in der bisherigen Richtung folgen. Nach 50 Min. erreichen wir eine deutlich ausgeschilderte Wegkreuzung: Ein steiler steiniger Weg führt rechts hinauf zum ca. 50 m entfernten **Bernauer Kreuz**, wir gehen jedoch auf dem Wirtschaftsweg geradeaus weiter (jetzt auch wieder mit der blauen Raute). Vor uns ist schön die kahle Kuppe des Silberbergs zu sehen. Immer wieder

bieten sich weite Ausblicke ins Wiesental.

Einen Kilometer weiter zweigt ein Pfad rechts in den Wald hinein ab. Ein Schild mahnt: »Silberberg, nur für trittsichere Wanderer«. Diesem Pfad folgen wir steil bergauf. Im schütteren Bergwald bieten sich herrliche Ausblicke nach Westen und Südwesten. Schließlich erreichen wir den 1358 m hoch gelegenen **Silberberg** (1.20 Std.). Der Pfad ist jetzt wurzelig und führt gemäßigt am steilen Hang entlang. Einzelne Felsriegel sind zu überqueren: Jetzt ist die erwähnte Trittsicherheit gefragt! Durch Felsverblockungen geht es weiter; von einer kleinen Felsnase bietet sich ein schöner Blick in den rauhen Bergwald hinein, der hier ein richtiger Bergurwald ist. Am lebhaften Tiefkängelbach wandern wir an einem alten **Brunnen** vorbei.

Der Hang verflacht, der Urwald geht in einen Wirtschaftswald über. Der Wanderweg ist jetzt angenehm weich und auf einem gepflegten Wirtschaftsweg gelangen wir zur **Schläglebachhütte** (2 Std.). Auf einer

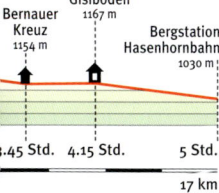

Schwarzwaldalm

breiten Waldschneise verläuft hier die gleichnamige Skiabfahrtsstrecke. Hinter der Hütte gehen wir halbrechts hinauf und erreichen nach 5 Min. eine weitere Abfahrtsschneise im Wald. Damit haben wir endgültig das Skigebiet Feldberg erreicht.

Um eine Felsnase herumgehend, folgen wir dahinter jetzt ohne Markierung den Masten einer Schlepplifttrasse auf einem Weg rechts bergauf, der über schöne Wiesen und Weiden an aufgelockerten Baumgruppen vorbeiführt und nach 500 m am letzten Liftmast die Berghöhe erreicht: Wunderbare Ausblicke bieten sich zum Feldberg und zum Belchen. Wir sind hier auf der **Grafenmatt** und damit wieder in der Zivilisation. Ein kurzes Stück folgen wir einem Wirtschaftsweg nach links und finden hier etwas versteckt unter anderem die rote Raute des Westwegs, dem wir jetzt nach rechts folgen.

Unser Weg ist ein stark begangener Kiesweg, der zum bekannten Bundesleistungszentrum der Ski-

Nationalmannschaft und zum **Gasthof Herzogenhorn** führt. Kaum 5 Min. später erreichen wir die Wegkreuzung **Glockenführe** (2.45 Std.). Der Name »Führe« soll von der Zahl Vier abgeleitet sein, da hier die Glocken von vier Kirchen oder Kapellen zu hören sind. Nur noch 100 Höhenmeter und knapp 30 Min. Gehzeit trennen uns vom Gipfel des **Herzogenhorns** (3.15 Std.), die Aussicht von oben ist grandios. Bei klarem Wetter liegt die Alpenkette fast zum Greifen nahe.

Vom Gipfel gehen wir den Pfad wieder hinab zur Glockenführe, verlassen den Westweg und folgen der GR in Richtung Gisiboden nach links hinüber in den Wald hinein. Fast im Talgrund wandern wir auf einem einfachen Holzabfuhrweg bergab durch ein schönes, weites Weidetal, in dem der Prägbach plätschert. Dann durchqueren wir den Talgrund mit dem Bach, gehen an einer Hütte vorbei und erreichen rasch das **Bernauer Kreuz** (3.45 Std.), an dem sich viele Wanderwege treffen. Gegenüber steht eine größere Schutzhütte.

Wir folgen weiter der GR auf angenehmen Wegen bis zum **Berggasthof Gisiboden** (4.15 Std.). Mit oder ohne Einkehr gehen wir anschließend weiter abwärts und biegen dann rechts auf einen Feldweg ab, der an einem Weidebrunnen vorbei den Hang entlang führt. Wieder bieten sich sehr schöne Blicke zum Belchen. Oben erreichen wir einen Höhenrücken (1120 m) und genießen den Ausblick zum Feldberg und zum Schauinsland mit Hofsgrund. Ein Wurzelpfad führt durch den Mauswald, wo wir wieder auf den Pfad vom Hinweg stoßen: Hier gehen wir links/geradeaus und haben dann rasch unseren Ausgangspunkt, die **Bergstation** der **Hasenhornbahn**, erreicht (ca. 5 Std.).

Der Präger Gletscherkessel

Tour 11

Von Präg über Blössling, Hochkopf und Weißenbachsattel nach Herrenschwand und über den Weidelehrpfad zurück

Das Naturschutzgebiet Präger Gletscherkessel gilt als landschaftliches und geologisches Juwel, geprägt von der mächtigsten Vereisung des gesamten Schwarzwaldes. Die Wanderung führt durch den Kessel und hoch über ihm zu den schönsten Aussichtspunkten.

DIE WANDERUNG IN KÜRZE

++
Anspruch

6 Std.
Gehzeit

18 km
Länge

Charakter: Mittelschwere Rundwanderung; steiler Anstieg zum Blössling, steile Abstiege vom Blössling zum Präger Eck und auf dem Weidelehrpfad nach Präg

Markierungen: GR, Ausschilderung ›Wacht‹, ab Wacht rote Raute (Westweg), ab Weißenbachsattel blaue Raute, Weidelehrpfad und GR

Wanderkarten: WHS (Hochschwarzwald), F 508, ADAC Blatt 17

Einkehrmöglichkeiten: Mehrere in Präg, an der

Strecke nur Wanderheim Hochkopfhaus am Weißenbachsattel (Mo geschl., Tel. 07674/437) und Gasthaus Waldfrieden in Herrenschwand (Mo und Di nachmittag geschl.)

An-/Abfahrt: Mit dem Bus: SBG-Linie 7215 bis Präg-Hinterdorf, zurück ab Präg-Rathaus. **Mit dem PKW:** Bis Präg-Ortsmitte, Parkplatz am Gemeindehaus

Tipp: Angenehme Hochsommerwanderung; besonders schön bei Alpensicht

Von der Ortsmitte **Präg** (bzw. der Haltestelle Hinterdorf) aus gehen wir die Hochkopfstraße (L 151) bergauf, verlassen diese Durchgangsstraße jedoch wenig weiter halblinks der Ausschilderung »Wacht« und »Präger Böden« folgend nach links auf die asphaltierte Grabenstraße. Diese führt uns zunächst eben in östlicher Richtung weiter in den Taleinschnitt des Wildbodenbaches hinein. Den rauschenden Bach überqueren wir in einer Spitzkehre der Straße unweit seiner Mündung in den Prägbach. Das Sträßchen (es ist die alte Verbindungsstraße zwischen Präg und Bernau) führt uns jetzt fast eben am Hang entlang in nordwestliche Richtung. Links unter uns rauscht der Prägbach, der hier am Fuße des Bergrückens Ellbogen eine markante Richtungsänderung von Südost auf Nordwest ausführt. Nach etwa 20 Min. verlassen wir den Wegzeichen folgend das Sträßchen nach rechts in die Weidefelder hinein und gehen in der bisherigen Richtung durch wunderschöne, von Bäumen und Gebüsch, Felsriegeln und Steinfeldern durchsetzte Weidehänge leicht ansteigend auf einem angenehmen Grasweg weiter. Versäumen Sie nicht einen Blick zurück: Links über uns steht mächtig der Hochkopf, sowohl der Fernsehumsetzer als auch der Aussichtsturm sind zu sehen, fast gegenüber über den Höfen von Präg liegen die freien Weidehänge, die im Winter den Skifahrern, im Sommer dem Jungvieh als Auslauf dienen; dort drüben werden wir am Ende der Wanderung herabsteigen.

Weiter unserem Weg folgend, gehen wir auf einen kleinen Höhenrücken zu, auf dem weithin sichtbar ein Markierungspfosten steht: Dort oben gehen wir geradeaus, ein anderer markierter Wanderweg führt nach links über die Sengalenhalden und das Glashüttenmoos zum Gisiboden und zu den Präger Böden (vgl. Tour 10). Wir gehen auf einen Waldrand zu.

Achtung! Wenn Sie mit Kindern wandern, halten Sie diese vor Erreichen des Waldrandes zurück! Der Weg führt zwar weiterhin fahrwegbreit durch den Wald hindurch am Hang entlang, doch bricht dieser auf seiner linken Seite auf einer Länge von 200–300 m beinahe senkrecht ab. Tief unten rauscht der Prägbach durch eine Klamm.

Nach etwa 50 Min. Gehzeit erreichen wir eine Wiese. Hier ist erneut besondere Aufmerksamkeit gefordert! Während in verschiedenen

noch immer im Handel erhältlichen Wanderkarten unser Wanderweg weiterhin auf der Ostseite des Prägbaches verläuft, müssen wir diesen am Beginn der Wiese auf einer breiten Holzbrücke nach links überqueren. Hier fehlt die Markierung »Wacht«, nur das Wegzeichen »Präger Böden« ist zu finden. Der Weg, der über die Wiese hinweg geradeaus weiterführt, endet in einem nicht unproblematischen Felsgelände.

Unmittelbar hinter der Brücke gehen wir – jetzt wieder dem Wegzeichen »Wacht« folgend – nach rechts auf einem schmalen Pfad in den Wald hinein. Zwischen der Straße zur Linken und dem rauschenden Prägbach rechts unter uns führt dieser Pfad etwas uneben und teilweise auch durch feuchtes Gelände weiter stetig bergauf. Nur knapp 200 m nach der Brücke schwillt das Rauschen des Baches mächtig an: Wir erreichen den **Prägbach-Wasserfall** (1 Std.). Eine geländergesicherte Felskanzel ermöglicht einen schönen Blick auf das Tosbecken, in das der stets viel Wasser führende Prägbach im freien Fall eine Felsstufe hinabstürzt. Das klare Wasser lädt im Sommer zu einem abenteuerlichen Bad unterm Wasserfall ein.

Der Pfad führt einige Stufen hinauf und endet oben unmittelbar an der Stelle in die Landstraße, wo ein Holzabfuhrweg abzweigt und kaum 20 m

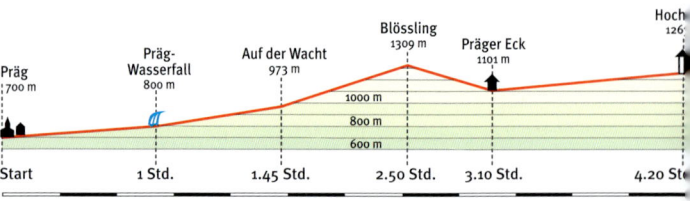

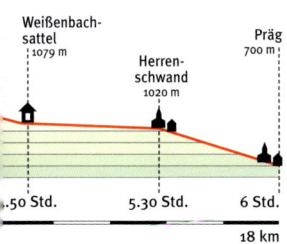

weiter auf einer Brücke wieder den Prägbach überquert. Dort hinüber müssen auch wir jetzt und folgen dazu etwa 1 km dem Holzabfuhrweg. Wir gehen weiter gemäßigt bergan,

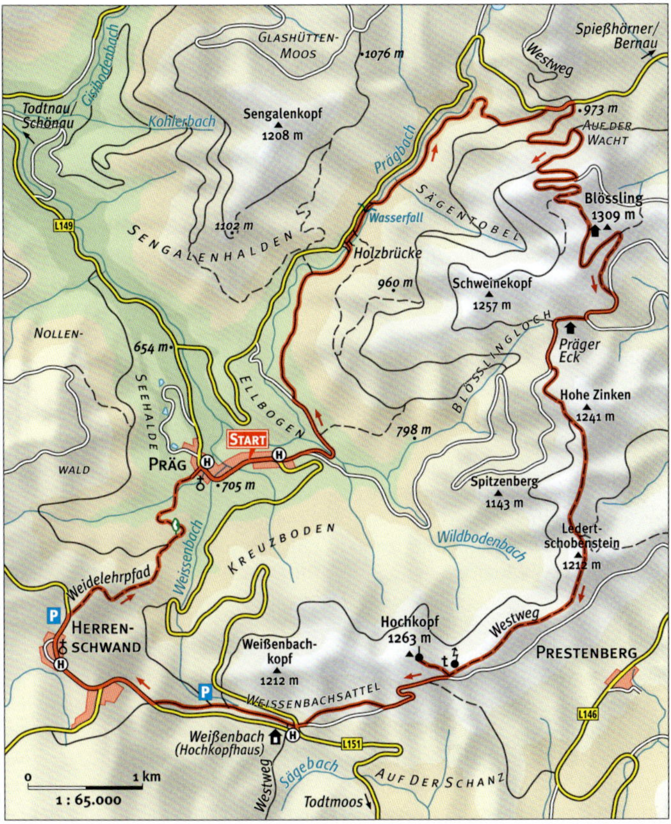

links von uns rauscht der Prägbach zu Tale. Nach einer Gesamtwanderzeit von 1.15 Std. erreichen wir eine deutlich mit dem Hinweis »Wacht« markierte Abzweigung: Wir gehen nach rechts einen steilen, zunächst grasigen Weg hinauf, den Wachtweg, auf dem wir nach 700 m, die letzten etwa 100 m unmittelbar an der Landstraße gehend, die Passhöhe **Auf der Wacht** (1.45 Std.) erreichen. Hier stoßen wir auf den Westweg (rote Raute), dem wir bis hinüber zum Weißenbachsattel folgen werden.

Dazu gehen wir auf der Südseite des Bergpasses nach rechts auf einem Holzabfuhrweg (Blösslingweg) zunächst gemäßigt, dann immer steiler bergauf. Wir kommen durch schöne Bergwälder und überqueren immer wieder kleine Bachläufe, aus denen der Autor bedenkenlos trinken würde. Sehr steil zieht sich die Bergflanke zum Blössling hinauf. Aussicht haben wir nur dort, wo der schüttere Bergwald dies zulässt. Die Höhenlage macht sich mehr und mehr durch kleinwüchsige Bäume und Hakenwuchs (ein Zeichen von Schneedruck im Winter) bemerkbar. Nach 2 km anstrengendem Anstieg bieten sich Ausblicke nach Norden zum Herzogenhorn und zum Feldberg sowie zur Almgaststätte Präger Böden unterhalb des Bernauer Kreuzes (vgl. Tour 10). Drüben im Nordosten sind die Spießhörner horizontbegrenzend (vgl. Tour 12).

Der Wirtschaftsweg wird immer naturnaher und geht schließlich in einen Pfad über, der weiter steil hinauf durch die Blössling-Nordflanke führt. Von einer Wegbiegung aus eröffnet sich dann ein sehr schöner Blick zum Belchen im Westen. Der Weg wird flacher; die Schutzhütte steht unmittelbar über uns, und bald haben wir den **Blössling-Gipfel** erreicht (2.50 Std.). Von einem ehemaligen Wald stehen heute nur noch einzelne windzerzauste Fichten, die teilweise auch schon stark geschädigt sind. Der schüttere Baumbestand verdeckt nur in wenigen Ausschnitten die hervorragende Aussicht, unter anderem auf die Südflanke von Feldberg und Herzogenhorn. Grasige Flächen dehnen sich zwischen den verbliebenen Bäumen aus und laden zu einer Rast ein. Alles macht einen wilden, noch sehr naturnahen Eindruck. Ein einfaches großes, nur aus Baumstämmen zusammengezimmertes Holzkreuz verstärkt diesen Eindruck noch.

Hinab geht es auf einem grasigen Weg in unserer bisherigen Richtung. Nach 5 Min. erreichen wir einen Bergsattel und gehen hier in spitzem Winkel nach links der roten Raute folgend auf einem Wirtschaftsweg weiter bergab. Nach weiteren 5 Min. verlassen wir diesen wieder in spitzem Winkel nach rechts und folgen einem Pfad in den Hangwald hinein recht steil hinab. Dann geht es auf einem weiteren Holzabfuhrweg steil hinab zum **Präger Eck** (3.10 Std.; Schutzhütte).

Hier gehen wir nach rechts auf einem einfachen Wirtschaftsweg weiter durch einen engen, nach beiden Seiten steil im Wald ansteigenden Bergsattel, dem oberen Ende des sogenannten Blösslinglochs. Kurz darauf treten wir aus diesem schmalen Durchgang auf eine Weggabelung hinaus und wenden uns hier im rechten Winkel nach links auf einen sanft ansteigenden Holzabfuhrweg. Durch lichte Bergwälder haben wir einen schönen Blick hinab nach Präg mit seinen charakteristischen Schwarzwaldhäusern.

Wir folgen dem breiten Weg in südlicher Richtung, gehen aber schon wenig weiter einen anderen Wirtschaftsweg steil nach links hinauf. Rasch haben wir wieder einen Höhenrücken erreicht, laut einer Aufschrift den **Hirzenboden** (3.20 Std.). Aus dem Wirtschaftsweg wird wieder ein Wanderweg, der recht steil und steinig-wurzelig bergauf führt. Schließlich haben wir den Bergkamm erreicht und folgen diesem mal eben, mal leicht bergauf oder auch bergab immer weiter nach Süden. Der Bergkamm stellt den Rand des ehemaligen Wildbodenbächle-Gletschers dar, der sich in der letzten Eiszeit vor 10–20 000 Jahren noch 500 m über uns auftürmte, die

Wanderweg am Blössling

mächtigste Vergletscherung, die im Schwarzwald je vorhanden war. Trotz sichtbarer Waldschäden ist der Wald noch immer so dicht, dass hier kein Ausblick in den Talkessel von Präg möglich ist, in dem damals in einem auf der Erde einmaligen Vorgang sechs Einzelgletscher zusammenflossen. Auch der **Ledertschobenstein** (3.50 Std.) ist durch eine Tafel eindeutig zu identifizieren.

Wir folgen auf einem wurzeligen Weg der Höhenlinie durch einen wenig schönen Wirtschaftswald. Wanderwege hinab nach Bernau oder auch nach Todtmoos zweigen ab. Wir halten uns an das Westwegzeichen und gehen jeweils geradeaus weiter. Die rechts unterhalb liegenden Hänge des ehemaligen Präger Gletscherkessels sind weiterhin mehr zu ahnen als zu sehen. Wir erreichen zwei große Funkmasten und unmittelbar darauf ein Kruzifix an einer größeren Wegverzweigung. Hier führt ein steiler und grobsteiniger Stichweg zu einem der Aussichtshöhepunkte im südlichen Schwarzwald, dem 1926 vom SWV erbauten **Hochkopfturm** (4.20 Std.) hinauf. Dieser Holzturm

steht auf einem windigen Höhenrücken, Klappläden schließen üblicherweise die Aussichtsöffnungen, lassen sich aber leicht öffnen und nach oben geklappt einhängen. Panoramatafeln erläutern die sich darbietende Kulisse, die von den Alpen über die Vogesen und den Alb-Rand bis zu den Berggipfeln der näheren und weiteren Umgebung reicht. Der gesamte Präger Gletscherkessel liegt uns zu Füßen. Gut ist vorstellbar, wie in der letzten Eiszeit der Wiesentalgletscher den Abfluss der Präger Gletscher verhinderte, was zu dem gigantischen Eisstau mit der oben erwähnten Überhöhung führte. Auf den geräumigen Treppenabsätzen des Turmes bietet sich den sportlichen Westwegwanderern die Möglichkeit, bei entsprechender Ausrüstung einen geschützten Nachtplatz einzunehmen.

Vom Aussichtsturm gehen wir zurück bis zum Kruzifix bei den Funkmasten. Hier wenden wir uns wieder der roten Raute folgend nach rechts, gehen einige Meter auf dem Wirtschaftsweg bergab und dann nach links auf einem Wanderpfad in den

Wald hinein, immer weiter und gleichmäßig bergab. Andere Wege und Wanderwege zweigen ab, wir bleiben auf dem Westweg. Der Pfad wird zum Weg und verläuft dann fast eben weiter. Etwa 20 Min. nach Verlassen des Turms treten wir auf freie Weideflächen unweit der Landstraße und der Passhöhe des Weißenbachsattels hinaus. Im Südosten dehnen sich die weiten Weidehänge über dem Todtmooser Ortsteil Weg aus, ein für die Südabdachung des Schwarzwaldes typisches Landschaftsbild. Nur 5 Min. später erreichen wir die Straße am **Weißenbachsattel** (4.50 Std.). Das Wanderheim **Hochkopfhaus** ›Zum Auerhahn‹ liegt gegenüber an der Passstraße.

Hier verlassen wir den Westweg und folgen der Ausschilderung Herrenschwand und der Gelben Raute und/oder der blauen Raute (Zugangsweg). Fast eben führt uns der Weg über 2 km bis zu diesem von stattlichen Höfen und Ferienwohnungen geprägten Ort. Zunächst gehen wir parallel zur Straße auf einem Wanderweg im Wald bzw. am Waldrand entlang; etwa auf halber Strecke zwischen Weißenbachsattel und **Herrenschwand** gehen wir dann unmittelbar auf der wenig befahrenen Fuchswaldstraße (L 6304) durch freie Wiesenflächen (Wegzeichen an den Laternenpfosten) auf den Ort zu (Einkehrmöglichkeit) und an diesem vorbei bis zum großen Parkplatz an der Talstation (5.30 Std.) des von weither erkennbaren Hochgescheid-Skilifts. Hier verlassen wir den Zugangsweg und folgen dem am äußersten Eck des Parkplatzes beim Tiermättle beginnenden **Weidelehrpfad** bis hinab nach Präg.

Der Ausblick von diesem freien Höhenrücken ist grandios. Besonders eindrucksvoll erhebt sich aus dieser Perspektive der Hochkopf mit dem vorgelagerten Weißenbachkopf. Je weiter wir auf die Weide hinaustreten, desto weiter öffnet sich der Blick über das tief unter uns liegende Präg. Dafür müssen wir auf die Aussicht in südliche Richtung über das Wiesental und – bei klarer Sicht – auf die Alpenkulisse verzichten.

Der Weidelehrpfad führt über die Jungviehweide bergab. Rechts liegt der Skilift Wächtenen. Insgesamt 15 Informationstafeln erläutern neben Geschichte und Geographie vergangene und aktuelle Wirtschaftsweisen solcher Allmend-Weiden (werden gemeinsam genutzt). Das freie und talwärts immer steiler werdende Gelände ermöglicht fortwährend weite Ausblicke. Die Spuren der eiszeitlichen Vergletscherung sind allenthalben erkennbar: Blockhalden, auch Felsenmeer oder Steinrassel genannt, in deren Hohlräumen bis heute unerforschte Käferarten leben, der Bergrücken Ellbogen, der von den Gletschern parallel zum Haupttal herausgehobelt wurde oder am westlichen Ortsrand die kaum bekannten drei Präger Seen, kleine wassergefüllte ehemalige Eiserosionskolke.

Teilweise in Serpentinen führt der schmale Weidelehrpfad hinab. Eine Ruhebank unter einer freistehenden Weidbuche lädt zu einer aussichtsreichen Rast. Dann durchqueren wir ein kurzes Waldstück, folgen ein Stück Weges dem Forststräßchen Eulenwaldweg und erreichen mit dem asphaltierten Eulenbachweg schließlich wieder den Ort **Präg** bei der Bushaltestelle Rathaus (6 Std.). Wer mit eigenem Fahrzeug angereist ist, geht die Hauptstraße (Hochkopfstraße) nach rechts hinauf und erreicht nach 300 m in 10 Min. wieder den Ausgangspunkt im Ortszentrum.

Panoramawege über Bernau

Auf dem Hans-Thoma-Weg zum Scheibenfelsen und über die Spießhörner zurück

Vom weiten Bernauer Hochtal führt der nach dem Schwarzwaldmaler benannte Panoramaweg über den Scheibenfelsen zur Krunkelbachhütte und über die Spießhörner zurück ins Dorf. Ein Naturlehrpfad führt um den Gipfel des Herzogenhorns herum.

DIE WANDERUNG IN KÜRZE

++
Anspruch

Charakter: Anstrengende Rundwanderung; überwiegend Wanderwege, Aufstieg zur Krunkelbachhütte teilweise steinig

5 Std.
Gehzeit

Markierung: GR, jedoch lückenhaft ausgeschildert; genaue Angaben liefert die Tourenbeschreibung.

14 km
Länge

Ausrüstung: Wanderstöcke empfohlen

Wanderkarten: WHS (Hochschwarzwald), F 508, ADAC Blatt 17

Einkehrmöglichkeiten: Verschiedene in Bernau,

an der Strecke Krunkelbachhütte (Di geschl., 1.7–1.11. täglich geöffnet, Tel. 07675/338)

Anfahrt: Mit dem Bus: SBG-Linie 7321 bis Haltestelle Bernau-Dorf. **Mit dem PKW:** Über die L 149 von St. Blasien oder L 146 von Todtmoos; Parkmöglichkeit am Ortsrand unweit des Wanderweges

Hinweis: Webcam s. www.bernau.biz (Blick Richtung Südwesten)

An der **Hans-Thoma-Grundschule** in der Ortsmitte von **Bernau-Dorf** unweit der Bushaltestelle finden wir das Wegzeichen Gelbe Raute und ein Schild »Krunkelbach«. Wir gehen zunächst die Schulstraße bergauf durchs Dorf, dann (links) auf der Dorfstraße weiter, kurz darauf rechts auf dem Scheibenfelsenweg weiter bergauf, von dem nach ca. 50 m unser Wanderpfad, der Hans-Thoma-Weg, abzweigt. Steil geht es in Serpentinen über Weiden hinauf, und bereits hier öffnen sich schöne Ausblicke über Bernau und das weite Hochtal der Bernauer Alb. Nach 20

Min. haben wir dann auch schon den **Scheibenfelsen** erreicht (s. S. 65).

Auf dem Hans-Thoma-Weg überqueren wir steil bergauf Weiden, gehen durch ein Waldstück und dann erneut über Weiden mit prächtiger Aussicht. An manchen Tagen tummeln sich hier viele Gleitschirm- oder Deltaflieger in der Luft, denn über uns am Fahrsträßchen, das wir auf einem einfachen Wirtschaftsweg und durch Wald steil bergauf gehend erreichen, liegt der Startplatz der Spießhorn-Falken, der ortsansässigen Gleitschirm-Flugschule. Wir überqueren das Fahrsträßchen nach links (der Pfad führt 20 m links/schräg gegenüber schlecht markiert steil hinauf) und wandern dann auf steinigem Pfad bergauf in den Wald hinein. Der Weg zieht sich im Bergwald über die Hänge des **Kleinen Spießhorns**. Dann erreichen wir – nur noch mäßig bergauf gehend – wieder den Waldrand: Vor uns liegt das Herzogenhorn, nach Westen bieten sich Ausblicke zum Belchen, zum Blössling und bei guter Sicht bis zu den Vogesen, zum Schweizer Jura und zu den Alpen. Schließlich ist voraus der Fernsehturm auf dem Feldberg (richtiger auf dem Seebuck) gerade noch über dem Horizont zu erkennen. Rechts über uns am oberen Waldrand befindet sich bei einem Aussichtsbänkchen ein weiterer Startplatz für Drachenflieger. Wir wandern auf einen Höhenrücken zu, auf dessen Weiden Strom- und Fernsehmasten stehen: Auf der anderen Seite liegt unter uns die **Krunkelbachhütte** (1.30 Std.).

Ungefähr 200 m unterhalb der Krunkelbachhütte beginnt an einem Parkplatz mit Informationstafel der **Naturlehrpfad Herzogenhorn**. Im Uhrzeigersinn geht es dabei nach Westen zwar weniger steil hinauf, dafür im Osten recht steil hinunter und umgekehrt. Die Rundtour ist ca. 5 km lang und dauert etwa 1.30 Std. Auch wenn die Sicht nicht bis zu den Alpen reicht: Der Ausblick ist die Mü-

he des Aufstiegs auf diesem schönen Bergpfad allemal wert.

Zurück vom Lehrpfad-Rundweg führt unsere Route genau von der Vesperterrasse der Krunkelbachhütte nach Osten weiter (nicht ausgeschildert, ein Schild »Naturschutzgebiet« am Beginn des Pfades soll als Orientierung dienen). Wir queren auf einem holprigen Pfad bergab gehend die Viehweide. Schöne Silberdisteln stehen am Wege. Bereits nach ca. 100 m erreichen wir den von links heraufkommenden Höhenzugangsweg/Dreiländerweg (blaue Raute mit weißem Balken und D) und folgen diesem jetzt rechts hinauf.

Durch die hübschen Weiden mit einzelstehenden Bäumen und Baumgruppen des oberen Krunkelbachtales wandern wir nun bergauf auf das Spießhorn zu und genießen dabei schöne Ausblicke auf die felsigen Talabschlusshänge des Menzenschwander Albtales. Auch der Wächtenkessel des Herzogenhorns ist mit jedem Schritt besser zu sehen.

Am Waldrand passieren wir wieder einen Weidezaun und wandern im lichten Bergwald auf einem unebenen Wurzelpfad immer steiler bergauf. Der Pfad ist offensichtlich ein alter Grenzweg (ein niedriger Grenzstein nennt die Jahreszahl 1784). Wir nähern uns der Bergspitze, der Weg verflacht. Eine Sturmlichtung im Wald gewährt einen eindrucksvollen Ausblick zum Feldberg. Dann haben

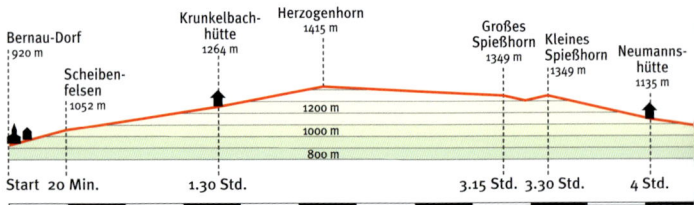

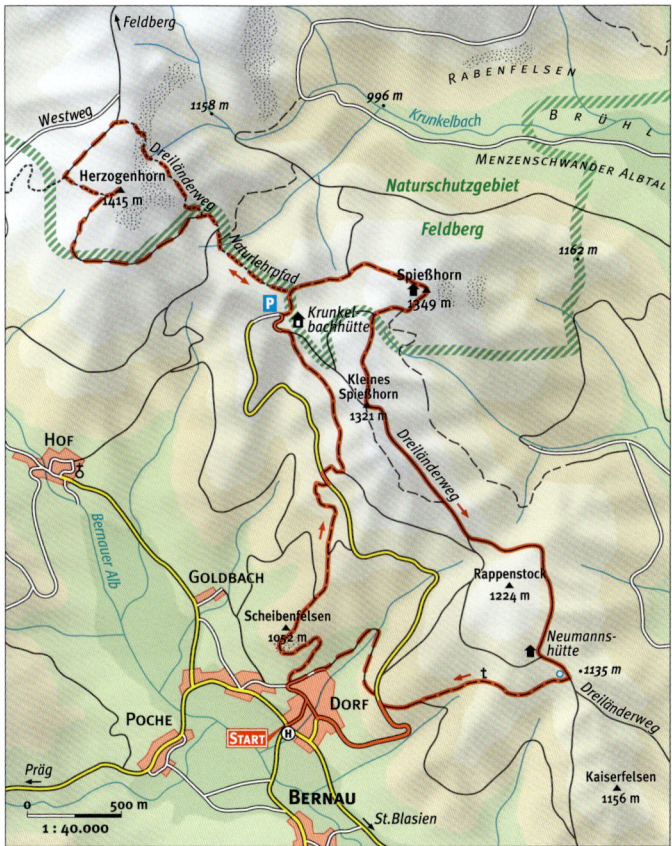

wir den Aussichtspavillon am **Gro-ßen Spießhorn** erreicht (3.15 Std.), der auch als offene, blitzgesicherte Schutzhütte dient. Von hier oben öff-net sich nun auch der Blick ins Men-

zenschwander Tal. Weit im Süden ist St. Blasien mit seiner Kuppelkirche zu sehen und darüber die Kirche von Höchenschwand, dem »Dorf am Himmel« (vgl. Tour 4). Am östlichen Horizont ist sogar das Einlaufwerk des Hornberg-Speichersees zu er-kennen.

Vom Spießhorn herab folgen wir wieder der blauen Raute mit wei-ßem Balken auf weichem Weg berg-ab, erreichen kurz darauf auf einem ebenen Hangsattel eine Kreuzung und gehen dann im Wald weiter. Ge-radeaus überqueren wir eine Lich-

Schwarzwald-Landschaft bei Bernau

tung (Holzplatz), die uns einen schönen Blick zum Belchen erlaubt. Dann geht es im Wald wieder etwas bergauf und schließlich über das **Kleine Spießhorn** hinweg (3.30 Std.; kein Ausblick). Bergab gehend erreichen wir eine freie Weidefläche: Erneut bieten sich hier wunderbare Ausblicke zum Belchen, ins Albtal und rückblickend zum Herzogenhorn. Dann nimmt uns der Wald auf, der Wanderweg führt zügig bergab und geht wieder in einen einfachen Wirtschaftsweg über, der als Kammweg durch den Remplenwald rasch bergab verläuft. An einem **Aussichtspunkt** (1321) bietet sich ein schöner Blick auf Bernau und das Bernauer Hochtal. Steil bergab führende Wegstücke schließen sich an. An einer Gabelung auf einem Berg-

sattel verlassen wir den Wirtschaftsweg halblinks/geradeaus und umgehen den 1224 m hohen **Rappenstock** (manche Karten bezeichnen ihn auch als Rabenstock) auf seiner Nordostseite im Wald. An einem Ruhebänkchen wird die Gewannbezeichnung Rappenstock auch für den dortigen Holzplatz übernommen. Dann geht es auf einem Wirtschaftsweg durch hochstämmigen Fichtenwald weiter.

Den Waldrand erreichen wir bei der **Neumannshütte** (4 Std.), von der sich besonders nach Süden schöne Ausblicke eröffnen. Unter uns liegt gut erkennbar der Bergsattel des Riggenbacher Ecks; so weit hinab gehen wir jedoch nicht! Ein Stück folgen wir noch dem auf dem Bergrücken verlaufenden ge-

Variante: Eine schönere Alternative stellt die Querung des Asphaltsträßchens und die Fortführung der Wanderung auf dem Panoramaweg dar. Diese Variante dauert 10 Min. länger als die Rückkehr über das Asphaltsträßchen.

Tour 12

Der Brauch des Scheibenschlagens

Die Bezeichnung Scheibenfelsen oder auch Scheibenbuck, Scheibenberg oder ähnlich werden Sie im Schwarzwald häufig finden: Es sind meist hervorspringende Bergrücken, auf denen an der Bauernfasnet der Brauch des Scheibenschlagens gepflegt wird: Dabei werden riesige und weithin sichtbare Feuer entzündet, um die sich die jungen Burschen des Ortes versammeln. Im Feuer werden vorbereitete Holzscheiben zum Brennen gebracht, die dann mit einem langen Schwingstecken über den Schlagbock, ein schräggestelltes Brett, ins Tal hinunter geschleudert (»geschlagen«) werden. Weithin sollen die brennenden und glühenden Holzscheiben durch die Luft fliegen; die Burschen geben jeder Scheibe einen Spruch mit auf ihren Flug: »Schiebi, Schiebo, wem soll die Schiebi goh? Die Schibi soll de ... goh ...« und mit dem Namen der Liebsten bedacht fliegt die brennende Scheibe in die Nacht hinaus. Unten im Tal stehen die Mädchen und interpretieren Scheiben und Namen entsprechend ...

Dieser Brauch wird auch heute im alemannischen Sprachraum noch überall gepflegt. Es ist ein eindrucksvolles Bild, wenn man an einem klaren Alt-Fasnetsonntagabend überall auf den Bergen bis in die Alpen hinein die Feuer lodern sieht!

kiesten Wirtschaftsweg bergab, wobei sich schöne Ausblicke ins Menzenschwander Albtal nach Osten und ins Bernauer Albtal nach Westen bieten. Dann biegen wir zwischen den Viehweiden bei einer Tränke zwischen Weidezäunen auf einen Wiesenweg nach rechts ein (keine Markierung!) und verlassen hier den Höhenzugangsweg/Dreiländerweg, der Markierung gelber Punkt bzw. der B-14-Rundwegziffer folgend. Vorbei an einem Wegkreuz geht es über schöne weite Alm- und Weideflächen bergab. Rasch treffen wir auf das von Bernau heraufkommende Teersträßchen (Krunkelbachstraße) und gehen nach links bergab in den Ort zu unserem Ausgangspunkt, dem **Bernauer Schulhaus** (etwa 5 Std.).

Tour 13

Wiesen, Wälder und Weinberge

Auf dem Bettlerpfad von Staufen nach Merzhausen

Der Bettlerpfad zählt zu den Wegeklassikern im südlichen Schwarzwald. Im Frühjahr locken maigrüne Buchenwälder, und im Herbst verwandelt die milde Sonne die Region in die ›Toskana Deutschlands‹.

DIE WANDERUNG IN KÜRZE		
+ Anspruch	**Charakter:** Leichte Streckenwanderung auf guten Wanderwegen	gaststätte St. Gotthardhof (Mo und Di geschl.)
4.30 Std. Gehzeit	**Markierung:** Bettlerpfad (gelber Punkt auf weißem Grund), bis Rothof und im weiteren Verlauf auch GR	**Anfahrt:** Mit dem **Bus** SBG 7208/7242 oder hübscher mit der **Münstertalbahn,** Linie 113, zum Bahnhof Staufen, teilweise umsteigen in Bad Krozingen, teilweise durchgehend ab/bis Freiburg. **PKW-Anfahrt** nicht sinnvoll (Streckenwanderung).
14 km Länge	**Wanderkarten:** LVA/SWV 6, F 505, ADAC Blatt 14	
	Einkehrmöglichkeiten: In allen Ortschaften mehrere, an der Strecke Ausflugs-	

Den bilderbuchmäßig am Fluss Neumagen gelegenen **Bahnhof Staufen** verlassen wir durch die Bahnhofstraße in südliche Richtung und erreichen nach 500 m mit dem lebhaften Marktplatz in der Fußgängerzone die Ortsmitte des romantischen Faust-Städtchens.

Am Marktplatz finden wir neben anderen Markierungen auch die des Bettlerpfads. Wir gehen links hinauf durch die Straße Bötzen. Wiederholt

ist auch das Gasthaus St. Gotthardhof auf Schildern genannt. Der markante Staufener Burgberg mit seiner imposanten Ruine kann uns als Orientierung dienen: Dahinter (vom Bahnhof aus gesehen) verläuft unser Wanderweg am Schwarzwaldrand entlang.

Nach weiterer 500 m erreichen wir am Ortsrand erstmals die Rebberge: Noch sind wir mit der Burgruine Staufen nicht auf gleicher Höhe, ge-

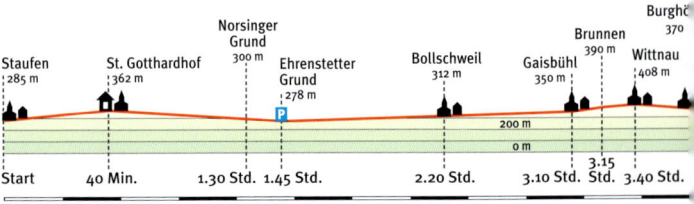

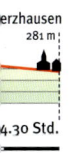

hen aber stetig weiter bergan, vorbei an einer Klinik. Oben erreichen wir den Waldrand und gehen auf einem Wirtschaftsweg weiter in nördliche Richtung. Jetzt bieten sich wunderbare Ausblicke auf die Rheinebene in Richtung Kaiserstuhl und über den Burgberg von Staufen hinweg, von dem sich hervorragend der Abschluss des Münstertales überwachen ließ. Nach 40 Min. erreichen wir dann die **Ausflugsgaststätte St. Gotthardhof**, hinter der die kleine Kapelle von 1353 liegt. Nach wiederholten Zerstörungen durch kriegerische Ereignisse oder durch Blitzschlag und Brand wurde sie 1733 im zeitgemäßen Stil wieder aufgebaut.

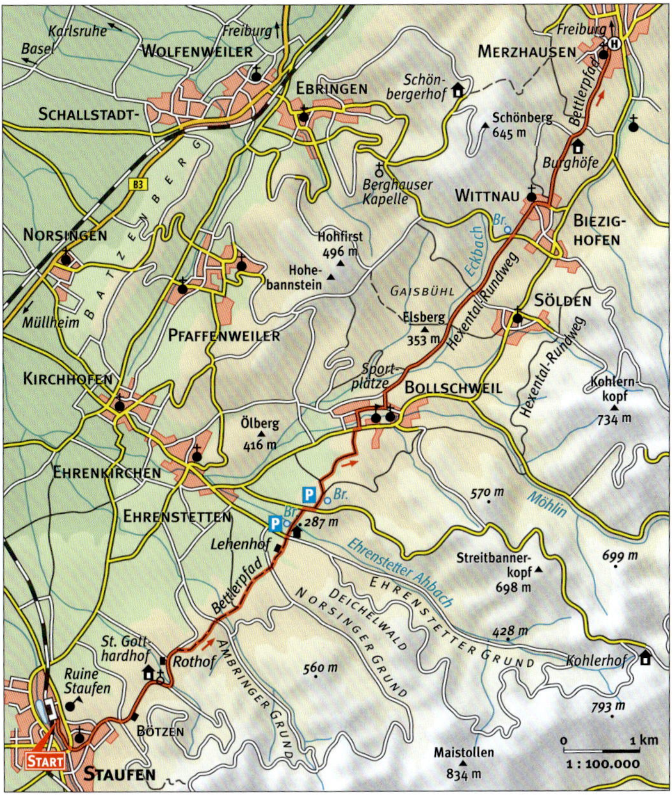

Wir folgen dem Sträßchen am Waldrand entlang leicht bergab, passieren den links liegenden **Rothof** und gehen an einer Linksbiegung des Wirtschaftsweges nach rechts auf einem weiteren, nicht asphaltierten Wirt-

Tour 13

schaftsweg im Wald weiter. Es geht nun leicht bergauf, Esskastanien und Haselnussstauden stehen neben Wildkirschbäumen, deutliche Hinweise auf das milde Klima hier.

Der Bettlerpfad wechselt dann immer wieder zwischen Wirtschaftswegen und Wanderpfaden, die Verzweigungen sind jedoch immer gut markiert. Die von den Schwarzwaldhöhen herabkommenden Täler haben hier jeweils die Bezeichnung »Grund«. So queren wir zunächst den kleinen Ambringer Grund, gehen dann immer nahe am Waldrand entlang und vorbei an einem Brunnen durch die überaus reizvolle Talaue des **Norsinger Grundes** (1.30 Std.).

Wir verlassen den Waldwirtschaftsweg (gut markiert), durchqueren ein kurzes Waldstück, den Deichelwald (Deichel sind hölzerne

Wasserleitungen, die vermutlich früher hier hergestellt wurden), und erreichen einen stillen Wiesengrund. Drüben geht es einen Zaun entlang über eine Weide auf den abgelegenen **Lehenhof** mit kleiner Hofkapelle zu. Auf dem bereits 1505 genannten Hof wohnte Karl May, wenn er seinen Freiburger Verleger Fesenfeld besuchte! Kurz darauf passieren wir das Ehrenstetter Schützenhaus auf einem Sträßchen und erreichen wenig später eine Schutzhütte, einen großen Spielplatz und einen noch größeren Waldparkplatz, den **Ehrenstetter Grund** (1.45 Std.).

Auf einem Pfad geht es am Waldrand entlang geradeaus über Stufen hinab zum Ehrenstetter Ahbach. Unten verbirgt sich in der Uferböschung eine kleine Mariengrotte mit einem Brunnen und köstlich kühlem

Der markante Staufener Burgberg mit der Ruine

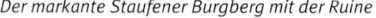

Wasser. Auf einem Holzsteg überqueren wir den Bach. Ein Wiesenweg führt jetzt durch den breiten Ehrenstetter Grund. Drüben erreichen wir wieder Wald und erneut einen riesigen Waldparkplatz. (Es ist eben doch sehr viel billiger, ein einziges Mal riesige Parkplätze an den Waldrändern zu bauen, als regelmäßig verkehrende Buslinien zu unterhalten!) Von hier führt eine Fahrstraße, der Köhlerweg, rechts hinauf zum Kohlerhof, einem beliebten Ausflugsziel an den Westhängen des Schauinsland (vgl. Tour 14). Wir queren den Parkplatz und erreichen kurz darauf wieder einen Brunnen.

Weiter geht es in lichtem Wald bis zu einer **Gabelung**, an der sich der Bettlerweg teilt: Wir wählen die klassische Variante über Bollschweil und Wittnau nach Freiburg, halten uns also rechts (2 Std.). Über teilweise sehr nasse Wiesen windet sich der Weg dann über offene Flächen auf **Bollschweil** zu, das wir über einen geteerten Wirtschaftsweg unweit des Bollschweiler Schlosses erreichen (2.20 Std.). Hier überqueren wir die Kreisstraße und die Möhlin, gehen durch die Mühlenstraße, dann nach rechts durch ein Neubaugebiet weiter.

Unsere Route hat jetzt den Hexental-Rundweg (roter Punkt) aufgenommen. Wir gehen den Ölbergweg hinauf und überqueren, vorbei am Friedhof, einen Höhenrücken. Drüben geht es steil hinab ins Eckbachtal, an Sportplätzen vorbei und auf einer kleinen Brücke über den Eckbach. Links des Weges liegt in den steilen Abhängen des Elsberges eine weitere Mariengrotte. Auf einem nicht geteerten Wirtschaftsweg geht es im Eckbachtal zunächst sanft, dann in einer Art Hohlweg etwas steiler bergauf.

Schließlich erreichen wir den Söldener Ortsteil **Gaisbühl** (3.10 Std.). Weiter bergauf kommen wir auf der Straße Im Gaisbühl durch ein charakterloses Neubauviertel mit behäbigen Einfamilienhäusern. Nach 500 m erreichen wir wieder freies Gelände und gehen nun zwischen Weinbergen sanft ansteigend auf Wittnau zu. An einer Wegkreuzung kurz vor der Ortschaft erreichen wir einen weiteren **Brunnen** (3.15 Std.; kein Trinkwasser – Weinberge!). Spätestens hier sollten Sie sich noch einmal umdrehen: Gestaffelt ziehen die Höhenrücken vor Belchen und Blauen von den Schauinslandhöhen herab, markante Zeichen setzen der Burgberg von Staufen, etwas weiter rechts Öl- und Elsberg als Ausläufer des Hohfirsts. Weinberge und Wald – eine paradiesische Landschaft, die deutsche Toskana eben.

Rasch ist dann **Wittnau** erreicht (3.40 Std.). Ortsbrunnen und Kirche bilden ein malerisches Ensemble. Vorbei am Gasthaus Hirschen, gehen wir etwa 200 m rechts die Dorfstraße hinab und biegen dann nach links in den Heimbachweg ab. Hier zweigt der Hexental-Rundweg ab, wir folgen weiter dem Bettlerpfad, jetzt nur noch bergab. Immer wieder eröffnen sich weite Blicke über das Hexental hinweg auf Freiburg, zu den Höhen des Schauinsland bei Horben und darüber auf die Schneise der Schauinslandbahn. Wir erreichen die **Burghöfe**, gehen hier ein kurzes Stück die Fahrstraße rechts hinab, biegen dann dem Bettlerpfad folgend bei der **Klingele-Strauße** (Einkehr saisonabhängig möglich) wieder links ab und gelangen nach einem raschen Abstieg über die Schönberghänge in das Ortszentrum von **Merzhausen** mit der Bushaltestelle (4.30 Std.).

Tour 14

Windbuchen, Weiden und Wein

Vom rauen Schauinsland über den Höhenweg hinab ins milde Staufen

Von den windzerzausten Buchen auf den Schauinsland-Passhöhen führt ein wunderschöner Wanderweg durch die verschiedenen Vegetationszonen der Bergwälder zu den Weinbergen des Markgräfler Landes.

DIE WANDERUNG IN KÜRZE

++
Anspruch

4.30 Std.
Gehzeit

17 km
Länge

Charakter: Streckenwanderung überwiegend auf Wanderwegen; kaum Anstiege, jedoch über kurze Strecken steile Gefälle

Markierung: Roter Punkt, blaue Raute, Texttafeln und GR

Ausrüstung: Wanderstöcke für lange Bergabstrecken empfehlenswert

Wanderkarten: LVA/SWV 6, F 505, Atlasco 214, ADAC Blatt 14

Einkehrmöglichkeiten: Hotel Halde am Ausgangspunkt, an der Strecke Gasthaus Gießhübel, etwas abseits der Kohlerhof (beide Mo geschl.), in Staufen viele, auch am Bahnhof

Anfahrt: Bis Halde mit **SBG-Bus** Linie 7215 (alternativ Kabinenbahn Schauinsland); ab Staufen mit der **Münstertalbahn** 113. **PKW-Anfahrt** nicht sinnvoll (Streckenwanderung).

Vom Bergsattel an der **Halde** folgen wir der GR mit Ziel Staufen auf dem Wanderweg nach Norden. Nur auf den nächsten 500 m bietet sich dabei der Blick nach Süden zum Feldberg, nach Osten über Hofsgrund zum Hinterwaldkopf und nach Nordosten zum Kandel. Voraus ist der Schauinslandgipfel an seinem markanten Aussichtsturm zu erkennen. Nach knapp 500 m überqueren wir die Straße den Wegzeichen folgend

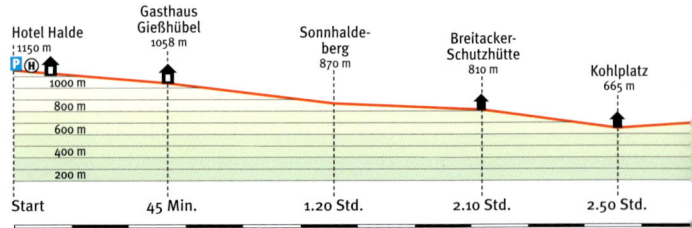

Hotel Halde
1150 m

Gasthaus
Gießhübel
1058 m

Sonnhalde-
berg
870 m

Breitacker-
Schutzhütte
810 m

Kohlplatz
665 m

1000 m
800 m
600 m
400 m
200 m

Start   45 Min.   1.20 Std.   2.10 Std.   2.50 Std.

0

nach links und wenden uns dabei – bergab gehend – rasch vom Bergrücken ab zur gegenüberliegenden Seite, wo uns das Rheintal als weite Kulisse zu Füßen liegt.

Unmittelbar nach dem Oberen Schindelmatthof, dem ersten Bauernhof an der Strecke, biegen wir scharf rechts ab und überqueren in zwei weiten Bögen Bergweiden. Das Hörnle zu unserer Linken engt den Ausblick etwas ein. Der Untere Schindelmatthof fällt besonders durch sein großes modernes Stallgebäude auf.

An einem Weidebrunnen vorbei gehen wir ein kurzes Stück steil und etwas steinig über einen Viehtrieb hinab und dann fast eben einen Hangweg entlang: Silberdisteln, Erika, Eberesche und Wacholder wachsen hier – eine typische südexponierte Bergweide. Geradeaus, die letzten Meter einem Sträßchen folgend, gehen wir auf das **Gasthaus Gießhübel** zu, besonders an Sonnentagen ein beliebtes Ausflugsziel (45 Min.). Vorbei am Gasthaus folgen wir noch ein Stück dem Sträßchen nach rechts Richtung Freiburg und gehen, einen Wanderparkplatz passierend, auf den Waldrand zu. Kurz davor trennt sich unsere Route von den Fernwanderwegen: Rautenweg und Dreiländerweg führen geradeaus in den Wald hinein, wir verlassen jedoch die Straße links hinab und folgen einem steinigen Feldweg und dem Waldrand (GR).

Der Weg verläuft angenehm sacht bergab, zunächst noch am Waldrand entlang, zieht er sich dann in den Wald hinein und führt steil und steinig – teilweise in einer tiefen Rinne verlaufend – bergab. 10 Min. nach Verlassen bzw. Passieren des Gasthauses überqueren wir einen Wirtschaftsweg. Wanderwegmarkierungen weisen nach rechts zur **Eduardshöhe** und zu einem Aussichtspunkt: Wer will, folgt diesem Weg etwa 100 m in den Wald hinein und genießt von hier eine Aussicht, die sich auf der Wanderroute so nicht bietet: Über Geiersnest und die Bergrücken über Horben reicht der Blick hinab zum Schönberg, zum Tuniberg und bis zum Kaiserstuhl in der Rheinebene und mitunter bis zu den Vogesen.

Der eigentliche Wanderweg führt erneut steil und steinig durch ein Waldstück hinab. An einem freien Bergrücken zeigen sich links die eindrucksvollen westlichen Bergflanken des Schauinslandmassivs. Im Süden steht die runde Kappe des Belchens über dem Obermünstertal. An einer Verzweigung zum Priorsfelsen halten wir uns an den Texthinweis »Münstertal« und gehen geradeaus weiter.

Ein kurzes Stück wandern wir jetzt leicht bergauf und folgen dann einem schönen alten Weide- und Waldrand. Links unter uns bleibt das Berghäusle des Gigenegutes zurück. Dann treten wir auf eine freie Fläche hinaus, gehen leicht bergauf auf einen Sattel zu. Ein Strommast markiert den Abzweig zum von hier oben schon zu erkennenden **Kohlerhof**: Wer in diesem beliebten Berggasthof einkehren will, verlässt hier den Wanderweg nach rechts hinunter, folgt dann vom Wirtshaus aus den

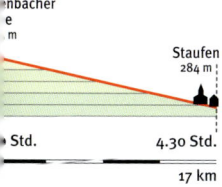

Hinweisschildern in südwestlicher Richtung und gelangt später wieder auf unsere Wanderroute, verzichtet dabei allerdings auf den Aussichtspunkt am Sonnhaldeberg.

Geradeaus geht es auf einem schmalen Wiesenpfad bergan weiter. Nun weitet sich der Blick nach Westen über die Kohlerhöfe hinweg zum Schönberg und bis zum Kaiserstuhl (vgl. Tour 27). Wir streben dem Aussichtshöhepunkt **Sonnhaldeberg** zu, wo Tisch und Bänke zu einer Rast einladen (1.2o Std.).

Anschließend geht es zunächst sacht bergab an einem aufgelockerten Waldrand mit schönen alten Weidbuchen entlang. Dann wird der Weg wieder etwas steiler und uneben. An einem Bergsattel mündet von rechts der Hangweg vom Berggasthof Kohlerhof ein (s. o.). Wir folgen dem roten Punkt und gehen geradeaus über den Sattel hinweg. Über Wurzelpfade geht es weiter, Grenzsteine markieren die Kammlinie, und schließlich erreichen wir wiederum einen Sattel. Ein Schild nennt die Entfernung bis Staufen: 9,7 km.

An einem weiteren Bergsattel erreichen wir die **Breitacker-Schutzhütte** (2.1o Std.). Dann folgen wir wieder einem Wirtschaftsweg und umgehen dabei den Bergrücken **Maistollen** auf dessen Südseite. Der Weg führt jetzt nur noch schwach bergab und teilweise sogar wieder leicht bergauf. Über weitere Wirtschafts- und Wanderwege geht es anschließend weiter bergab, kurze Wegstrecken auch leicht bergauf.

An einem Sattel beim **Laitschenbacher Kopf** steht ein Kruzifix, das an einen 1894 hier verunglückten Holzfäller erinnert. Ein paar Meter müssen wir auf einem ganz neuen und ungemein hässlichen Holzabfuhrweg

bergab gehen. Wir befinden uns jetzt auf der schattig-kühlen Nordseite des Bergkammes, dem wir bisher überwiegend auf der Südseite gefolgt sind. Weiterhin auf der Nordseite wandernd, verlassen wir den Holzabfuhrweg nach rechts (markiert) und gehen auf einem Wanderpfad weiter. Dieser führt nun durch lichten Laubwald, dessen Boden mit großen bemoosten Steinen bedeckt ist. An einem weiteren Bergsattel und einer Kreuzung verschiedener Wirtschaftswege erreichen wir schließlich den **Kohlplatz** (2.5o Std.; Schutzhütte).

Wir folgen dem Wirtschaftsweg ein Stück nach links hinab und gelangen damit wieder auf die Südseite des Bergkammes. Auf einem Pfad geht es nun durch eindrucksvolle hochwüchsige Bergwälder. Irgendwo über uns liegen die Ruinen der ehemaligen **Rödelsburg.** Wir erreichen einen weiteren Bergsattel und gehen auf dem Hexenbuck-Weg weiter. Weg und Pfad wechseln sich ab, teilweise geht es eben und mitunter leicht bergauf. Der lichte Bergwald erlaubt einen Blick hinunter auf die Mündung des Münstertales in die Rheinebene. Wir gehen durch kiesige,

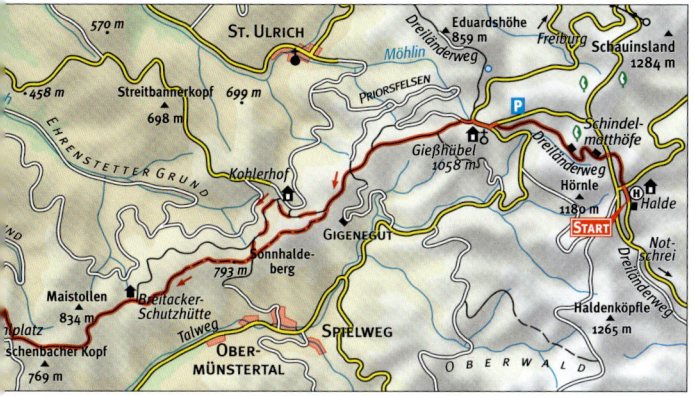

steile Halden, der Wald hat kaum Bodenbewuchs.

An einer Gabelung bei einem **Gedenkstein** (3.20 Std.) mit etwas makabrer Inschrift wählen wir den (markierten) Pfad halbrechts und gehen im Bergwald etwa 500 m leicht bergauf bis zur **Etzenbacher Höhe** (3.30 Std.). Diese Felskanzel im Laubwald bietet einen sehr schönen Blick den Schwarzwaldrand entlang (vgl. Tour 5) und auf den Blauen.

Von hier aus folgen wir wieder dem roten Punkt, halten uns wenige Meter weiter an die Beschilderung »Zum alten Schloss« und steigen auf felsigem Pfad zu einer weiteren Felskanzel hinauf. Dort oben steht eine kleine Schutzhütte, von der sich nun auch ein Blick den nördlichen Schwarzwaldrand entlang bietet. Eindrucksvoll ist auch die Aussicht zum Belchen, dem schönsten Berg des Schwarzwaldes. Aus dieser Perspektive wird die Liebeserklärung von Johann Peter Hebel verständlich, der ihn den Großen, Wolkenspendenden nannte und zum Sitz der Götter und zur ersten Station auf dem Weg von der Erde zum Himmel erhob.

Wir steigen von der Felskanzel herab und folgen jetzt dem Wanderweg recht steil hinab. Am Bergsattel **Joseffle** steht ein weiteres Kruzifix, wir queren Sattel und Wirtschaftsweg geradeaus. Dann geht es steil und in weitläufigen Serpentinen bergab durch dunklen Wirtschaftswald. Wiederholt queren wir Wege und Holzabfuhrsträßchen. Dann erreichen wir einen Waldlehrfad, dem wir Richtung Staufen folgen. Schließlich treten wir hinaus ins Rebgelände, der markante, vulkanähnliche Schlossberg mit seiner hochaufragenden Ruine liegt genau vor uns. Am Ende eines steil bergab führenden asphaltierten Hohlwegs erreichen wir die ersten Häuser von Staufen. Über die Bötzenstraße geht es zur Ortsmitte mit der St. Martinskirche, dem Rathausplatz und seinem fotogenen Brunnen (Fußgängerzone). Wir folgen in bisheriger Richtung der Hauptstraße, biegen dann vor der Neumagen-Brücke rechts in die Straße Im Grün ein, die uns zum **Bilderbuchbahnhof Staufen** führt (4.30 Std.).

Der Freiburger Hausberg

Rund um den Schauinsland-Gipfel auf dem Erzkasten-Rundweg

Vor der Haustür von Freiburg und mit einer Kabinenbahn zu erreichen, liegt einer der schönsten und höchsten, jedoch auch einer der erschlossensten Schwarzwaldgipfel: der Schauinsland. Von oben hat man eine phantastische Fernsicht auf die Landschaft ringsum.

DIE WANDERUNG IN KÜRZE		
+ Anspruch	**Charakter:** Höhenwanderung auf überwiegend neu angelegten Kieswegen, teilweise sehr steil	**Bus** und **Kabinenseilbahn** ab Freiburg und zurück. **Mit dem PKW:** Entweder zum Parkplatz an der Talstation der Seilbahn in Freiburg-Günterstal oder die sog. Rennstrecke L 124 Freiburg-Günterstal–Bohrer–Holzschlägermatte–Schauinsland (20 km)
2.15 Std. Gehzeit	**Markierung:** Wetterbuchen-Symbol (nicht immer zuverlässig) und GR	
	Wanderkarten: WHS (Hochschwarzwald), F 505	
6 km Länge	**Ausrüstung:** Taschenlampe für Besuch des Stollenloches ›Schlangenloch‹	**Hinweise: Seilbahn:** 9–17.30 Uhr (Sommer), 9.30–17 Uhr (Winter), Tel. 0761/29 29 30. **Wetterinfo** Schauinsland: Tel. 0761/ 4 51 14 56; **Bergwacht-Notruf:** Tel. 0761/49 33 33. **Webcam:** www.regioweb cam.de (Schauinsland)
	Einkehrmöglichkeiten: Schauinsland-Bergstation, Bergbauernmuseum Schniederlihof (variierende Öffnungszeiten)	
	Anfahrt: Mit **Straßenbahn,**	

Wir beginnen unsere Tour mit einer Fahrt mit der **Kabinenseilbahn** hinauf zum **Schauinsland:** Immer weiter öffnen sich die Ausblicke hinab auf die westlichen Stadtteile von Freiburg, über Schönberg, Tuniberg und Kaiserstuhl in die Rheinebene und bei klarer Sicht bis zu den Vogesen.

An der **Bergstation** angekommen, empfängt uns die deutlich frischere Bergluft. Wir gehen das Fahrsträßchen etwa 100 m hinab zum Schauinsland-Pass der L 124. Hier beginnt der nicht mehr zuverlässig markierte kulturhistorische Pfad »Erzkasten-Rundweg«. Früher gab es verschiedene echte Wanderwege in dem aus Buchen bestehenden Bergwald. Die Erosions-

Schauins-
land
1284 m

Sonnen-
observatorium
1210 m

Bergst.
1220 m

Engländer-
denkmal

Bergstation
1220 m

Grube
Schauinsland

Schniederlihof
1050 m

1000 m

800 m

40 Min.

2.10 Std.

Start 30 Min. 45 Min. 1.20 Std. 2.30 Std.

0

6 km

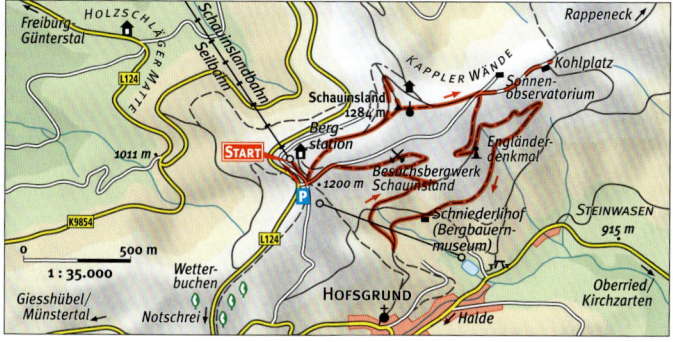

schäden waren durch die intensive Begehung jedoch so stark, dass heute der Besucherandrang auf eingegrenzte Wege kanalisiert wird. In Richtig Nordosten führt uns der Rundweg in Stufen steil und dem Hinweis »Schauinslandgipfel« folgend bergauf. Erste Hinweistafeln informieren uns über die Entstehung der landschaftsprägenden Weidbuchen; die aus vielen Kalender-Abbildungen ›weltberühmten‹ Wind- oder Wetterbuchen des Schauinslands allerdings finden wir weiter im Südwesten. Wenig weiter verbreitert sich unser Weg; weitere Tafeln informieren über den Bergbau und seine Einflüsse auf das Landschaftsbild. Weit dehnt sich jetzt der Blick nach Süden und Südwesten. Vor allem der steil über dem St.-Wilhelmer-Tal aufragende Feldberg bleibt auf der ganzen Strecke unser ›First-Class-Panorama‹.

Der Weg überquert einen vom Bergbau geprägten Bergsattel und erreicht jenseits einen bequemen, bekiesten Holzabfuhrweg, dem wir nach rechts durch einen nach Nordwesten orientierten Bergwald folgen. Nur wenig weiter und nicht markiert zweigt dann der Weg rechts hinauf zum eigentlichen Gipfel mit dem Eugen-Keidel-Turm ab. Der Rundblick vom 1284 m hohen **Schauinsland** (30 Min.; Nomen est omen)

und erst recht von der Aussichtsplattform des Turms (1300 m) ist phantastisch. Panoramatafeln auf dem Turm und am Boden informieren über die sich bietende Kulisse.

Wir steigen vom Turm herunter und gehen auf einem bekiesten und teilweise gestuften Weg in südöstliche Richtung bergab (Ausschilderung »Schniederlihof«). Nach 80 m sehen wir links im Wald eine Schutzhütte. Kurz darauf fällt links das Gelände sehr steil über die sogenannten Kappler Wände ins Kapplertal ab. Von einem freien Höhenrücken bieten sich eindrucksvolle Blicke in die Tiefe. Der bisherige Trubel zwischen Bergstation und Turm ist spätestens an diesem Punkt verebbt – weiter scheint der ›normale‹ Besucher sich nicht zu bewegen! Zwischen Buchen und Fichten führt der Weg weiter steil und steinig bergab. An weiteren Aussichtspunkten über die Kappler Wände hinab ins gleichnamige Tal fehlen dann Geländer: Wer bis hierher geht, dem traut das Forstamt wohl mehr zu als dem Durchschnittswanderer. Voraus sind zwischen den Fichten bereits deutlich die weißen Kuppeln des Kiepenheuer-Instituts für Sonnenphysik zu sehen. Weiter bergab gehend, erreichen wir an einem Bergsattel ein asphaltiertes Fahrsträßchen und dort das Eingangstor zum **Sonnenobservatorium** (40 Min.).

An diesem Bergsattel folgen wir der Ausschilderung Engländerdenkmal und Schniederlihof nach rechts. Nach Südwesten zu queren wir einen Weidezaun und gehen auf einem hübschen Wiesenpfad durch die Bergweide recht steil bergab. Bereits hundert Meter weiter beschatten große Weidbuchen den Weg, Wiese und lockerer Baumbestand wechseln sich ab, und nach 50 Min. taucht links unter uns das **Engländerdenkmal** auf.

Vom Engländerdenkmal weg gehen wir nach links in nordöstliche Richtung weiter (dem Schild »Erzkasten« folgend), queren erneut einen Weidezaun und folgen dann eben einem grasigen Feldweg, der sich durch die steilen Weidfelder zunächst nach Norden und – nach der Querung eines kleinen Baches – nach Osten hält. Zwischen mächtigen Buchen durchqueren wir die nach Süden orientierten Weideflächen. Je nach Jahreszeit blühen seltene Blumen am Wegesrand, gaukeln Segelfalter über den sonnendurchfluteten Hängen. Nach etwas mehr als 500 m erreichen wir einen weiteren einfachen Feldweg, dem wir jetzt spitzwinklig nach rechts/bergab folgen; der Abzweig ist mit den Windbuchen-Granitsteinen deutlich markiert. Leicht bergab wandern wir über steile Viehweiden, in denen viele Silberdisteln wachsen. Ein kurzer, von vielen Steinblöcken durchsetzter Waldriegel wird durchquert, dann geht es wieder über sonnige Viehweiden hinweg; das traumhafte Feldbergpanorama bleibt uns im Süden erhalten. Dann erreichen wir den **Schniederlihof** (1.10 Std.).

Das kleine Bauernhofmuseum (Führungen zwischen Mai und Oktober, Dauer 45 Min., Info-Tel. 07602–242 Ortsverwaltung, –448 Museum während der Öffnungszeiten, ab 20 Uhr 0761–492427) verdankt seine Existenz dem Umstand, dass der Hof hoch oben am Berg nie an das Wegenetz angeschlossen wurde und dadurch von entsprechenden Veränderungen, Motorisierungen, dem ganzen Pendler(un)wesen verschont blieb. So konnte der Hof seine ursprüngliche Substanz unverändert in die Neuzeit retten. Auch ein einfaches Vesper wird angeboten.

Von jetzt an geht's bergauf! Zunächst noch gemächlich auf bequemem Kiesweg überqueren wir die Schlepplift-Trasse der Rotlache-Skiabfahrt, eines der besten Skigebiete am Schauinsland – behaftet allerdings mit dem Mangel, dass das Wasser aus einer großen Zahl von kleinen Bächen, Quellen und Rinnsalen den Schnee oft früh ausapert. Jetzt, im Sommer, fließt und rieselt es überall um uns her. An einer Verzweigung gehen wir spitzwinklig nach rechts hinauf, der Markierung folgend. Ein weiteres Mal queren wir die Schlepplift-Trasse. Nur wenig weiter profitiert eine **Wassertretstelle** (1.20 Std.) vom allseits vorhandenen Nass. An einer weiteren Verzweigung (keine Markierung) behalten wir unsere bisherige Richtung bei und gehen auf dem noch immer breiten Kiesweg am steilen Weidhang bergauf. An großen Gesteinsblöcken und Mulden zeigen sich eiszeitliche Geländeformen. Das **Fallerhäusle,** das letzte noch erhaltene der kleinen Bergmannshäuser, wie sie für das Schauinslandgebiet noch im 19. Jh. typisch waren, passieren wir kaum 5 Min. später. Jetzt wird der Weg etwas schmaler und steil. In Serpentinen steigen wir steil hinauf. Überall zeigen sich Abraumhalden; zu einer von ihnen weist uns ein

Schild. Dort sind noch Mauerreste des Rotmichele-Häusles zu sehen; der kaum 50 m weite Abstecher erfordert wenig Zeit und lohnt erneut mit einem phantastischen Ausblick über die Abraumhalden im Vordergrund hinweg. Diese Abraumhalden übrigens – dies erläutert auch eine der Tafeln – werden seit 250 Jahren nicht mehr genutzt und sind dennoch kahl und ohne Bewuchs. Der steile Südhang und fehlendes Wasser verhindern, dass sich hier Pflanzen ansiedeln.

Nur wenig weiter besteht die Möglichkeit zu einem Abstecher zum offenen Stollen des Schlangenlochs, auch dieses ist kaum 50 m weit vom Hauptweg entfernt. Wer mit einer Taschenlampe, festem und nässefestem Schuhwerk ausgerüstet ist oder einfach Nässe, Schmutz und Dunkelheit nicht fürchtet, der kann durch ein 1988 freigelegtes Stollenloch einige Meter weit ins Innere des Erzkastens vordringen. Der Stollenboden ist allerdings das Bett eines kleinen Baches, der hier aus dem Berg fließt; ohne Gummistiefel werden Sie sich also leicht nasse Füße holen! Zwischen Oktober und Mai übrigens verbietet sich das Betreten des Stollens: In ihm überwintern u.a. Fledermäuse.

Wir gehen weiter steil bergauf und erreichen dann den Eingang des **Besuchsbergwerkes** der **Grube Schauinsland** (2 Std.,) ein 800 Jahre altes Bergwerk mit einer Stollenlänge von insgesamt 100 km (!). Die Grube Schauinsland ist die größte Silber- und Bleilagerstätte Süddeutschlands – das Freiburger Münster mit dem ›schönsten Turm der Christenheit‹ (einen Besuch sollten Sie eigentlich nicht versäumen) wurde entscheidend mit den Erlösen aus dem im Schauinsland-Erzkasten geschürften Silber erbaut. Auf dem

Aussichtsturm auf dem Schauinsland

ebenen Vorplatz steht allerhand museales Gerät herum; verschiedene Texttafeln erläutern wieder die Geschichte und die Bedeutung des Bergbaus. In einem Container ist (noch) die Kasse und Informationsstelle des Museums-Bergwerkes untergebracht. Verschiedene (und zudem wetterunabhängige!) Führungen zwischen 45 Min. und 2.30 Std. (Info: Tel. 0761/2 64 68, www.schauinsland.de).

Vorbei am Bergwerkseingang gehen wir auf jetzt breitem nichtasphaltiertem Weg weiter in westliche Richtung leicht bergauf. Rasch erreichen wir das asphaltierte Fahrsträßchen zwischen Schauinsland-Pass und Sonnenobservatorium, über das wir den Beginn bzw. das Ende unseres Rundweges bei der **Informationstafel** erreichen (2.10 Std.). Rechts hinauf über das Fahrsträßchen erreichen wir dann wieder die **Bergstation der Schauinslandbahn** (2.15 Std.).

Kammwanderung zum Feldberg

Vom Notschrei zum Feldberg und hinab nach Oberried

Neben dem Zastlertal ist das St. Wilhelmer-Tal das alpinste im Schwarzwald. Die Wanderung umrundet das Tal fast komplett, führt uns dabei auf den höchsten Schwarzwaldberg, den Feldberg, und durchquert abseits der touristischen Trampelpfade die naturnahen Gebiete auf seiner Nordwestseite.

DIE WANDERUNG IN KÜRZE

++
Anspruch

6 Std.
Gehzeit

21 km
Länge

Charakter: Mittelschwere Streckenwanderung, stellenweise Trittsicherheit erforderlich; überwiegend gute Wanderwege, ab Gfällmatte steiler und steiniger Pfad; steiler Abstieg zum Zipfeldobel

Markierung: Bis Feldberg rote Raute (Westweg) und D (Dreiländerweg), vom Feldberg bis ins Tal roter Punkt und GR

Ausrüstung: Wanderstöcke für steile Abstiege

Wanderkarten: WHS (Hochschwarzwald), F 505, ADAC Blatt 14

Einkehrmöglichkeiten: Waldhotel am Notschrei, Berggasthof Stübenwasen

(Do und Weißer Sonntag bis Himmelfahrt geschl., Tel. 07671/334), Wilhelmer Hütte (Fr und in den Herbstferien geschl.), Erlenbacher Hütte (Mo geschl.)

Anfahrt: Mit dem Bus: SBG-Linie 7215 bis Notschrei und zurück ab Hintertal/Zipfeldobel oder Oberried. **Mit dem PKW:** Von Freiburg über die L 124 oder 126, von Todtnau über die L 126 (zurück zum Ausgangspunkt dann jeweils per Bus)

Hinweis: Webcam mit Blick auf den Wanderweg am Stübenwasen s. unter www.regiowebcam.de/index.php?id=1836

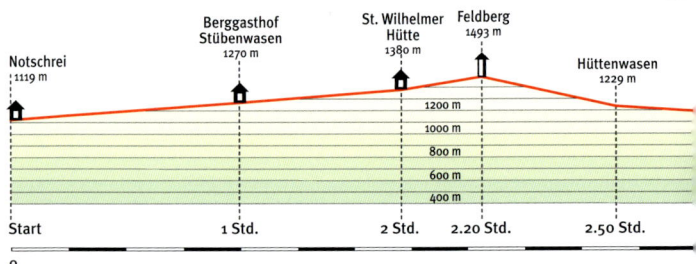

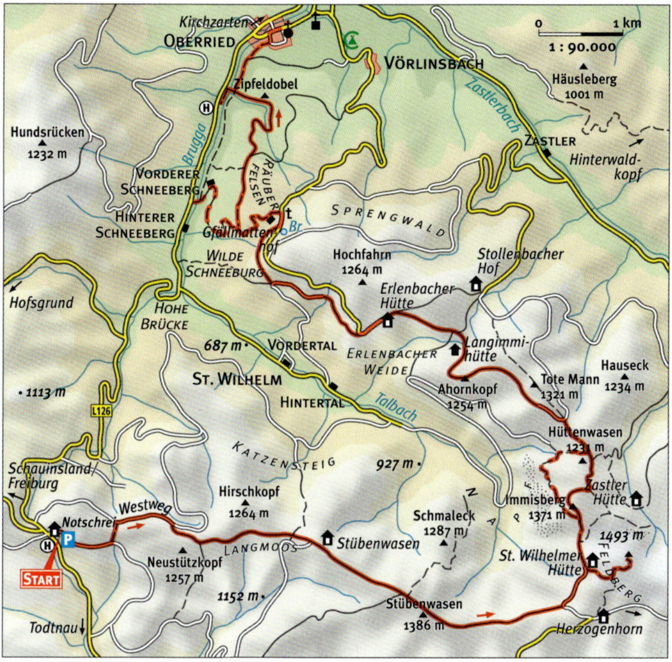

Unmittelbar hinter dem Waldhotel am **Notschrei** folgen wir einem breiten Holzabfuhrweg, dem **Höhenweg,** in den Wald hinein (rote Raute/D). Auf überwiegend guten Wegen stets im Wald wandernd, erreichen wir über den Neustützkopf den **Berggasthof Stübenwase**n (1 Std.).

Hier beginnt das Naturschutzgebiet Feldberg, über das eine große Tafel informiert. An dieser vorbei folgen wir dem gut markierten Pfad zwischen Wald und Weide. Durch Lücken im Wald bieten sich immer wieder Ausblicke nach links über das St. Wilhelmer-Tal, dann auch nach vorn zum Feldberg und nach rechts zum Wiesental. Wir gehen immer weiter bergauf und überqueren dabei die Weideflächen des **Stübenwasen,** von dem sich herrliche Ausblicke bieten, besonders zum Belchen (vgl. Tour 8).

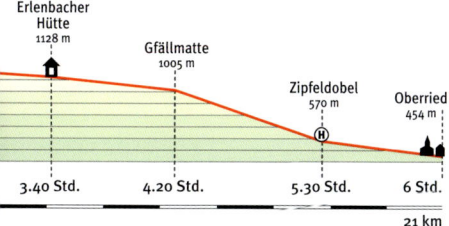

Der Wald bis hinunter zum Napf, dem Talabschluss des St. Wilhelmer-Tales, ist **Bannwald**. An einem vergoldeten Kruzifix am Waldrand genießen wir eine wunderbare Aussicht über die Täler im Süden und Südwesten. Weiter geht es über die flachen Höhenrücken und die Bergweiden am Stübenwasen. Die Kammlinie zwischen den Talsystemen der Dreisam im Norden (links) und denen der Wiese im Süden (rechts), der wir seit dem Notschrei-Pass folgen, wird immer schmaler: Vom Stübenwasen herab folgen wir einem breiten Grat, der uns Ausblicke nach links ins St. Wilhelmer-Tal und nach rechts ins Wiesetal ermöglicht. Eindrucksvoll liegt der Feldberg vor uns, massig rechts neben ihm das Herzogenhorn. Gehen Sie einige Schritte durch die Bäume nach links, bieten sich wunderbare Blicke in die Feldbergflanke über dem Napf.

Der feingeschotterte Weg führt dann etwas bergab. Wir stoßen auf einen von rechts kommenden Wirtschaftsweg (er führt zur 500 m entfernten Todtnauer Hütte), dem wir wieder bergauf bis zur **St. Wilhelmer-Hütte** folgen (2 Std.). Von hier gelangen wir entweder über den Westweg oder einen weiter nördlich verlaufenden Zickzack-Weg zum Gipfel des **Feldbergs** (2.20 Std.). Der markante und durch die Nadel des Fernsehturmes (eigentlich das Observatorium des Deutschen Wetterdienstes) auffallende Berg weiter im Osten, der so oft irrtümlich als Feldberg bezeichnet wird, ist der **See-Buck!** Er ist immerhin 50 m niedriger als der »Höchste«. Beide trennt ein breiter Sattel, das Grüble, von dem aus sich der Baldenweger Buck nach Norden absetzt. Alle drei, eng beieinanderliegend, werden jedoch üblicherweise als Feldberg bezeichnet (vgl. Tour 18).

Zur Fortsetzung unserer Route gehen wir wieder hinab zur St. Wilhelmer-Hütte. Dort führt zwischen Hütte und Stall ein Wirtschaftsweg genau nach Norden (u. a. roter Punkt, Hüttenwasen). Nach 400 m zweigt nach rechts der Weg zur Zastler-Hütte ab. Wir gehen geradeaus und folgen weiter dem Wirtschaftsweg – entgegen der Ausschilderung, die die in der Karte S. 79 eingetragene Alternative bei Wind und Kälte wäre –, der kurz darauf um den Immisberg herum scharf nach rechts abknickt.

Ein schöner Blick über das Zastlertal reicht bis zu den Weideflächen am Hinterwaldkopf (Tour 21). Wir gehen weiter bis an den Waldrand, vor diesem nach links durch den Weidezaundurchlass und dann auf Wiesenpfaden ohne Markierung sehr steil über die Weiden, an einem Viehbrunnen vorbei, zur Hüttenwasen-Ebene hinab. Unten am **Hüttenwasen** (2.50 Std.) erreichen wir eine wichtige Wegkreuzung, an der wir geradeaus, am Waldrand entlang weiter in Richtung Toter Mann wandern. Über schöne Weideflächen führt der Wanderweg, noch immer am Waldrand entlang, dann wieder bergauf. Links bietet sich ein schöner Blick zum Schauinsland über Hofsgrund (Tour 15), zurück über die Immisberghänge hinweg zum Feldberg mit dem Kar, dem Wächtenkessel und dem Lawinenhang über der Zastler-Hütte. 10 Min. später kommen wir in einen lichten Weidewald mit einem verfallenen Viehbrunnen £und erreichen kurz darauf eine weitere Gabelung: Hier folgen wir dem nach links führenden Wirtschaftsweg (u. a. mit Erlenbacher Weide, Gfällmatte ausgeschildert. Geradeaus führt eine sehr schöne Alternative – tolle Ausblicke nach Osten – mit günstiger Übernachtungsmög-

Der Feldberg mit der Hüttenwasen-Ebene. Hier blühen Arnika und gelber Enzian

lichkeit über den Stollenbacher Hof). Bereits 5 Min. später folgen wir der GR in einen Jungwald hinein und erreichen nach 200 m wieder freies Weidegelände. Wir befinden uns nun unmittelbar unterhalb des **Toten Manns** und überqueren geradeaus den weiten Weidehang mit einigen einzeln stehenden Fichten. Dann gehen wir jedoch nicht gemäß der Markierung nach rechts in den Wald hinein, sondern über einen Sattel einem Wiesenweg folgend nach links hinüber zum **Ahornkopf** (1254 m)! Voraus ist am gegenüberliegenden Hang bereits die Erlenbacher Hütte zu sehen.

Unter einer mächtigen, freistehenden Weidbuche hindurch führt der Weg bergab, mündet in einen kiesigen Wirtschaftsweg, auf dem wir nach rechts dem Hang entlang auf eine große Viehhütte zugehen, die Langimmihütte. Wir haben den **Wei-**

delehrpfad Erlenbacher Viehhütte erreicht: Schautafeln am Wegesrand erläutern u. a. die Bedeutung der Hütte für das Jungvieh.

Auf einem guten Wirtschaftsweg queren wir einen freien Höhenrücken. Rechts drüben liegt der Stollenbacherhof, mitten in einem beliebten Skigebiet. Über die Erlenbacher Weide hinweg wandern wir auf die Wälder am Hochfahrn zu. In weitem Bogen zieht sich der Weg hinüber zum Herderhaus **Erlenbacher Hütte** (3.40 Std.).

Von hier folgen wir zunächst dem Fahrweg nach Südwesten. Bevor wir jedoch den Waldrand erreichen, gehen wir links hinab auf einen tiefer gelegenen Weg, der ungefähr parallel unterhalb des Sträßchens im Wald verläuft. Links liegen der Fuchsdobel, dann unter uns die Luchsfelsen, und später gehen wir am Dachsbühlweg vorbei. Eine

Waldlichtung gestattet einen schönen Blick nach St. Wilhelm-Katzensteig, später nach Hofsgrund und zum Schauinsland (Tour 15). In einer Spitzkehre des Weges gehen wir – dem GR-Hinweis »Gfällmatte« folgend – kurz steil rechts hinauf. Auf einem eingewachsenen Pfad erreichen wir wieder das Fahrsträßchen, den Sommerhaldenweg, unweit der **Gfällmatte** (4.20 Std.). Unmittelbar davor liegt rechts am Wegrand ein Brunnen mit herrlich kaltem Wasser, daneben ein vergoldetes Kruzifix mit einer mahnenden Inschrift.

Unsere Route wird jetzt richtig abenteuerlich: Oberhalb des **Gfällmattenhofes** (heute ein Ferienhaus) gehen wir links hinüber über die Wiese und an einem freistehenden **Ahorn** (mit GR) vorbei auf einem Pfad steil hinab. Nach 200 m führt dieser Pfad um Felsblöcke herum in einen lichten Bergwald mit Kiefern hinein und überquert einen rauschenden Bach. Lassen Sie sich nicht von Trampelpfaden irritieren, die in die steilen Hänge hineinführen! Hier ist Klettergebiet, und die Kletterer suchen sich die Einstiege in ihre Felswände mal hier, mal dort. Der Verlauf des Wanderwegs ist deutlich zu erkennen: Er führt den steilen Hang entlang und immer wieder auch auf Stützmauern.

10 Min. nach dem Gfällmattenhof erreichen wir eine Weggabelung: Nach links führt der kürzeste und problemlose Weg steil hinab ins Tal zur Bushaltestelle Oberried-Schneeberg, eine Alternative für weniger risikofreudige Wanderer mit müden Beinen. Schöner, wilder und abenteuerlicher geht es rechts über den **Felsenweg** weiter: Der Pfad wird jetzt deutlich enger, ein Steg sichert einen felsigen Durchgang. Hundert Meter weiter stehen wir am Fuß ei-

ner Felswand. Hier besteht Steinschlaggefahr, Sie sollten also nicht stehenbleiben! Wenn Kletterer über Ihnen in den Felsen trainieren, machen Sie diese durch Zuruf auf sich aufmerksam! Wenig weiter steht ein Gerätebehälter zur Unfallhilfe am Pfad. Wenn Sie schwindelfrei sind, können Sie einige Schritte nach links hinaus zu den Felsen gehen – aber Vorsicht, es besteht Absturzgefahr! 300 m führt der Pfad weiter durch die wilddramatische Felslandschaft der **Räuberfelsen** mit uralten Bergahornen. Dann geht der Pfad in einen grasbewachsenen Wirtschaftsweg über. Wir passieren einen Holzlagerplatz und erreichen eine Wegverzweigung mit Tisch und Bänken, an der wir dem Wanderweg nach links in der mit »Bushaltestelle Zipfeldobel« beschriebenen Richtung folgen (Aussichtsfans wählen den etwa 30 Min. längeren Weg über Vöhrlingsbach nach Oberried). Steil und steinig geht es bis zu einem rauschenden Bach bergab. Unser Weg, der Galgenbühlweg, verläuft jetzt gemeinsam mit diesem Bach durch ein steiles, steiniges und feuchtes Kerbtal. Der Wald bleibt zurück, an Weiden vorbei geht es noch immer steil bergab, bis wir ein erstes Haus und dort ein Asphaltsträßchen erreichen. Immer noch rauscht neben uns der Bach zu Tale. Dann treffen wir auf die Landstraße, die von Oberried hinauf zum Notschrei führt. Die **Bushaltestelle Hintertal/Zipfeldobel** liegt nur etwa 100 m links talaufwärts (5.30 Std.).

Wer zu Fuß nach Oberried weitergehen will: Vor der Straße und noch vor dem Talbach Brugga zweigt nach rechts der **Wilhelmitenpfad** ab; bis nach **Oberried** mit seinem ehem. Kloster und den guten Gaststätten sind es noch knapp 30 Min. (2 km).

Der Feldsee – ein Eiszeit-Relikt

Zum Feldsee am Fuße des Feldbergs

Die Wanderung führt rund um den Feldsee, einen Karsee, der in der letzten Eiszeit entstanden ist. Mal grün-blau, mal unheimlich dunkel schimmert dieses eiszeitliche Juwel zu Füßen des Feldbergs.

DIE WANDERUNG IN KÜRZE	
+ Anspruch	**Charakter:** Leichte Rundwanderung; Abstieg auf gutem Wanderweg, Anstieg auf Wirtschaftsweg
	Markierung: GR
2.30 Std. Gehzeit	**Wanderkarten:** WHS (Hochschwarzwald), F 505, ADAC Blatt 15
7 km Länge	**Einkehrmöglichkeiten:** Hotel Felderbergerhof, Kiosk an der Sessellift-Talstation, Gasthof Raimartihof
	Anfahrt: Mit Bus: SBG-Linie 7300 zum Felderbergerhof. **Mit dem PKW:** Bundesstraße 317 bis zum Parkplatz am Felderbergerhof (kostenpflichtig)
	Webcam: www.regioweb cam.de/Feldberg2.1981.0. html

Vom **Felderbergerhof** gehen wir zunächst zur **Talstation der Sesselbahn,** die zum Seebuck hinaufführt, und folgen hier den GR-Hinweisen weiter in nördlicher Richtung auf den Taleinschnitt am Waldrand zu. Der Wald nimmt uns auf, ein wenig weiter verlassen wir das Holzabfuhrsträßchen und gehen auf einem Wanderweg durch teilweise urwüchsigen Bergwald in Serpentinen steil bergab. Durch die Bäume schimmert immer wieder der See herauf. Nach 40 Min. erreichen wir am Seeufer den gut ausgebauten Spazierweg, der um den ganzen **Feldsee** herumführt. Wir gehen im spitzen Winkel nach links zurück. Zwischen Wald und See, später an schmalen Wiesensäumen entlang, verläuft der Weg immer einige Meter oberhalb des Seeufers. Links über uns begleiten uns die Seefelsen: Alljährlich

bringen sich hier leichtsinnige Touristen in Lebensgefahr und auch um ihr Leben, die unter Missachtung der Naturschutzregeln meinen, ihre Kletterkünste erproben zu müssen – vom See aus sehen die Felsen weniger gefährlich aus als von oben, wie etwa vom Felsenweg herab.

Am Westufer befanden sich früher Badestellen auf hübschem Wiesengelände. Baden ist heute aus Naturschutzgründen streng untersagt! Im noch sehr ursprünglichen See mit seinem klaren, kalten Wasser wächst eine in Deutschland einmalige Unterwasserflora, vor allem das Brachsenkraut, ein vom Aussterben bedrohter Unterwasserfarn. Die filigranen Blätter dieser in 1–2 m Tiefe lebenden Pflanzen sind sehr empfindlich und würden von Schwimmern stark geschädigt. Die sonst sehr freundlichen Feldbergwächter

Der Feldsee am Fuße des Feldbergs

(Ranger) achten streng auf die Einhaltung der Regeln.

Doch nicht nur Ranger fungieren als Feldbergwächter, es geht auch die Sage, im Feldsee seien viele Geister gebannt. Besonders auf Wanderer hat es jener abgesehen, der (üblicherweise bei schlechtem Wetter) ruft: »He, ihr geht ja fehl! Wenn ihr auf den Feldberg wollt, so müsst ihr den anderen Weg einschlagen!« Wenn man sich dann umschaut, ist der Geist wieder frei; wie er diese Befreiung lohnt, wird in der Sage leider nicht vermittelt.

So ist der See rasch umrundet. Der Blick hinüber zeigt den Auslauf des Seebaches im Osten, wandelt sich mit fortschreitender Umrundung zu einem Rückblick über den See und die Felswände hinweg auf die mächtige Feldbergflanke im Westen. Von

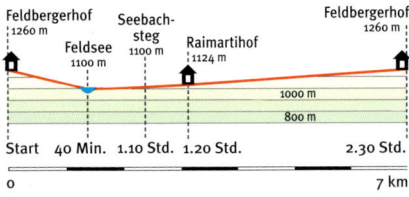

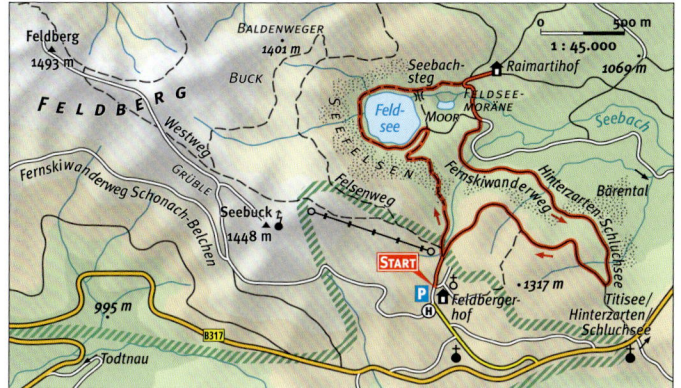

rechts mündet dann unmittelbar am **Seebachsteg** (1.10 Std.) der Rundweg 3 in den Seeufer-Rundweg, dem wir in Richtung Raimartihof folgen.

Unser Weg überquert die Feldseemoräne bergab. Rechts unten rauscht der Seebach dem Feldseemoor zu (das Moor darf nicht betreten werden!). Aus dem Wald heraustretend erreichen wir ein Fahrsträßchen und sehen dann schon den mächtigen **Raimartihof** vor uns liegen (1.20 Std.) In der Hochsaison herrscht hier oft großer Andrang.

Vom Raimartihof gehen wir unseren Hinweg ein Stück zurück, folgen dann aber links der Forststraße nach Bärental, überqueren kurz darauf den Seebach und verlassen nur wenig später die Forststraße, indem wir geradeaus/rechts hinauf auf das Seesträßchen abbiegen: Die GR-Markierungen weisen uns den Weg. Durch schöne Bergwälder und Felsriegel im Wald führt der Wirtschafts-

weg sanft bergauf. An einer gut markierten Verzweigung (ca. 40 Min. ab Raimartihof) biegen wir scharf rechts zurück auf einen Holzabfuhrweg ab, der uns in sanften Anstieg zurück zur **Talstation der Sesselbahn** bringt. Von hier erreichen wir in 10 Min. unseren Ausgangspunkt, den **Felderbergerhof** (2.30 Std.).

Ranger-Wanderungen

Hochinteressante kleine Wanderungen (Dauer jeweils ca. 2–3 Stunden) werden von den Naturschutzbehörden als Naturerlebnis-Wanderungen angeboten. In kleinen Gruppen finden außerdem Ranger-Wanderungen durch das Naturschutzgebiet statt. Kinder können ein Junior-Ranger-Abzeichen erwerben. Naturschutzzentrum Südschwarzwald, Haus der Natur am Feldberg: Tel. 076 76/93 36-0.

Tour 18

Durch subalpine Natur

Auf dem Naturpfad über den Gipfel des Feldbergs

Fern der touristischen Rummelplätze führt diese Wanderung tief in abgelegene Gebiete hinein, soweit es der Schutz der Natur zulässt. Durch die Ostflanke des Feldbergs geht es auf alpinen Pfaden über den Gipfel. Spektakuläre Ausblicke sind garantiert.

DIE WANDERUNG IN KÜRZE

++
Anspruch

3 Std.
Gehzeit

7 km
Länge

Charakter: Mittelschwere Höhenwanderung auf schmalem Wanderpfad und steinigen Bergpfaden. Steiler Anstieg zum Feldberg, steiler Abstieg vom Baldenweger Sattel

Markierung: Naturpfad N

Wanderkarten: WHS (Hochschwarzwald), ADAC Blatt 15

Einkehrmöglichkeiten: Nahe Ausgangspunkt Pension Jägerheim (Mi geschl.), an der Strecke Zastler Hütte (Do geschl.) und Baldenweger Hütte (Mo geschl.)

Anfahrt: Mit dem Bus: Derzeit (Jan. 2009) nur noch mit Freizeitbus SBG-Linie 9005 ab Hinterzarten/Bhf. über Alpersbach bis Rinken. **Mit PKW:** Zufahrt über das Zastlertal ganzjährig gesperrt. Zufahrt möglich über Alpersbach bis Schranke am Rinken.

Wetter: Die Strecke ist vor Juni oft nicht begehbar. Generell nicht bei schlechtem Wetter wandern.

Webcam: www.regioweb cam.de/Feldberg2.1981.0. html

Vom Rinken sind es kaum 300 m nach Westen zum Ausgangspunkt am **Rinkensattel.** Der Naturpfad beginnt direkt rechts von der großen Informationstafel, die auf die Besonderheiten des Naturschutzgebietes hinweist. Den steilen Hang entlang führt der Pfad in den lockeren Bergwald hinein. Weitere Tafeln informieren über die geologischen Verhältnisse und den Bergwald, in dem sich inSteinschutthalden 300 Jahre alter Bergahorn halten konnte. Der Pfad verläuft eben und teilweise leicht

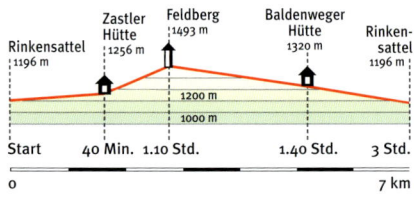

Rinkensattel
1196 m

Zastler Hütte
1256 m

Feldberg
1493 m

Baldenweger Hütte
1320 m

Rinkensattel
1196 m

1200 m

1000 m

Start · 40 Min. · 1.10 Std. · 1.40 Std. · 3 Std.

0 · 7 km

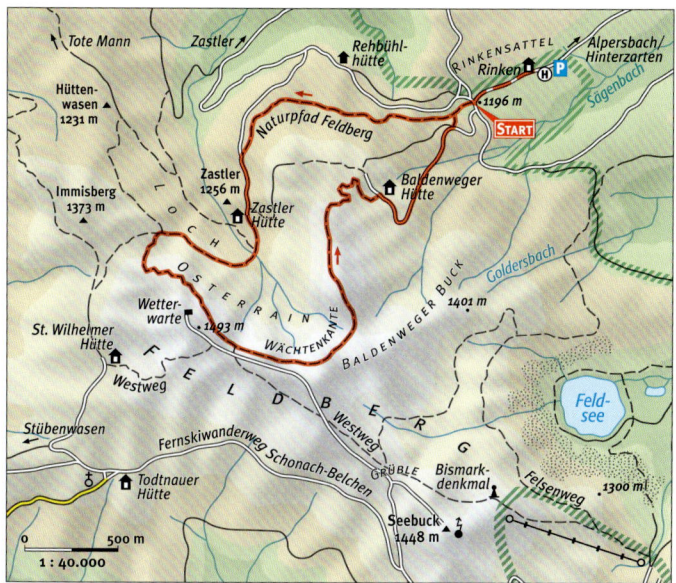

bergab den Hang entlang in westliche Richtung.

An Felsriegeln oder auch im lichteren Wald bieten sich immer wieder Ausblicke über das steil eingeschnittene Zastlertal hinüber zur Bergkulisse um den Hinterwaldkopf (s. Tour 21). Der steinige und wurzelige Pfad führt streckenweise durch eine dramatische Felskulisse: Noch ist die Gebirgsbildung hier nicht zum Stillstand gekommen; ein Felsturz von 1966 legt eindrucksvoll Zeugnis davon ab.

Nach 20 Min. haben wir den Fahrweg zur Zastler Hütte erreicht: Gegenüber liegen die steilen Flanken des Zastlertales am Immisberg, voraus öffnet sich der Blick in die Gebirgskulisse des Zastler Loches: Bis weit in den Sommer hinein liegt hier der eingewehte Schnee.

Wir folgen dem Fahrweg bergauf und erreichen wenig später die **Zastler Hütte** (40 Min.), eine ehemalige Viehhütte für die sommerlichen Jung-

vieh-Hochweiden, ähnlich den Almen der Alpen. In der Hütte erhält man Informationen über den Naturlehrpfad, die Entstehung der Hütte und die aktuellen Wetterverhältnisse.

Hinter der Zastler Hütte steigt der Weg steil zum Zastler Loch hin an. Hinweistafeln informieren über die kleinflächigen Moore am Hang, über Erosion und Vegetation. Dann queren wir den sehr steilen Lawinenhang Osterrain hinüber nach Westen und Nordwesten. Links über uns hängen im Winter drohende Schneewächten, die immer wieder abbrechen und die charakteristischen Lawinenbahnen in die Vegetation reißen. Hier können nur besonders biegsame Laubhölzer überleben. Wir folgen dem Pfad weiter bergauf, wobei sich schöne Ausblicke über die Zastler Hütte hinweg nach Norden zum Hinterwaldkopf und zum Kandel bieten.

An der Baumgrenze (hier rund 1400 m) überqueren wir nach links die Hangkante und haben damit die Hochfläche erreicht: Bei windigem Wetter werden Sie vielleicht den schützenden Kessel des Zastler Loches vermissen. Vorherrschend sind hier zwar Südwestwinde, doch gerade bei stabilen Schönwetterlagen im Frühsommer pfeift hier gerne ein kalter und dann unangenehmer Nordostwind. Von diesem Kantenübergang bietet sich jetzt erstmals eine herrliche Aussicht nach Westen: Nahebei sind rechts der Tote Mann, links der Stübenwasen (s. Tour 16) und mittendrin der Schauinsland über Hofsgrund (s. Tour 15) zu sehen. Am **Stübenwasen** lassen sich Kare erkennen, die wie das Zastler Loch (oder der Feldsee) durch Eisdruck entstanden sind.

Wir gehen über den freien Bergrücken nach links hinüber und weiter bergauf dem Feldbergturm und damit dem Gipfel entgegen. Je weiter wir nach oben über die Hochfläche kommen, desto besser ist bei klarem Wetter über das Wiesental und das Herzogenhorn hinweg die Alpenkette zu sehen. Das eigentliche Gipfel-

Blauer Eisenhut

plateau des **Feldbergs** ist eingefriedet (1.10 Std.). Besucher, die vom Seebuck über die ›Touristen-Rennstrecke‹ herüberkommen, sollen nicht vom ›rechten Weg‹ abkommen. Eine Panoramatafel erläutert die Kulisse.

Unser Naturpfad führt drüben an der nördlichen Wächtenkante entlang weiter. Der Blick dehnt sich nach Osten in Richtung Fernsehturm und **Seebuck** aus; von hier aus ist gut zu erkennen, dass der Seebuck niedriger ist als der eigentliche Feldberg. Der Weg beschreibt oben an der Hangkante einen weiten Bogen nach Norden, links unter uns liegt häufig bis in die Sommermonate hinein Schnee.

Der Weg führt leicht bergab am Westrand des Baldenweger Bucks entlang über schöne Hochweiden nach Norden. Das hier im Sommer weidende Vieh stammt zum Teil aus dem Dreisamtal, und tatsächlich erkennen wir von hier oben das große Gehöft Baldenwegerhof nördlich von Zarten in der weiten Dreisambucht.

Am **Baldenweger Buck** erreichen wir dann wieder die Baumgrenze. Durch zunächst niedrige, rasch höher werdende Fichten führt der Weg jetzt wieder als Pfad immer steiler bergab und schließlich in Serpentinen auf die weithin sichtbare **Baldenweger Hütte** zu, auch dies wie die Zastler Hütte eine Alm (1.40 Std.).

Hinter der Hütte folgen wir unserem Weg bergab über weite Weiden und Wiesen. Es bieten sich schöne Ausblicke zurück in den Ostabfall des Baldenweger Bucks und voraus auf die weiten Waldhöhen über dem Rinken. An bizarren Wetterfichten vorbei führt der Weg wieder in den Wald hinein, steil und steinig geht es auf einem alten Viehtriebweg durch einen Hohlweg hinab zum Ausgangspunkt am **Rinkensattel** (3 Std.).

Auf dem Dreiseen-Weg

Vom Schluchsee über den Windgfällweiher zum Titisee

Diese angenehme und abwechslungsreiche Streckenwanderung führt gleich zu drei der schönsten und bekanntesten Seen des Hochschwarzwaldes. Zurück geht es bequem mit der Dreiseen-Bahn.

DIE WANDERUNG IN KÜRZE

++
Anspruch

6 Std.
Gehzeit

23 km
Länge

Charakter: Aufgrund der Länge mittelschwere Streckenwanderung auf guten Fußwegen durch Wald entlang der Seeufer. Einige Abschnitte auf Fahrstraßen mit sehr geringem Verkehr

Markierung: Verschiedene Symbole, auch GR; etwa die Hälfte der Strecke ist mit dem Dreiseen-Radwanderweg identisch.

Ausrüstung: Badezeug

Wanderkarten: WHS (Hochschwarzwald), F 509, Atlasco 210, ADAC Blatt 15 und 17

Einkehrmöglichkeiten: Verschiedene am Schluchsee und Titisee sowie an der Strecke

Anfahrt: Mit der **Dreiseen-Bahn** DB 728 nach Seebrugg, von Titisee aus mit der Bahn zurück zum Ausgangspunkt. **Mit dem PKW:** Über die B 31 nach Titisee (dann mit der Dreiseen-Bahn nach Seebruck) oder direkt nach Seebruck; Parkplätze jeweils am Bahnhof (in Titisee kostenpflichtig)

Vom **Bilderbuch-Bahnhof Seebrugg** gehen wir den verschiedenen Wegzeichen folgend auf dem Fahrsträßchen ca. 400 m nach Osten. Unmittelbar vor dem großen Gebäude der Jugendherberge Seebrugg biegen wir auf einen erdigen Wanderweg, den **Seerundweg,** nach rechts ein und folgen diesem etwa 50 m. Wir erreichen die stark befahrene B 500 und gehen diese auf asphaltiertem Gehweg fast 1 km parallel bis zur **Staumauer** (20 Min.), die den Schluchsee nach Westen zum Schwarzatal abschließt. Wir überqueren das Schwarzatal nach Norden hin auf der Staumauer und ha-

ben dabei schöne Ausblicke auf die charakteristischen dichten, weiten Tannen- und Fichtenwälder des Schluchseegebietes. Am Ende der Staumauer angekommen, biegen wir rechts ab (Wegzeichen u.a. »Aha« und »8,5 km«) und folgen über eine weite Strecke jetzt im Wald unmittelbar dem Seeufer. Je weiter wir uns von der Staumauer entfernen, desto ruhiger wird es um uns herum, bald umgibt uns nur noch die Stille von See und Wald. Selbst im Hochsommer sind die Strände am Ufer um so ruhiger, je weiter sie von den Parkplätzen im Bereich der Staumauer entfernt sind.

Wir passieren das Einlaufwerk der Schluchseewerke (Hinweistafel), halten uns an einer Gabelung den Wegzeichen folgend halbrechts, gehen an einer am Seeufer gelegenen Hütte (Unterstehmöglichkeit) mit Brunnen (Trinkwasser) vorbei und an einer weiteren Gabelung erneut halbrechts.

Schließlich treten wir wieder aus dem Wald auf freie Wiesen- und Weideflächen hinaus. Vor uns liegt das riesige Schindeldach des aus dem 17. Jh. stammenden **Unterkrummen-Hofes** (1.30 Std.), der für seine Speckvesper bekannt ist und deshalb auch Speckhof genannt wird. Malerisch liegt der mit einer Fotovoltaik-Anlage versehene Hof auf einem Höhenrücken über dem Schluchsee.

Hinter dem Hof überqueren wir ein kurzes Stück wieder eine Weide: Weit dehnt sich hier der Blick über die Schmalseite des Schluchsees hinüber zum markanten Dissenhof, zum Ort Schluchsee und zu den bewaldeten Höhen über dem See, allen voran der Bildstein. Dann gehen wir wieder in den Wald hinein.

Die Badeplätze am Seeufer werden jetzt wieder lebhafter, je mehr wir uns Aha und damit dem dortigen Bahnhof sowie den Landes- und Bundesstraßen mit ihren Parkplätzen nähern. Am letzten Zipfel des Schluchsees führt der Weg durch ein interessantes Feuchtgebiet, in dem sich viele Wasservögel tummeln. Wir

nähern uns der Landstraße L 146, der Wanderweg (Seerundweg) bleibt unten am Ufer. An der Einmündung der Landes- in die Bundesstraße (B 500) gehen wir ein kurzes Stück rechts und unterqueren (Fußgängertunnel) die meist stark befahrene Straße unweit eines Liegeplatzes für Segelboote beim **Gasthof Auerhahn** (2.30 Std.). Drüben gehen wir halblinks am Seglerhof vorbei auf einem Holzabfuhrweg der Bahnunterführung zu. Wir unterqueren die Bahnlinie und biegen unmittelbar hinter der Brücke links ab, den Schildern »Altglashütten, Falkau« bzw. der blauen Raute mit senkrechtem weißen Querstrich folgend.

Der Weg führt durch hochstämmigen Fichtenwald, dessen Charakter sich jedoch von dem am Südwestufer des Schluchsees deutlich unterscheidet. Dort waren wir dem kühlen Norden zugewandt, hier ist der Wald sonnendurchflutet und warm. Neben uns verläuft, mal unmittelbar, mal etwas weiter entfernt, die Bahnlinie. Eine Waldlichtung wird überquert, mehrfach folgen wir an Verzweigungen wieder dem Hinweis »Altglashütten«. Schließlich schimmert hinter der Bahnlinie erstmals der Windgfällweiher zwischen den Bäumen hindurch. Kurz darauf haben wir die Kreisstraße 4990 erreicht, die hier die Bahnlinie quert. Wir wandern ein kurzes Stück auf Asphalt links hinab und stehen dann

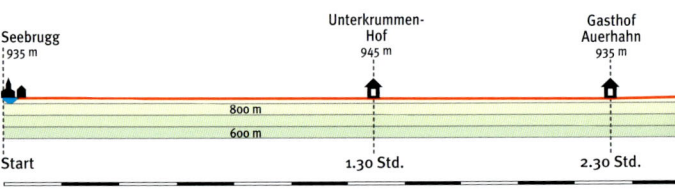

Seebrugg 935 m		Unterkrummen-Hof 945 m	Gasthof Auerhahn 935 m

800 m
600 m

Start   1.30 Std.   2.30 Std.

0

Uferweg am Titisee

am malerischen **Windgfällweiher** (3.15 Std.). Dieser Weiher hat übrigens eine unmittelbare Beziehung sowohl zum deutlich tiefer und hinter den Bergen liegenden Titisee als auch zum höher gelegenen Feldsee (Tour 17): Vom wichtigsten Titiseezulauf, dem Seebach, wird in rund 1100 m Höhe am Auslauf des Feldsees Wasser abgezweigt, das in einem unterirdischen Stollen zum Windgfällweiher fließt und von diesem in einem offenen Kanal (Sie haben ihn bei der Querung der B 500 vielleicht gesehen) zum Schluchsee.

Die Kreisstraße ist auf der seeabgewandten Seite von Parkplätzen gesäumt. Ungefähr in der Mitte dieses Parkstreifens (z. Zt. ein unschöner Holzlagerplatz) zweigt unser Wanderweg in den Wald hinein ab (blaue Raute). Wir durchqueren den schönen hochstämmigen Wald parallel zu Eisenbahnlinie (rechts) und Bundesstraße (links) und erreichen am Waldrand dann den Ortsrand von **Altglashütten.** Über eine Wiese gelangen wir zur ersten Innerortsstraße und gehen weiter in Richtung Ortsmitte und Kirche (3.30 Std.).

Hier verlassen wir die markierten Wanderwege und folgen bis nach Bärental einem asphaltierten, aber außer von Radfahrern kaum befahrenen Sträßchen, die alte Verbindungsstraße zwischen Bärental und Altglashütten. Dazu überqueren wir bei der Kirche die B 500 und gehen dann rechts hinauf den Hang entlang (GR). Es bieten sich hübsche Ausblicke auf die moorigen Wälder in den ebenen Talflächen unter uns

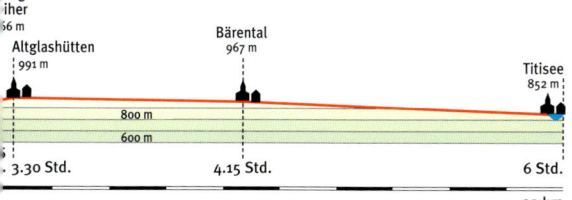

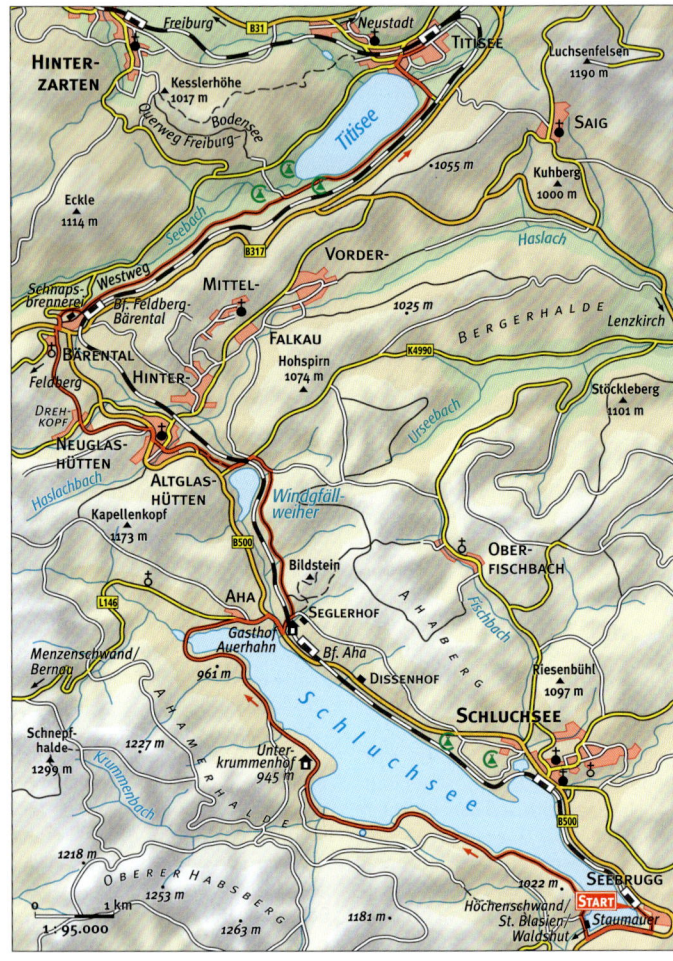

und voraus auf die Höfe von Neuglashütten am Drehkopf.

In einem Taleinschnitt überqueren wir den Haslachbach, folgen ein Stück der breiten Straße, die in engen Kurven von der B 500 nach Neuglashütten hinaufführt, gehen dann wieder auf der alten Straße weiter und zunächst steil bergauf. Unser Weg (noch immer asphaltiert) führt eben oder auch mäßig bergab von Hof zu

Hof durch Ober-Bärental. An einer Gabelung steht eine alte Kapelle. Von links mündet der bekannte **Westweg** in unsere Route (rote Raute), dem wir bis zum Ziel unser Wanderung folgen werden. Wir unterqueren hier die Bundesstraße 317, halten uns rechts und erreichen – vorbei an der Rückseite eines vielbesuchten Schnapsbrennerei-Museums – wenige Meter weiter den hübschen Bahnhof von

Bärental, den höchstgelegensten Deutschlands (4.15 Std.; 967 m).

Der Westweg führt an der Rückseite des Bahnhofs entlang weiter. Erneut nimmt uns der Wald auf, in dem es jetzt wieder einen steilen nordwärts gewandten Hang entlang geht. Der Verkehrslärm ebbt rasch ab, und nach ca. 45 Min. (ab Bahnhof Bärental) erreichen wir die Talebene des Seebachs und dort wieder einen Fahrweg: Von links mündet ein weiterer legendärer Weg in unsere Wanderroute, der **Querweg Freiburg–Bodensee** (s. Touren 22 und 26). Nach Titisee (und nicht nach Rom!) führen eben alle Wege.

Nun haben wir auch wieder die Zivilisation erreicht. Der Weg wird fester, die Besiedlung dichter. Es geht vorbei an einem Campingplatz mit nettem Restaurant und Seeterrasse (moderate Preise).

Am Ende des Campingplatzes nimmt uns auf gepflegtem Weg erneut die Ruhe und Kühle des Waldes auf: Wieder gehen wir unmittelbar am Seeufer am Fuße eines nordorientierten Steilhanges entlang. Die Stille ist angesichts der Nähe von **Titisee** überraschend. Wir gehen um den See herum nach Norden, passieren Badeplätze, Hotels, einen Bootsverleih (aber auch den Auslauf des Sees mit einer Tafel zu wasserkundlichen Themen) und Anlegestellen und sind keine 500 m vom ersten Haus entfernt bereits im dicksten Trubel der Schnellimbisse und Andenkenläden. Etwa 500 000 Besucher zählt der Ort jährlich. Ende des 19. Jh. erhielt ein Herr Eigler, der hier eine Sommerwirtschaft

etablieren wollte, vom Gemeinderat noch eine ordentlich Abfuhr: Titisee sei eine öde und menschenleere Gegend, in welcher ein Wirtshaus nicht nötig und auch nicht rentabel sei! Noch immer aber hat sich der Reiz dieses Natursees erhalten, sofern man sich nicht gerade an den Ostgestaden aufhält (s. Tour 20). Mitten im Ort verlassen wir unsere Wanderwege und gehen der Ausschilderung nach etwa 300 m rechts hinüber zum **Bahnhof** (ca. 6 Std.). Die Züge nach Seebrugg verkehren im Stundentakt.

Der Titisee

Der Titisee ist das Relikt einer riesigen Gletscherzunge, die sich vom höchsten Schwarzwaldberg, dem Feldberg, weit hinab nach Osten erstreckte. Noch immer hat er den Reiz eines Natursees, sofern man sich nicht an den überlaufenen Ostgestaden aufhält. Während in der Hitze des Sommers kristallklares kühles Nass die Badelustigen anzieht, verwandelt sich der See in kalten Wintern in eine riesige Natureisfläche und damit zum touristischen Mittelpunkt der Region. Der Titisee gehört zu den wenigen Seen im Schwarzwald, die komplett zufrieren. Wer die Wahl hat, sollte den Besuch in die ruhige Jahreszeit verlegen. Nebel im Herbst ist am See von besonderem Reiz.

Wunderschöne Schwarzwaldhöfe sieht man in den Ortsteilen Jostal, Langenordnach oder Schwärzenbach.

Rund um den Titisee

Von der lebhaften Uferpromenade in die Stille des Bergwaldes

Nur etwa 500 m der belebten Uferpromenade sind klassische Touristen-Rennmeile, dann wird es ruhig, und oben in den Bergen ist man allein in der Natur. Die schöne Rundwanderung könnte die Gegensätze nicht krasser aufzeigen.

DIE WANDERUNG IN KÜRZE

+ Anspruch	**Charakter:** Leichte Rundwanderung auf guten Wander- und Wirtschaftswegen
2.30 Std. Gehzeit	**Markierung:** Der Seeuferweg ist West- und Querweg, Aufstieg nach Bankenhof nur noch Querweg; die restliche Strecke ist mit blauem Punkt und GR markiert.
8 km Länge	**Wanderkarten:** WHS (Hochschwarzwald), F 509, F 506, ADAC Blatt 15
	Ausrüstung: Badezeug
	Einkehrmöglichkeiten: Im Bereich des Sees mehrere, ab Bankenhof keine mehr

Anfahrt: Mit der **Höllentalbahn** DB Linie 727 bis Titisee. **Mit dem PKW:** Über die Bundesstraße 31; ausgeschilderte Großparkplätze für Tagesbesucher im Umfeld des Bahnhofs (alle gebührenpflichtig)

Winter: Der Rundweg kann bei geringen Schneehöhen im Winter begangen werden und ist dann besonders schön und idyllisch.

Vom **Bahnhof Titisee** folgen wir den Ausschilderungen »Zugangsweg« bzw. »Seehäusle« (meist linksseitig an Laternenpfählen) und gehen links in den Seeweg hinein, der vor lauter Touristen und touristischen Angebo-

ten kaum zu sehen ist. An Cafés, Restaurants, Hotels und unzähligen Läden vorbei erreichen wir schon nach 10 Min. die Seepromenade an der Anlegestelle für Rundfahrten und Mietboote.

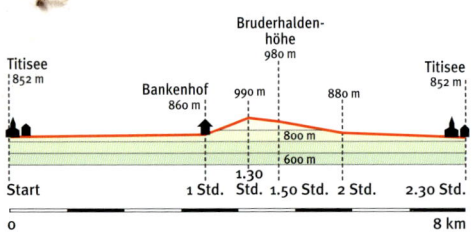

Titisee 852 m — Bankenhof 860 m — Bruderhaldenhöhe 980 m — 990 m — 880 m — Titisee 852 m

Start — 1 Std. — 1.30 Std. — 1.50 Std. — 2 Std. — 2.30 Std.

0 — 8 km

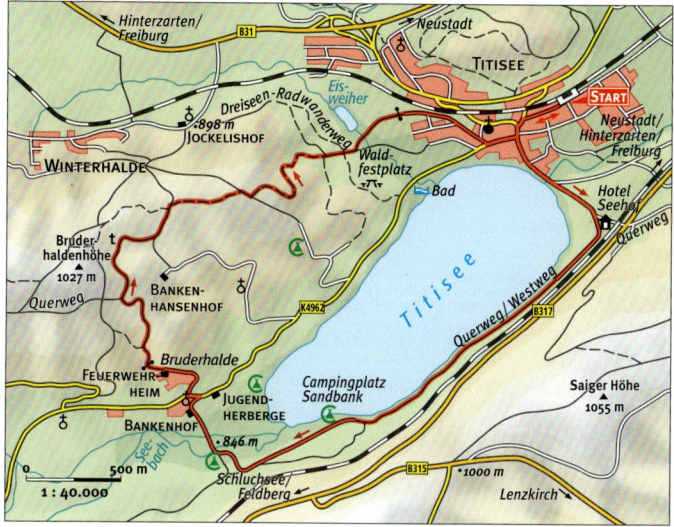

Wir überqueren den Seebach, (hier beginnt der Wasserlehrpfad) und schon wird es deutlich ruhiger. Ein letztes Geschäft bietet Kuckucksuhren an, der Durchschnittstourist scheint in Ermangelung von Kitsch- und Kunstangeboten keine Lust zu verspüren, weiterzugehen. Wir erreichen rasch das **Hotel Seehof** (20 Min.) am Ortsrand und folgen nun dem hier einmündenden **Querweg Freiburg–Bodensee.**

Auf einem feinkiesigen Weg rechts weitergehend, erreichen wir bald wieder das Ufer und folgen diesem in dunklen, kühlen Fichtenwald hinein. Immer wieder passieren wir kleine Badeplätze, die bei heißem Wetter aber meist belegt sind. Nach weiteren 20 Min. passieren wir eine Schranke und erreichen den **Campingplatz Sandbank** mit zugehörigem Restaurant (40 Min.). Wer baden will, der sollte sich hier ein Plätzchen suchen, denn wir verlassen nun das Ufer.

Auf geteertem Sträßchen durchqueren wir den Campingplatz, folgen

an seinem Ende wieder im Wald ein Stück dem Seebach. An einer Wegverzweigung biegt der Westweg ab, wir gehen nach rechts auf dem Querweg weiter, passieren einen weiteren Campingplatz und überqueren danach den Seebach. Jetzt steigt das Sträßchen an und führt genau auf den malerischen **Bankenhof** zu (1 Std.). Das mächtige Gebäude vermittelt noch viel vom Aussehen alter Schwarzwaldhöfe. Unmittelbar am Hof (rechts die Jugendherberge Veltins-Hof) überqueren wir die Kreisstraße K 4962 und gehen gegenüber auf dem gut markierten und steil ansteigenden Teersträßchen weiter.

Bergauf geht es am großen modernen Feuerwehrheim St. Florian vorbei, und noch auf Höhe dieses Gebäudes erreichen wir bei einer Schranke einen nicht befestigten Weg, der uns weiter bergan führt. In einer Kurve liegt rechts ein kleines Moor, links steht eine emaillierte Viehtränke, dann erreichen wir eine Bergwiese – und es wird still um uns herum. Über die Wiese weiter steil bergauf gehend, erreichen wir einen Waldrand, durchqueren den Wald und befinden uns nun in einer ganz anderen Welt: Schwarzwald pur um uns herum, über eine weite Weidefläche schweift der Blick zu einem großen Schwarzwaldgehöft, dem **Bankenhansenhof,** den wir im Verlauf der Wanderung noch öfter im Blick haben werden.

Wir gehen weiter bergauf, zunächst auf einem breiten Wiesenweg, dann nach links und wieder rechts auf kiesigem Wirtschaftsweg ein kurzes Stück steil in den Wald hinein. An einer Kreuzung treffen wir auf einen quer und fast eben verlaufenden Wirtschaftsweg (1.30 Std.). Hier trennen wir uns vom Querweg, gehen rechts und folgen dem blauen Punkt (neben anderen Hinweisen) bis zum Endpunkt unser Wanderung auf einem Wirtschaftsweg zunächst eben, dann bergab. Nach dem Sprachengewirr unten am See ist hier oben nur noch eine Sprache zu hören: die des Waldes. An einer weiteren Weggabelung liegt rechts eine moorige Niederung. Wir halten uns wieder links aufwärts und folgen dem Waldrand auf einem jetzt deutlich schlechteren Wirtschaftsweg. Bei einem Ruhebänkchen steht ein altertümlich wirkendes Kreuz von 1891. Dort, wo wir aus dem Wald heraustreten, mündet der Obere Höhenweg ein, der über Scheibenfelsen und Kesslerhöhe von Hinterzarten nach Titisee führt (s. Tour 24). Wir sind an der **Bruderhaldenhöhe** angelangt (1.50 Std.).

Der Weg führt am Waldrand entlang weiter. Wir folgen dem blauen Punkt auf einem breiten Wanderweg zunächst in den Wald hinein bis zu einer weiteren Gabelung (der mit gelbem Quadrat und rotem Diagonalkreuz markierte Hinterzarten-Weg kommt hinzu). Nur wenig weiter bietet sich bei einer Wiese und einem Ruhebänkchen erneut ein schöner Blick zu den Waldhöhen, gegenüber beim Zweiseenblick und damit auf urwüchsige Schwarzwaldlandschaften.

Nach 200 m erreichen wir eine weitere Kreuzung, an der wir wieder links gehen. Ein feinkiesiger Wanderweg führt in Serpentinen steil bergab. Unten treffen wir bei Ausschilderungen wieder auf einen breiten Weg, der uns jetzt nach dem GR-System bis ans Ziel führt.

Wir halten uns rechts, gehen durch schönen Hochwald, passieren den rechts liegenden Waldfestplatz, gehen dort links und weiter am **Eisweiher** vorbei. Um uns herum wird es jetzt deutlich lebhafter, unser Wanderweg ist auch Teil des **Wasserweges.** Eine Informationstafel erläutert die Bedeutung des Eisweihers.

Halbrechts gehen wir erneut in den Wald hinein, erreichen an einer Schranke eine asphaltierte Straße und die ersten Häuser. Unmittelbar links verläuft die Bahnlinie. Vorbei an der Kirche gehen wir sanft bergab in den Ort hinein und stoßen direkt hinter dem Kurhaus auf die Strandbadstraße, die Uferstraße. Links gehend, finden wir uns nach wenigen Schritten im Trubel des Ortszentrums. Von hier sind es noch 500 m zu unserem Ausgangspunkt, dem **Bahnhof Titisee** (2.30 Std.).

Mild und wild am Weg vereint

Von Hinterzarten über den Hinterwaldkopf nach Kirchzarten

Die gute Anbindung durch die Höllentalbahn macht Hinterzarten zu einem beliebten Ausgangspunkt für Wanderungen. Diese führt hinauf zum Hinterwaldkopf, von dort über wilde Bergweiden hinab nach Oberried und am Osterbach entlang nach Kirchzarten.

DIE WANDERUNG IN KÜRZE

++ Anspruch	**Charakter:** Mittelschwere Streckenwanderung auf unterschiedlich beschaffenen Wegen	**Einkehrmöglichkeiten:** Mehrere in Hinterzarten, an der Strecke Hinterwaldkopfhütte (Di, Mi geschl.), Höfener Hütte (Mo geschl.), Gasthof Schützen (Di, Mi bis 16 Uhr geschl.), mehrere Gasthäuser in Oberried und Kirchzarten
5 Std. Gehzeit	**Markierung:** Bis zum Hinterwaldkopf blauer und roter Punkt, von dort bis Oberried bzw. Kirchzarten GR, gut markiert	
17 km Länge	**Ausrüstung:** Wanderstöcke für Bergabstrecke	**Anfahrt:** Mit der **Höllentalbahn** Freiburg–Hinterzarten–Neustadt Linie 727 (30-Min.-Takt) bis Hinterzarten. **PKW-Anfahrt** nicht sinnvoll (Streckentour)
	Wanderkarten: WHS (Hochschwarzwald), F 505, ADAC Blatt 12	

Wir verlassen den Bahnhof in **Hinterzarten** nach rechts, Richtung Westen, und durchqueren den lebhaften Ort auf der Freiburger Straße. Nach ca. 300 m mündet vor der Bahnunterführung die Alpersbacher Straße ein: Hier ist auf einem Wegweiser u. a. ein blauer Punkt (später auch ein roter Punkt) in Verbindung mit der Ausschilderung »Hinterwaldkopf« angegeben.

Wir folgen der Alpersbacher Straße auf einem Gehweg, später kurz auf der Straße zwischen den Wohn- und Ferienhäusern von Hinterzarten hindurch. Nach 15 Min. verlassen wir beim Rauchhäuschen die Straße nach rechts hinab, der GR folgend. Vorbei an einer Kuhweide, dem Feri-

enhaus Rappeneck und einer Kläranlage geht es immer geradeaus den Hang entlang. Zwischendurch bietet sich kurz ein hübscher Blick auf Breitnau, das Löffeltal und ins obere Höllental. Am Ende der **Kläranlage** (25 Min.) verlassen wir den Asphalt und gehen auf einem Weg in den Wald hinein, der rasch eng, steil und steinig an den Steilhängen des oberen Höllentals entlang führt. Achtung: Nach weiteren 10 Min. verzweigt sich der Pfad an einer Felsnase unmittelbar vor dem Erreichen einer Wiese (GR). Wir gehen links hinauf! Zwischen Feldgehölzen führt der Weg über eine terrassierte Bergwiese, dann teilweise auf Fahrwegen zwischen den Bauern- und Ferienhäusern des Hinterzartener Ortsteiles Bisten hindurch. Wir gehen überwiegend bergauf und erreichen das Haus des Olympia-Siegers Georg Thoma (40 Min.). Wir befinden uns auf dem **Dr.-Ludwig-Thomas-Weg,** benannt nach dem Freiburger Kinderarzt, auf dessen Initiative und Mitwirkung kurz vor der Jahrhundertwende verschiedene Wege im oberen Höllental und in

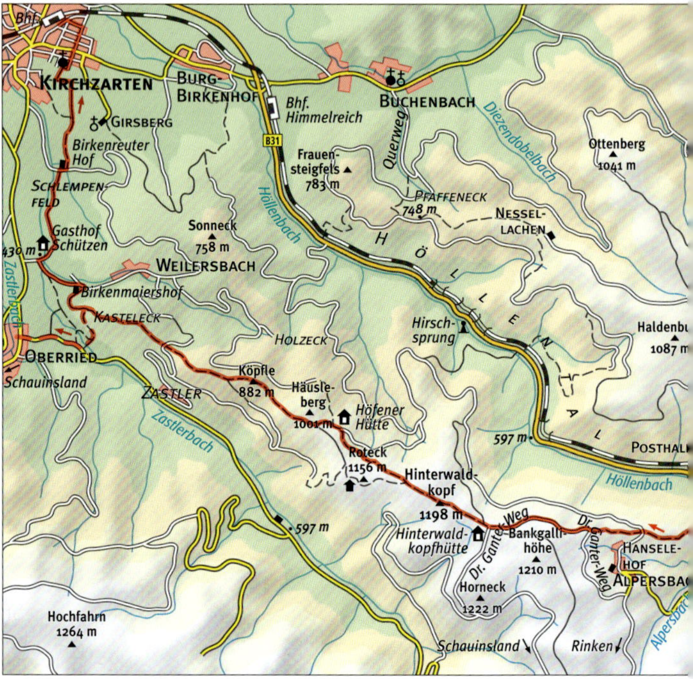

Richtung Feldberg markiert wurden.

Ein kurzes Stück verläuft unser Pfad unmittelbar neben dem nur schwach befahrenen Fahrsträßchen nach Alpersbach. An einer Wiese bietet sich ein hübscher Blick über das Höllental hinweg zu Piket- und Posthaldefelsen (s. Tour 22).

Nach einer Stunde mündet bei einem steinernen **Wegkreuz** ein

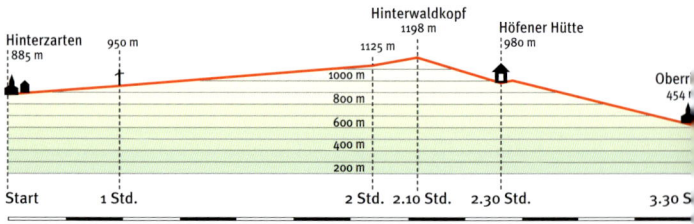

Tour 21

Asphaltsträßchen in die Fahrstraße neben uns: Hier gehen wir nach rechts und folgen dabei der GR. Bereits 100 m weiter verlassen wir das asphaltierte Sträßchen wieder nach rechts (!) an einem hölzernen Wegweiser mit der Aufschrift »Hinterwaldkopf«, treten also nicht hinaus auf die Wiesenflächen unterhalb des Weberhansenhofes, sondern folgen

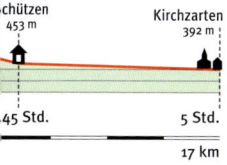

leicht bergab dem Alpersbach, überqueren ihn wenig später und stoßen kurz hinter der Brücke auf eine Gabelung, an der wir dem Ludwig-Thomas-Weg links hinauf folgen (GR, Texttafel).

Der Pfad führt jetzt am sonnigen Waldrand entlang, mal mehr, mal weniger steil bergauf, kurze Strecken immer wieder eben oder durch Waldstücke hindurch. Ab und zu bieten sich schöne Rückblicke auf Hinterzarten oder auf die Höfe von Alpersbach. Am aufgelockerten Waldrand stehen Weidfichten mit bis zum Boden reichenden Ästen, außerdem Birken, Ebereschen oder Haselsträucher. Wir passieren eine Hütte und einen Bildstock mit Inschrift und überqueren etwas weiter einen Holzabfuhrweg. Mäßig steil steigt der Wurzelpfad weiter bergan.

Später mündet der ebenfalls mit GR markierte Weg von Alpersbach von links wieder ein, und schon wenige Schritte darauf stoßen wir auf einen breiten Holzabfuhrweg, den **Dr.-Ganter-Weg** (1.45 Std.). Dr. Ganter war ein Forstrat, auf dessen Initiative hin dieser Holzabfuhrweg bis hinüber ins Zastlertal gebaut wurde. Hier wenden wir uns eben am Hang entlang nach rechts. Bald taucht auch der Hinterwaldkopf zwischen den Bäumen auf.

15 Min. später stoßen wir am **Hinterwaldkopfsattel** auf eine Wegkreuzung (2 Std.): Von links oben kommt der mit blauer Raute markierte Weg von der Bankgallihöhe herab, eben nach links führt der Dr.-Ganter-Weg weiter in Richtung Rinken. Die Speisekarte der links unten gelegenen Hinterwaldkopfhütte (Einkehrmöglichkeit) hängt etwas vereinsamt neben dem Weg. Wir folgen jetzt dem mit der blauen Raute markierten Weg geradeaus. Links öffnet

sich jetzt der Blick zum Feldberg und zum Zastlertal, imposant ragt der Hinterwaldkopf vor uns auf.

Wir verlassen den bewaldeten Bereich, und eine ganz neue, eigenartige Atmosphäre empfängt uns, im Sommer unterstützt durch das Geläut der vielen Kuhglocken, das Grün der Weiden, durch die freien Blicke über windausgesetzte Höhenrücken, eine Landschaft, die an die Hochalmen in den Alpen erinnert.

An Wetterfichten und -buchen vorbei geht es geradeaus nach oben. Rechts bietet sich eine herrliche Aussicht zum Kandel, zum Nessellachen und nach Breitnau. Erika blüht am Weg, Silberdisteln wachsen auf der Weide zur Linken.

200 m weiter führt unser Pfad durch einen Weidezaun (blaue Raute) auf die weiten Weideflächen (geradeaus dem Weg folgend, wird der Hinterwaldkopf umgangen). Über die Weidehänge geht es dem Gipfel entgegen. Schon von weitem sind Steinsetzungen zu erkennen: Das Denkmal der Freiburger Turnerschaft von 1844 zur Erinnerung an die Gefallenen der beiden Weltkriege hat leider ein recht heroisches Gepräge.

Dann ist der **Hinterwaldkopf** erreicht (2.10 Std.). Mit 1198 m Höhe stellt er einen Aussichtshöhepunkt dieser Wanderung dar. Kein Berg in der gesamten Region bietet einen so eindrucksvollen Rundblick. Gerade weil der Hinterwaldkopf die höchsten Berge der Umgebung nicht überragt, bilden sie eine so eindrucksvolle Kulisse. Besonders der Feldberg präsentiert sich von hier oben als höchst imposantes Bergmassiv.

Unsere Route führt steil über die Weidehänge bergab weiter nach Westen. Links vor uns liegt die Roteck-hütte, rechts die Höfener Hütte. 500 m weiter verlassen wir wieder die Weidefläche und stoßen auf den Wanderweg am Waldrand, der den Hinterwaldkopf auf dessen Nordostseite umgeht. Diesem folgen wir in den Wald hinein und erreichen am steilen Hang entlang abwärts gehend rasch die **Höfener Hütte** (2.30 Std.). Einem Adlernest gleich schwebt die Hütte am steilen Hang (günstiges und ortstypisches Vesper). Von der Aussichtsterrasse bieten sich herrliche Blicke ins Dreisam- und Höllental und hinüber zum Kandel.

Unmittelbar an der Höfener Hütte verlassen wir den mit der blauen Raute markierten Wanderweg und folgen jetzt dem mit der GR Richtung Oberried und Kasteleck ausgeschilderten Feldweg, der uns Richtung Westen bergauf führt. In 5 Min. haben wir die Höhe erreicht und stehen am hölzernen Wegkreuz des **Häuslebergsattels**.

Unserem GR-Weg (auf den Wanderkarten jetzt gestrichelt) folgen wir in der bisherigen Richtung quer über die Viehweiden nach Westen. An einer Gabelung wenige Meter weiter halten wir uns rechts, folgen also dem oberen Weg mäßig steil bergab. Hier wachsen schöne Silberdisteln und wilder Thymian. Große Felsbrocken bei einzel stehenden Weidbäumen laden zum Rasten ein. Oft sind hier auch Wanderfalken zu sehen, die von ihren Nistplätzen im Höllen- oder Zastlertal hierher zur Jagd kommen. Wenn Sie sich ruhig verhalten und (evtl. mit dem Fernglas) die umliegenden Waldränder beobachten, besteht die Chance, Gämsen, Rehe und Hasen zu beobachten. Die Murmeltiere, die früher einmal im Hinterwaldkopfgebiet heimisch waren, suchen Sie jedoch vergeblich: Sie wurden ausgerottet. Mit den Murmeltieren verschwanden leider auch die Adler, die dadurch ihrer Hauptnahrungsquelle beraubt wurden.

Eine der spektakulären Höllentalbahn-Brücken (Ravenna-Brücke)

Der Weg führt mit schönem Blick zum Schauinsland, zum Toten Mann und zurück zum Feldberg hoch über dem Zastlertal geradeaus auf das heute leider aufgeforstete **Köpfle** (2.45 Std.) zu. Wir verlassen die Weide und gehen geradeaus weiter in einen unschönen, dunklen Fichtenjungwald hinein. Noch vor wenigen Jahren waren hier ebenfalls Weidfelder. Steil geht es über einen einfachen Holzabfuhrweg bergab. Mitten im Wald weist uns ein Pfeil auf einen Wanderpfad nach links. Schon wenige Meter weiter öffnet sich links eine einsam gelegene Bergwiese (Wildbeobachtung).

Nach rechts führt der Weg wieder von der Wiese in den dichten Wald hinein, verläuft ein kurzes Stück eben und dann wieder durch schütteren Mischwald auf dem Bergkamm steil bergab. Der Wald wird dann sehr licht, der Boden felsig. Nach links führt ein Trampelpfad zu einem etwa 10 m entfernten Aussichtsfelsen (Vorsicht! Absturzgefahr!). Beugen Sie sich vorsichtig über die Felskante, unter Ihnen könnten Gämsen stehen.

Es geht weiter steil und teilweise über Ziehwege bergab, hin und wieder öffnet sich der Blick auch in die bäuerliche Landschaft des oberen Weilersbacher Tales. Wir überqueren eine Asphaltstraße, die nach rechts zur Weilersbacher Hütte (nicht bewirtschaftet!), links hinab ins Zastlertal (1 km) führt. Wir überqueren das Sträßchen, gehen geradeaus weiter, bald auch wieder sehr steil bergab und durch struppigen Wald – ideales Dickicht für das hier häufige Rehwild. An einem großen **Funkmast** links erreichen wir den Waldrand (3.15 Std.). Über einen freien Höhenrücken führt der Weg zwischen Zäunen immer weiter bergab. Vor uns liegt das Oberrieder Tal zwischen Weilersbach, Schlempenfeld und Geroldstal.

Weiter steil bergab gehend, erreichen wir eine an einem Waldzipfel gelegene Aussichtsbank am **Kasteleck.** Wie die GR-Markierungen zeigen, trennen sich hier unsere Wege: Links geht es durch ein Waldstück und einer steilen Viehweide entlang zur Neubausiedlung Winterhalterhof; an unserem Weg liegt dabei eine Holzhackschnitzel-Heizanlage, die 38 Gebäude dieser kleinen Ortschaft gleichzeitig mit Wärmeenergie versorgt. Am Ortsrand queren wir den Osterbach und folgen dann nach rechts der nicht sehr stark befahrenen Kreisstraße bis hinein nach **Oberried** (3.30 Std.; Kloster, Bushaltestelle, Restaurants und Gasthöfe).

Weiter Richtung Kirchzarten gehen wir zunächst steil bergab, geradeaus über einen Wiesenpfad und dann in weitem Bogen auf einem einfachen Feldweg nach rechts ins Weilersbachtal hinein, dessen Talstraße wir beim Birkenmaiershof erreichen. Hier wenden wir uns wieder links und folgen dem Sträßchen talaus, das Weilersbächle meist unmittelbar neben uns. Unten schlagen wir einen Rechtslinkshaken und erreichen wenig weiter den **Gasthof Schützen** (3.45 Std.). Daran vorbei geht es weiter Richtung Birkenreute-Kirchzarten. Der Osterbach begleitet uns dabei etwas unterhalb des Weges; am anderen Bachufer befindet sich der Segelflugplatz von Kirchzarten. Vor uns liegt dann der herrschaftliche **Birkenreuter Hof** (4 Std.), den wir auf seiner Rückseite, dem Hang bzw. dem Wald zu, umgehen. Genau hinter dem Hofgebäude steht unter einem Nussbaum ein Wegweiser (»Kirchzarten Bahnhof«), der uns vom breiten Weg auf einen schmalen Pfad weist.

Über einen Trimm-Dich-Pfad und vorbei an einem großen Spiel- und Grillplatz treten wir aus dem Wald heraus. Am Ende des Spielplatzes steht erneut ein GR-Wegweiser. Hier sollten wir uns nicht in die Irre führen lassen: Zum Kirchzartener Bahnhof geht es geradeaus weiter! Auch wenn ein zweites Schild mit gleicher Entfernungsangabe nach links zeigt! Entlang einer Baumreihe führt uns der Weg über Wiesen und Felder dem Ort zu, den wir unmittelbar bei der modernen Evangelischen Kirche erreichen. Zunächst der Schauinsland-, dann der Lindenau- und schließlich der Brodbeckstraße folgend, durchqueren wir – geleitet von der GR – bis zum **Bahnhof Kirchzarten** (ca. 5 Std.) ruhige Wohnviertel der Dreisamtalgemeinde.

Flößer im Südschwarzwald

Von der Aussichtsbank am Kasteleck fällt auf, dass die weite Talebene an ihren Rändern von zwei kleinen Flüssen durchflossen wird: Zu unseren Füßen der Zastlerbach, hier gerne Osterbach (= der Bach auf der Ost-Seite) genannt, und drüben am Fuße der Berghänge, die sich zum Rappeneck hinaufziehen, die Brugga. Das Gelände dazwischen macht dabei den Eindruck, als würde es sich zur Brugga hin neigen. Richtig – und der Osterbach floss früher auch nahe Oberried in die Brugga. Wachsender Holzbedarf der Stadt Freiburg (schon damals gab es Energieengpässe, und stadtnähere Wälder waren längst abgeholzt) führte zu riesigen Holzeinschlägen im Zastlertal: Der Abfluss des Zastlerbaches wurde vermutlich um 1600 herum verriegelt, der Bach in Richtung Birkenreute umgelenkt, ein Floßkanal gebaut – der heutige Osterbach – und über diesen das Holz aus dem Zastlertal über Kirchzarten bis nach Freiburg hinein geflößt! 6000 Festmeter wurden jährlich über Kirchzarten nach Freiburg verfrachtet, 16 Flößer, über 300 Floßknechte und über 100 Frauen waren laut einer Abrechnung aus dem Jahr 1627 am »Kirchzartener Floss« beschäftigt.

Höllental und Himmelreich

Von Hinterzarten auf dem Querweg ins Höllental

Der Querweg Freiburg-Bodensee ist ein Klassiker unter den Wanderwegen im Schwarzwald. Diese Strecke führt durch lichte Bergwälder und zu den Aussichtskanzeln des Höllentales.

DIE WANDERUNG IN KÜRZE

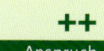

++
Anspruch

5 Std.
Gehzeit

15 km
Länge

Charakter: Mittelschwere Streckenwanderung auf teils schmalen, steinigsteilen Pfaden, teils breiten Wanderwegen. Auf kurzen Strecken Trittsicherheit erforderlich

Markierung: Querweg (rotweiße Raute auf gelbem Grund), ab Pfaffeneck blaue Raute und GR

Ausrüstung: Wanderstöcke für Bergabstrecke, Fernglas zur Wildbeobachtung

Wanderkarten: WHS (Hochschwarzwald), F 505, ADAC Blatt 12

Einkehrmöglichkeiten: Verschiedene in Hinterzarten, an der Strecke Haus Ketterer (Gasthof und Pension), Gasthof Himmelreich am Endpunkt

Anfahrt: Mit der **Höllentalbahn** Freiburg–Hinterzarten–Neustadt DB-Linie 727 (30-Min.-Takt) bis und ab Himmelreich bzw. Hinterzarten. **PKW-Anfahrt** nicht sinnvoll (Streckenwanderung). An den Bahnhöfen sind aber genug Parkmöglichkeiten vorhanden.

Wir verlassen den **Bahnhof Hinterzarten** nach rechts und durchqueren den lebhaften Ort auf der Freiburger Straße. Nach ca. 300 m mündet vor der Bahnunterführung die Alpersbacher Straße ein: Hier finden wir auf einem Wegweiser u. a. auch die rotweiße Raute, der wir auf den nächsten 12 km in westlicher Richtung folgen werden.

Am Rauchhäuschen biegen wir nach rechts von der Straße ab und gehen auf einem schmalen Pfad eine Wiese entlang bergab. Es geht unter den Bahngleisen hindurch und unmittelbar danach hinauf, auf einem kiesigen Pfad den Bahndamm entlang, vorbei am Tennisplatz. Nach der Birklehof-Schule unterqueren wir in einem Fußgängertunnel die Bundesstraße B 31 und haben damit das Ortsende von Hinterzarten erreicht.

Am Rande des Naturschutzgebietes Hirschenmoor führt uns der Weg Richtung Norden und leicht bergab dem **Ravennabach** entgegen, den wir auf einer Brücke überqueren (40 Min.). Nur wenige Schritte vom Wanderweg entfernt steht im Talgrund das **Haus Ketterer,** an dem vorbei ein Weg in die Ravennaschlucht führt (s. Tour 23).

Gegenüber der Brücke geht es einen Zaun entlang sehr steil den Berg

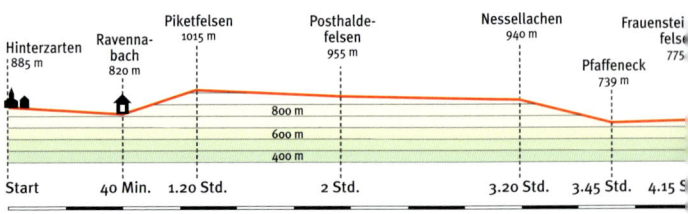

hinauf und dann längere Zeit auf einem engen, steinigen und wurzeligen Pfad durch Fichtenwald. Links unter uns rauscht der Ravennabach in die gleichnamige Schlucht hinab. Der Weg windet sich in Serpentinen bergan, quert einen einfachen bewachsenen Holzabfuhrweg, bis eine Bank unter einer Fichte zu einer ersten Rast einlädt. Durch die Bäume hindurch bietet sich von hier ein

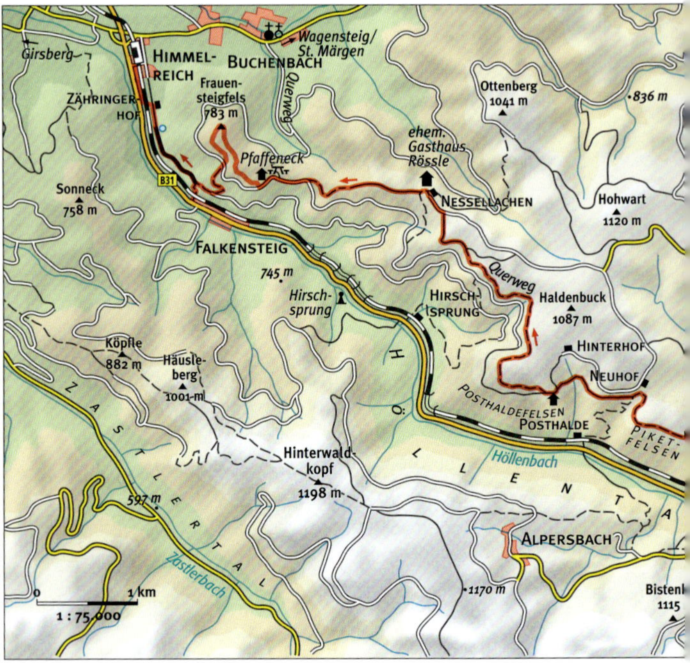

Blick auf die Kirche von Breitnau. Der Weg führt immer noch recht steil bergauf, hält sich jetzt aber auf der Kammlinie der **Kaiserwacht.** An der Stelle, wo es wieder eben wird (1.15 Std.), zweigt ein Trampelpfad – durch den Wald nach links – zu einer nahen Felsnase ab. (Gehen Sie nicht zu weit nach vorn! Absturzgefahr!): Wir stehen unmittelbar über der Ravennaschlucht; in fast majestäti-

ges. Ein Schild weist uns den Weg zur Felskanzel des **Piketfelsens,** der etwa 350 m über dem Höllental liegt und einen beeindruckenden Ausblick bietet (1.20 Std.; Geländersicherung).

Entlang der Kammlinie wandern wir kaum merklich weiter bergab nach Westen und gelangen dabei auf einer Strecke von etwa hundert Metern gefährlich nahe an den nicht gesicherten Steilhang. Vorsicht bei Nässe oder Glätte! Halten Sie sich rechts oder umgehen Sie diese kurze, gefährliche Passage zwischen den Bäumen im Wald.

Der Weg verlässt dann die Kammlinie und zieht sich als Pfad in den dichter bewaldeten Hang hinein. Wir erreichen einen deutlich markierten Abzweig und folgen hier dem Querweg weiter nach Westen. Mal als Pfad, mal als Weg führt uns die Route durch schönen Bergwald, über kurze Strecken auch bergauf. Kleinere Bäche werden übersprungen, größere Wasserläufe auf einfachen Holzbrücken überquert. Tollkirschen (giftig!) wachsen am Weg.

Wir erreichen einen Holzabfuhrweg und nur wenige Meter weiter eine offene Schutzhütte, hinter der sich eine weitere Fels- und Aussichtskanzel mit sicherndem Geländer befindet: Wir stehen auf den **Posthaldefelsen** (2 Std; Grillplatz). Die Aussicht über die Felstrümmerlandschaft in der Tiefe ist besonders eindrucksvoll. Unten brandet der Verkehr auf breiter Straße durch das Höllental.

Nach Westen kreuzt der Wanderpfad den Holzabfuhrweg und zieht sich dann über eine sonnendurchflutete Sturmlichtung wieder in den felsigen Hang hinein. Steinschutthalden werden gequert. Der Charakter des Bergwaldes ändert sich ständig. Im schütteren Wald oder auf Sturmlichtungen

scher Ruhe liegt dort unten das Ravenna-Viadukt der Höllentalbahn. Mitunter halten sich Gämsen in den Felshängen unter uns auf, sie bewegen sich tagsüber jedoch kaum und sind daher nur schwer zu erkennen.

Zurück auf dem Wanderweg, geht es jetzt auf fast ebenem Gelände weiter durch den schütteren Wald. Roter und weißer Fingerhut wachsen im Sommer rechts und links des We-

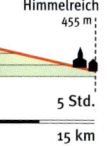

Himmelreich
455 m

5 Std.

15 km

In höheren Lagen leben Gämsen

bieten sich wiederholt Ausblicke ins Tal oder hinüber auf die Berghänge um den Hinterwaldkopf (Tour 21), dann auch zum Schauinsland und sogar hinab in die Breisgauer Bucht. Himbeersträucher und Disteln wachsen am Weg, je nach Jahreszeit sieht man seltene Falter, Spechte klopfen im wilden Bergwald. An vielen der vom Sturm umgeworfenen Baumstämme wachsen auffällige Baumpilze (Feuerschwämme). Der Pfad ist eng und teilweise grobsteinig.

An einer Bank mit freiem Ausblick auf den Schauinsland folgen wir dem Holzabfuhrweg leicht bergauf nach rechts und gelangen nur wenig weiter auf den freien Bergrücken des **Nessellachen.** Nach Norden bietet sich nun ein herrlicher Blick hinüber zum Kandel. Auch bei nicht ganz klarem Wetter ist die weiß leuchtende Kapelle am Lindenberg bei St. Peter zu erkennen.

200 m weit führt uns ein asphaltiertes Sträßchen steil bergab zu dem ehemaligen Gasthof am **Nessellachen** (3.20 Std.). Das früher

vielbesuchte Lokal Rössle ist inzwischen geschlossen. Von hier aus geht es weiter nach Westen, kurz eine Kirschbaum-Allee mit einem Kruzifix entlang und dann auf einem einfachen Holzabfuhrweg steil hinab in den Wald. Kleine Bergwiesen liegen mal rechts, mal links des Weges. Die Markierungen sind hier eher spärlich, doch geht es immer weiter geradeaus steil den Berg hinab. Wieder stoßen wir auf einen breiten, von rechts kommenden Holzabfuhrweg, ein weiterer ist bereits links in Sicht. Wir haben den Bergsattel **Pfaffeneck** erreicht (3.45 Std.). Rechts unter uns im Norden liegt das Wagensteigtal und dort gut sichtbar die Ortschaft Buchenbach. Hier verlassen wir den **Querweg Freiburg-Bodensee**, der rechts hinab durch den Wald ins Wagensteigtal führt.

Gehen wir von der Markierungstafel Pfaffeneck etwa 50 m nach Westen, gelangen wir an einem ebenen Holzlagerplatz erneut an einen großen Holzabfuhrweg. Und noch einmal 20 m weiter steht rechts eine geräumige (offene) **Schutzhütte** mit Grillplatz. Wir setzen unseren Weg fort in Richtung Frauensteigfelsen, einem weiteren Aussichtshöhepunkt des unteren Höllentales. Dazu folgen wir dem Holzabfuhrweg nach Westen (blaue Raute bzw. Hinweis Frauensteigfelsen, später Himmelreich), an der Schutzhütte vorbei.

An einer Gabelung halten wir uns links. Durch den Wald bietet sich ein einmaliger Blick auf den **Hirschsprung** (unter uns im Höllental). Nach 500 m verlassen wir den bergab weiterführenden Wanderweg und folgen einem Pfad, der sich rechts am Hang entlang in den dichten Bergwald hinein zieht (auf Markierung achten!). An der Einmündung eines weiteren Holzabfuhrweges behalten wir unsere Richtung bei und gehen weiter bergauf bis zum **Frauensteigfelsen** (4.15 Std.). Vorsicht – Felsabbruch nicht gesichert! Zwei Ruhebänkchen laden zum Verweilen ein, um die fantastische Aussicht über die Breisgauer Bucht zu genießen: Genau unter uns liegt der Endpunkt unserer Wanderung, der Bahnhof Himmelreich, rechts drüben Buchenbach, der Kandel und die weiße Kapelle Lindenberg, vor uns in der Ebene die Birkenhof-Siedlung von Burg, in der Ferne die Engstelle Freiburger Kluse. Freiburgs Dächer blinken je nach Sonnenstand auf, und links begrenzt der Schauinsland den Horizont.

Wir verlassen den Aussichtspunkt scharf nach links abwärts und halten uns an einer Gabelung weiter an die blaue Raute. Der Pfad führt über grobe Steine bergab, quert Felshalden und Lichtungen. Wir überschreiten schräg/links einen Holzabfuhrweg (blaue Raute gegenüber etwas vom Weg entfernt im Wald) und erreichen kurz darauf den direkten Wanderweg vom Pfaffeneck, dem wir weiter gemäß der blauen Raute scharf nach rechts hinab folgen.

Unter uns, durch den lichten Bergwald gut zu erkennen, führt ein Holzabfuhrweg am Hang entlang, den wir nach 500 m erreichen. Diesem Weg folgen wir bergab zum Waldrand, passieren eine Schranke und ein Wasserreservoir und gelangen ins belebte **Höllental**. Beim Zähringerhof erreichen wir die Bahnlinie und da-hinter die B 31, neben der wir auf einem Gehweg nach rechts zum **Bahnhof Himmelreich** kommen (5 Std.).

Gämsen und Falken

In kaum einem anderen Gebiet des Schwarzwaldes lassen sich mit so hoher Wahrscheinlichkeit Gämsen beobachten wie im Bereich der Kaiserwacht und auf der darauf folgenden Strecke bis über die Posthaldefelsen hinaus. Verhalten Sie sich ruhig, beobachten Sie die Steilhänge unterhalb des Wanderweges; in den Morgen- und Abendstunden wechseln die scheuen Tiere von den Felshängen hinüber zu den Wiesen hinter den Wäldern und queren dabei auch unseren Wanderweg. In den letzten Jahren allerdings wurden die Gämsen zu Waldschädlingen deklariert und folglich eifrig bejagt und damit dezimiert. Die Beobachtungschancen haben sich dadurch leider deutlich verringert.

In den Felsen nisten Wanderfalken. Mit etwas Glück können Sie von den Aussichtskanzeln die unter strengem Naturschutz stehenden eleganten Jäger der Lüfte beobachten. Während der Brutzeit werden die Horste rund um die Uhr bewacht. Dabei bedienen sich die Naturfreunde modernster Technik wie Nachtsichtgeräte und Richtfunkmikrofone: Eier- oder Vogeldiebe sollen keine Chance haben, den Horsten zu nahe zu kommen.

Tour **22**

Tour 23

Hinauf zur Ur-Donau

Durch die Ravennaschlucht nach Oberhöllsteig hinauf und durch das Löffeltal zurück

Die Wanderung führt durch die wild-romantische Ravennaschlucht zum Flussbett der Ur-Donau. Diese wurde während der letzten Eiszeit vom Ravennabach ›angezapft‹ und umgelenkt und rauscht seitdem als Ravenna zu Tale.

DIE WANDERUNG IN KÜRZE

++
Anspruch

3 Std.
Gehzeit

8 km
Länge

Charakter: Mittelschwere Rundwanderung; in der Ravennaschlucht enge, oft rutschige Pfade, gesicherte Brücken und Stege, sonst breite und befestigte Wanderwege

Markierung: Mit verschiedenen Wegzeichen gut markiert, vor allem Heimatpfad Hinterzarten und GR

Wanderkarten: WHS (Hochschwarzwald), Wanderkarte der Gemeinde Hinterzarten, ADAC Blatt 12

Einkehrmöglichkeiten: Am Ausgangspunkt Hofgut Sternen, am oberen Ende der Ravennaschlucht Haus Ketterer, verschiedene in Hinterzarten

Anfahrt: Mit der Bahn: Bis Bahnhof Hinterzarten DB-Linie 727 (die Wanderroute verlängert sich dann um 1 km). **Mit dem PKW:** Über die Bundesstraße 31 bis zum Hofgut Sternen

Der Einstieg in die Wanderroute liegt hinter der ehemaligen Scheune des **Hofguts Sternen** (s. S. 111). Vorbei am Modell eines Sägegatters unterqueren wir auf einem Holzabfuhrsträßchen das Ravenna-Viadukt der Höllentalbahn und folgen dabei dem grünen Punkt bzw. dem Zeichen des Heimatpfades (grünes H auf weißem Grund). Etwa 300 m weiter machen uns Informationstafeln auf die steinernen Widerlager der ehemaligen Eisenbahnbrücke aufmerksam. Jetzt steigt unser Weg rasch an, an einem Stauweiher vorbei geht es in die Schlucht hinein. Der Weg wird zwi-

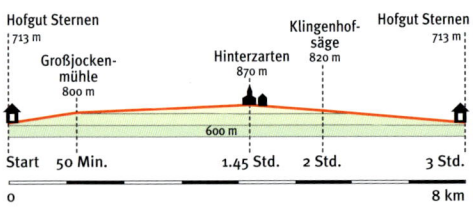

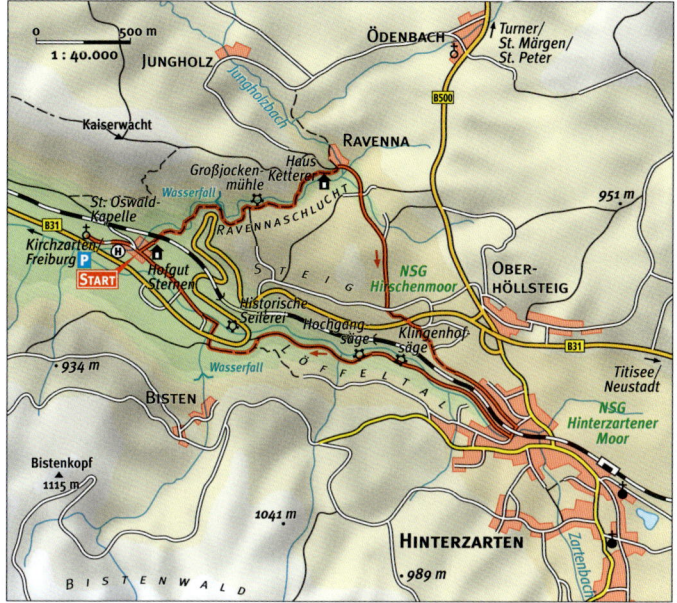

schen Felsen so eingeengt, dass wir auf einem hängenden Steg den Felsen entlang der Schlucht passieren müssen; manchmal sind dort auch Gämsen zu beobachten (ganz oben an der Geländekante verläuft Tour 22).

Immer wieder sind Treppen die einzige Möglichkeit, die Höhenunterschiede zu überwinden. Nach 20 Min. erreichen wir den Ravenna-Wasserfall und queren wiederholt auf Brücken den Ravennabach. Jetzt, auf seiner Ostseite gehend, dringt Verkehrslärm von oben herab: Wir befinden uns direkt unterhalb einer der Haarnadelkurven der B 31. Weitere Querungen des Baches folgen. Nach einem steilen Anstieg erreichen wir die **Großjockenmühle** (50 Min.). Hier machte sich der weit oben in Hinterzarten-Steig liegende Großjockenhof die Wasserkraft in der Schlucht zum Getreidemahlen

zunutze. Vom Schwarzwaldverein restauriert, wird in dieser Mühle während der Sommerzeit an Sonntagen immer wieder die alte Tradition wiederbelebt.

Weiter geht es in der wild-romantischen Schlucht steil bergauf. Die Brücken müssen nach Hochwassern oder Sturmschäden immer wieder erneuert werden. Dann bleiben wir auf der Nordseite des Ravennabaches. Der Wanderweg wird steinig, verläuft aber weniger steil. Unmittelbar vor dem **Haus Ketterer** (1 Std.), Ende des 18. Jh. Standort der ersten Löffelschmiede in diesem Gebiet, weitet sich die Schlucht. Vorbei am Haus Ketterer erreichen wir einen Fahrweg und kurz darauf ein asphaltiertes Sträßchen, das hier Teil des Querwegs Freiburg-Bodensee ist (Tour 22). Diesem Fernwanderweg folgen wir, den Ravennabach auf einer Brücke überquerend, jetzt nach

Die malerisch gelegene St. Oswald-Kapelle in der Nähe des Hofguts Sternen

rechts Richtung Hinterzarten zunächst nochmals steil bergauf. Oben geht es bequem und flach weiter – wir gehen im Talbett der Ur-Donau, bevor diese von der Ravenna angezapft und hinab ins Höllental umgeleitet wurde! Wir gehen vorbei am **Naturschutzgebiet Hirschenmoor,** und kurz nach den ersten Häusern von Hinterzarten unterqueren wir die B 31 in einem Fußgängertunnel. Vorbei an der Birklehof-Schule erreichen wir die Bahnlinie, der wir bis zu einer Unterführung folgen. Hier unterqueren wir die Gleise und wenden uns unmittelbar dahinter scharf nach rechts, Richtung Klingenhofsäge, Waldglashütte, Ravennaschlucht (jetzt wieder auf dem Heimatpfad) und verlassen den Querweg Freiburg–Bodensee. (Wer mit der Bahn angereist ist und als Ausgangspunkt den ca. 500 m entfernten Bahnhof Hinterzarten wählte, kommt über

den Querweg entsprechend Tour 22 bis hierher und folgt dann der weiteren Wegbeschreibung über die Klingenhofsäge bis hinab zum Hofgut Sternen.)

Neben Neubauten gehen wir auf dem Löffeltalweg parallel zur Eisenbahnlinie. Dann führt der Weg steil hinab und trennt sich von den flacher verlaufenden Gleisen. Neben uns rauscht der aus dem Naturschutzgebiet Hinterzartener Moor kommende Löffeltalbach zu Tale, der später zum Rotbach und dann zum Höllenbach wird. Bereits an den ersten älteren Häusern von **Hinterzarten** (1.45 Std.) informieren Tafeln darüber, dass hier bis zum Ende des vorigen Jahrhunderts Löffelschmieden bestanden, womit auch der Name des Tales erklärt ist. Vorbei an ehemaligen Löffelschmieden und an einem Zinnhäusle, in dem früher die eisernen Löffel verzinnt wurden, erreichen wir in einer ebeneren Weg-passage die **Klingenhofsäge** (2 Std.), eine sogenannte Klopfsäge und ein wichtiges Kulturdenkmal (im Sommer an Sonn- und Feiertagen in Betrieb). Ein Stück weiter wurde eine Hochgangsäge wiederaufgebaut. Von den vielen Sägen, die einst an den Schwarzwaldbächen standen, sind nur noch wenige erhalten.

Der Weg führt weiter steil bergab in das immer enger und steiler einge-schnittene Tal. Hoch oben ist die Bahnlinie mit den Tunnelportalen des Löffeltal- und des Finsterrank-Tunnels zu sehen. Von verschiede-nen Wegpartien bieten sich ein-drucksvolle Ausblicke voraus ins tief eingekerbte Höllental. Weitere älte-re Häuser stehen am Weg, vermut-lich wurden auch hier früher Löffel produziert. Bäche rauschen die stei-len Hänge hinab und münden in den Löffeltalbach; an einer Stelle weist uns eine Informationstafel auf einen Quellaustritt am steilen Hang hin und auf die im klaren Quellwasser gedeihen Torfmoose. Achten Sie auch auf die großen, abgerundeten Steinblöcke im Löffeltalbach: Sie sind gletschergeformt und irgend-wann von oben herabgestürzt. Im-mer wieder ist an Erdrutschen zu er-kennen, dass die Erosion noch nicht abgeschlossen ist. Dann weitet sich das Tal, wir erreichen wieder die B 31, die hier in einem weiten Bogen das Löffeltal überquert. Etwa 100 m fol-gen wir der stark befahrenen Straße.

Achten Sie auf einen Bach, der hier von Süden ins Tal herabrauscht und etwas weiter oben gar einen Wasser-fall bildet: Er kommt von Bisten bzw. dem gleichnamigen Tal herab (vgl. Tour 21), das dereinst von einem Hängegletscher geformt wurde. Auch das Bistental wurde wie das Ravennatal gegenüber durch Rück-erosion vom Höllental ›angezapft‹, seine Wasser damit vom Schwarzen Meer zur Nordsee umgeleitet.

Wir unterqueren in einem Fußgän-gertunnel die Bundesstraße, drüben führt unser Weg auf der alten, still-gelegten Höllentalstraße weiter (jen-seits des Baches befindet sich eine **historische Seilerei**). Verschiedene Informationstafeln weisen uns auf die kulturgeschichtliche Bedeutung dieser alten Straße und ihrer Brü-ckenbauwerke hin. Nachdem wir ein weiteres Mal den Löffeltalbach (hier vermutlich schon der Rotbach) über-quert haben, zieht sich nach rechts eine Weide steil hinauf. Dort ist so-gar noch der alte Saumpfad zu er-kennen, auf dem einst das Höllental mit von Pferden oder Maultieren ge-zogenen Fuhrwerken bezwungen wurde. Die Glashütte beim **Hofgut Sternen** ist schon zu sehen und rasch erreicht (3 Std.).

Das Hofgut Sternen

Der Sternen-Komplex beherbergt ne-ben einer Glasbläser-Werkstatt ein großräumiges Andenkengeschäft, in dem sich auch die derzeit größte, (fast haushohe) Kuckucksuhr des Schwarzwaldes von innen besichti-gen lässt. Im traditionellen aus Stein aufgemauerten Hausteil, dem frü-heren Gasthof Sternen, nächtigte u. a. Marie-Antoinette bei ihrer Braut-fahrt von Wien nach Paris im Jahre 1770. Im heutigen, aus Holz erbau-ten Hotelteil, der ehemaligen Scheu-ne mit Stallungen, erhalten Sie auch den Schlüssel zur talab gelegenen St. Oswald-Kapelle (1148), der ältes-ten Pfarrkirche des Hochschwarz-waldes. Der Weg dorthin (ca. 300 m einfache Entfernung) führt an einem wiedererbauten Zollhaus vorbei.

Rund um die Adlerschanze

Wanderung am Schanzenberg zwischen Hinterzarten und Titisee

Aus Hinterzarten stammen gleich zwei Meister im Skifliegen: Georg und
›Feuerkopf‹ Dieter Thoma. Diese Tour führt rund um die Adlerschanze,
an der auch die Olympiasieger Martin Schmitt und Sven Hannawald trai-
nier(t)en. Gleich dahinter warten stille und ursprüngliche Bergwälder.

DIE WANDERUNG IN KÜRZE

+ Anspruch

2.30 Std. Gehzeit

7 km Länge

Charakter: Leichte Rundwanderung auf unterschied-
lich guten Wanderwegen

Markierung: Blauer Punkt,
rotes Diagonalkreuz auf
gelbem Quadrat (rDgQ), GR

Ausrüstung: Fernglas für
evtl. Beobachtung der Ski-
flieger

Wanderkarten: WHS (Hoch-
schwarzwald), Atlasco 210,
Karte der Gde. Hinterzarten,
ADAC Blatt 12 oder 15

Einkehrmöglichkeiten:
Mehrere in Hinterzarten

Anfahrt: Mit der **Höllentalbahn** Freiburg–Hinterzarten–Neustadt DB-Linie 727

(30-Min.-Takt) bis Hinterzarten. **Mit dem PKW:** Über
die B 31 bis Hinterzarten
(Parkplätze am Bahnhof)

**Öffnungszeiten: Ski-
Museum Hinterzarten** im
Hugenhof, 5 Min. abseits
der Wanderroute, Mi 15–
18, Sa, So 12–18 Uhr

Hinweis: Um dem Trubel
während der Skiflug-Wett-
bewerbe zu entgehen,
kann man von Titisee aus
losgehen. Wegführung s.
Tour 20, gegenläufig bis
Bruderhaldenhöhe, von
dort gemäß Wegbeschrei-
bung dieser Wanderung
bis zur Schanze.

Vom **Bahnhof Hinterzarten** gehen
wir wenige Schritte bis an die große
Innerortskreuzung und finden dort
neben dem Querwegzeichen auch
den blauen Punkt. Durch die Adler-
straße und vorbei an der Hinterzar-

tener Kirche, am Parkhotel Adler und
am Friedhof folgen wir dem blauen
Punkt, der Markierung rDgQ oder
dem Texthinweis »Mittlerer Höhenweg Richtung Titisee«. Nach Passieren des Friedhofs gehen wir in Rich-

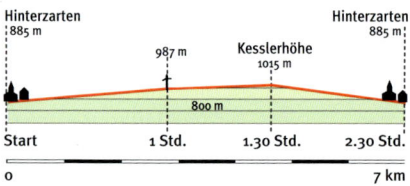

Hinterzarten 885 m — 987 m — Kesslerhöhe 1015 m — Hinterzarten 885 m
800 m
Start — 1 Std. — 1.30 Std. — 2.30 Std.
0 — 7 km

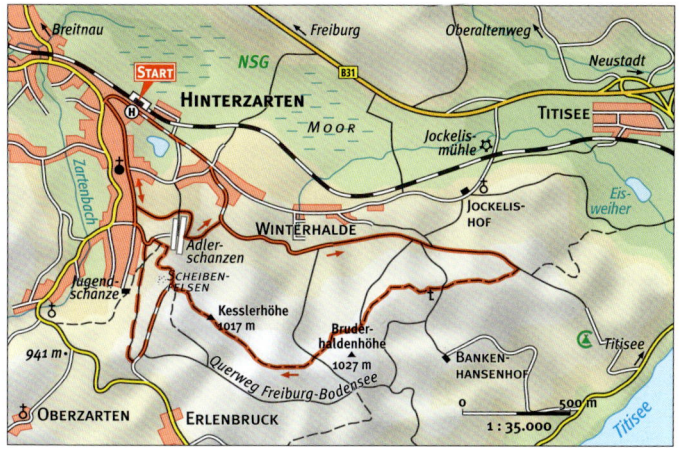

tung Adlerschanze nach links, wenige Meter hinauf zum Auslauf der Sprungschanze, überqueren diesen und gehen drüben halbrechts – dem Trainingspfad folgend – in den Wald hinein. Die Wanderkarte zeigt die Situation deutlich. Achtung, diese Wegführung ist an Wettkampftagen natürlich nicht möglich (s. Infokasten)!

Wir gelangen jetzt auf einen Waldwirtschaftsweg, dem wir leicht bergab folgen. Etwa 150 m weiter mündet dieser Weg in einen weiteren Waldwirtschaftsweg, auf den wir nach rechts abbiegen (30 Min.). Jetzt folgen wir den Zeichen rDgQ zunächst recht steil bergauf. Der Weg verflacht dann aber mehr und mehr. An Verzweigungen finden Sie die eben genannte Markierung. Nach etwa 500 m verlassen wir diesen Wirtschaftsweg, treten auf freies Wiesengelände hinaus und folgen nun den Hang entlang einem hübschen Rainweg, der, gesäumt von Haseln, Eschen und anderen Laubhölzern, die freie Wiesenfläche nach Osten hin überquert. Dabei haben wir einen schönen Blick über das Naturschutzgebiet **Hinterzartener Moor,**

auf die Höfe von Oberaltenweg und bis hinüber nach Breitnau mit seinem auffälligen Windrad.

Dann geht es wieder in den Wald hinein und dort stetig bergauf. Nach 45 Min. verlassen wir den Mittleren Höhenweg und gehen steil und steinig auf einem Wirtschaftsweg, jetzt wieder dem blauen Punkt folgend, zum Oberen Höhenweg hinauf. An einer weiteren Wiese bietet sich wieder ein sehr schöner Blick über das Hinterzartener Moor, zur Jockelismühle und das Oberaltenweg-Tal entlang bis nach Neustadt. Kurz hinter diesem Aussichtsplatz haben wir die Höhe erreicht und können jetzt zur Südseite schauen, zum Bankenhansenhof und den waldreichen Bergen über dem Titisee. Wir gehen jetzt nach rechts in Richtung eines am Waldrand stehenden altertümlich wirkenden **Kreuzes,** wo ein Ruhebänkchen zur Rast einlädt (1 Std.).

Ab jetzt ist der Weg zuverlässig mit dem blauen Punkt markiert und führt hinter dem Kreuz in den Wald hinein, wo es steil bergauf geht. Der Kesslerhöhe zu verflacht der Weg zu einem angenehmen Waldwander weg. Nur etwa 200 m nach dem Kreuz erreichen wir einen Bergsattel. Der Boden ist hier geradezu übersät mit Tannenzapfen, so dass sich vielleicht die klassische Frage nach Tannen- oder Fichtenzapfen stellt. Des Rätsels Lösung ist einfach: Am Boden liegen ausschließlich Fichtenzapfen und am Baum hängen sie – Tannenzapfen dagegen stehen (!) wie Weihnachtskerzen auf den Ästen, sie fallen auch nicht ab, sondern lösen sich Schuppe für Schuppe in ihre Bestandteile auf. Gehen wir also auf dem Fichtenzapfenteppich in unserer Richtung weiter.

Wir befinden uns hier fast auf 1000 m Höhe. Der Weg steigt nach rechts nochmals leicht an, führt dann wieder eben im schönen Wald weiter, vorbei an einem modernen Vermessungspunkt und einer Ruhebank. An Wegverzweigungen weist uns der blaue Punkt die Richtung. Im Zickzack geht es mal durch lichteren, mal dichteren Wald. Dass sich früher hier Wiesen oder Weiden befanden, erkennen Sie an einzelnen »Lesehaufen«, Steinen, die die Waldbauern früher aus dem Kulturland gelesen und aufgehäuft haben.

Einem Höhenrücken folgend, gehen wir durch den Hochwald, der an einer Stelle besonders licht ist und so eine herrliche Aussicht über Erlenbruck und Oberzarten hinweg zum Feldberg ermöglicht. Der Weg wird nun holprig und enger, schließlich erreichen wir die **Kesslerhöhe** (1.30 Std.). Auch hier steht ein Vermessungsstein, und nur wenig weiter bergab ist bereits der Anlaufturm der Adlerschanze durch die Bäume zu sehen.

Wir gehen in Richtung Turm weiter, ein Zaun verhindert den Zutritt zum Gelände. Links herum führt der Pfad steil und steinig im Zickzack hinab und unmittelbar am Anlaufturm vorbei. Am talwärtigen Rand des Platzes liegt – keine 200 m von der Kesslerhöhe entfernt – die mit einem Geländer gesicherte Aussichtskanzel **Scheibenfelsen,** von der aus sich Hinterzarten aus der Vogelperspektive präsentiert.

Hier haben wir die Qual der Wahl: Wenn Sie sich fürs Skifliegen interessieren, sollten Sie den steilen Weg nach Hinterzarten wählen. So haben Sie das Geschehen auf der Schanze stets im Auge. Wollen Sie dagegen dem Trubel lieber entgehen, empfiehlt sich eher der etwas längere, aber bequemere Weg. An ruhigen Tagen ist der steile Weg dramatischer und aussichtsreicher, verläuft aber stets am Rand der Technikwelt der Schanze. Entscheiden wir uns für den bequemen: Ein Pfad zieht sich vom Scheibenfelsen weg mäßig bergab auf einer Stützmauer den steilen Hang entlang. Nach etwa 10 Min. erreichen wir ein Haus und einen nicht asphaltierten Fahrweg und wenden uns hier rechts hinunter. Nach wenigen Metern auf diesem teilweise recht steil bergab führenden Wirtschaftsweg ist links unten im Wald die Jugendschanze zu sehen: Hier trainieren sich die jungen Burschen den erforderlichen Mut an, um später auf der Adlerschanze adlergleiche Flüge zu demonstrieren. Schnell bergab gehend, erreichen wir Asphalt und den Ortsrand an der Stelle, wo der steile Weg von oben in unseren Weg einmündet. Am Friedhof und der Kirche vorbei gehen wir durch den gepflegten Kurort bis zum Ausgangspunkt, dem **Bahnhof Hinterzarten** (2.30 Std.).

Sonnenhänge und Alpenblick

Von Lenzkirch über den Hochfirst und zurück

Auf dem Hochfirst steht einer der spektakulärsten Aussichtstürme des Schwarzwaldes. Kein Wunder, dass gleich vier europäische Fernwanderwege hier zusammentreffen. Über sonnige Hänge mit Alpenblick und durch urige Bergwälder führt die Wanderung dorthin.

DIE WANDERUNG IN KÜRZE

Anspruch +

3 Std.
Gehzeit

9 km
Länge

Charakter: Leichte Rundwanderung auf mäßig guten Wanderwegen

Markierung: Zugangsweg lückenhaft (blaue Raute mit senkrechtem weißen Strich) und GR, Fernwanderwege gut markiert

Wanderkarten: WHS (Hochschwarzwald), F 506, ADAC Blatt 15

Einkehrmöglichkeiten: In Lenzkirch verschiedene, an der Strecke Berggast-

hof Hochfirst (Di ab 17 Uhr, Okt.–Mai Di ganz geschl., Tel. 07651/75 75)

Anfahrt: Mit dem Bus: SBG-Linie 7257 bis Schloss Alt-Urach (7258 nur bis Lenzkirch-Mitte). **Mit dem PKW:** Über die Bundesstraßen 31, 317 und 315 bis Lenzkirch/Freibad (dort großer Parkplatz)

Hinweis: Webcam: www. regiowebcam.de/index. php?id=1875 (Blick auf den Wanderweg)

Vom **Parkplatz Lenzkirch/Freibad** gehen wir (ohne Wegmarkierungen) am Freibad entlang auf schmalem Fußweg in nordwestliche Richtung. Unmittelbar bei der **Schlossruine Alt-Urach** geht es über Treppen zur Straße hinauf. Alt-Urach wurde Anfang des 13. Jh. durch die edel-freien Herren von Urach erbaut; Ende des 15. Jh. wurde es durch Kauf Eigentum des Hauses Fürstenberg, war aber damals wohl schon unbewohnbar. 1972 wurde die Ruine von der Gemeinde Lenzkirch übernommen und renoviert. An der Schlossruine überqueren wir die Bundesstraße 315 und folgen ihr nach links (durch den Ortsteil Mühlingen), vorbei an einem

Andenkengeschäft, bis zur Schloss-Urach-Straße. Hier weist uns die Markierung rechts hinauf und in den Wald hinein. Das Ortsende ist erreicht. Nun leitet uns die blaue Raute nach links; wir gehen auf einem einfachen, kiesigen Holzabfuhrweg bergauf, unterqueren eine Hochspannungsleitung (sie bleibt zwischen den Bäumen dann noch einige Zeit rechts von uns) und folgen dem Weg weiter bergauf. Dann führt unsere Route (markiert), immer noch auf dem kiesigen Holzabfuhrweg, nach rechts in den Wald hinein. Rechts drüben ist zwischen den Bäumen immer wieder ein großes typisch schwarzwälderisches Gehöft zu sehen, der **Hierahof.** Auf dem Holzabfuhrweg geht es weiter bergauf, bis wir eine Anhöhe im Wald erreichen und hier im rechten Winkel nach rechts auf einen Pfad einbiegen. Der Wald ist rasch durchquert, über eine ebene Wiese geht es weiter. Links drüben liegt malerisch die Kirche von Saig. Wir gehen auf einem angenehmen Wiesenweg auf die Häuser von **Hiera** zu (25 Min.).

Im Ort erreichen wir eine kleine quer verlaufende Straße, der wir 4 m nach rechts folgen, um dann wieder auf einem gepflasterten Weg ziemlich steil links hinaufzugehen. Vorbei an einer neuen Wohnanlage erreichen wir einen schmalen Pfad, auf dem wir ein kleines Waldstück durchqueren. Nach einer Wiese kommen wir an einen Feldweg und wandern auf diesem nach links. Kurz darauf (ca. nach 300 m) erreichen wir beim großen Neu-Vitenhof ein Asphaltsträßchen, den Vitenhofweg.

Diesem folgen wir nach links eben am Hang in westliche Richtung. Der Blick reicht über weite Wiesen- und Waldhänge, über Saig im Vordergrund und den Ort Berg jenseits des Haslachtales bis hinüber zum Feldberg mit dem markanten Fernsehturm (auf dem Seebuck), bei klarem Wetter sind die Alpen zu sehen. An einem Wasserhochbehälter stehen zwei Bänkchen, die zum Verweilen einladen.

Am **ehemaligen Vitenhof** erreichen wir eine Kreuzung (1 Std.): An einem Holzkreuz gehen wir jetzt halbrechts hinauf, queren wenig weiter ein Sträßchen und gelangen drüben auf einen Pfad, der durch Wald weiter nach Westen führt. Rasch ist das Verbindungssträßchen zwischen Saig und Neustadt erreicht. Hier gehen wir rechts und erreichen wenig weiter an einem Bergsattel, **Saiger Höhe/Luchs,** zwischen Ferienhäusern eine **Kreuzung,** an der sich verschiedene Höhen-, Fern- und andere Wanderwege treffen: Unser Zugangsweg endet hier (1.15 Std.).

Wir gehen jetzt rechts zwischen hochstämmigen Fichten hinauf und folgen u. a. dem Querweg (rotweiße Raute auf gelbem Grund). Der stark ausgetretene Kiesweg wird nach 500 m eben und deutlich angenehmer. Dies bleibt nicht lange so, denn nach weiteren 200 m geht es steil nach rechts hinauf (Markierung etwas verdeckt), teilweise auf sehr schlechtem Weg, der jedoch nach weiteren 300 m am Startplatz der »Wälder Drachenflieger« wieder wesentlich angenehmer und ebener verläuft. Nun bietet sich erstmals ein überwältigender Ausblick nach rechts über den tief unten liegenden Titisee und zum Feldberg hinüber. Rechts ist gerade noch Breitnau zu sehen, schön ist auch die Einkerbung des Höllentales zu erkennen. 200 m nach dem Startplatzgelände erreichen wir eine Verzweigung, wo wir im spitzen Winkel links hinauf auf einem kiesigen Weg weitergehen.

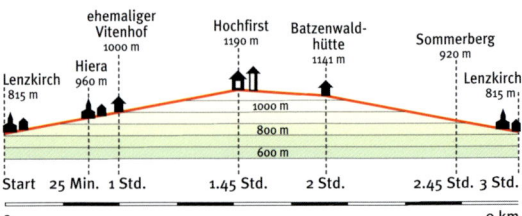

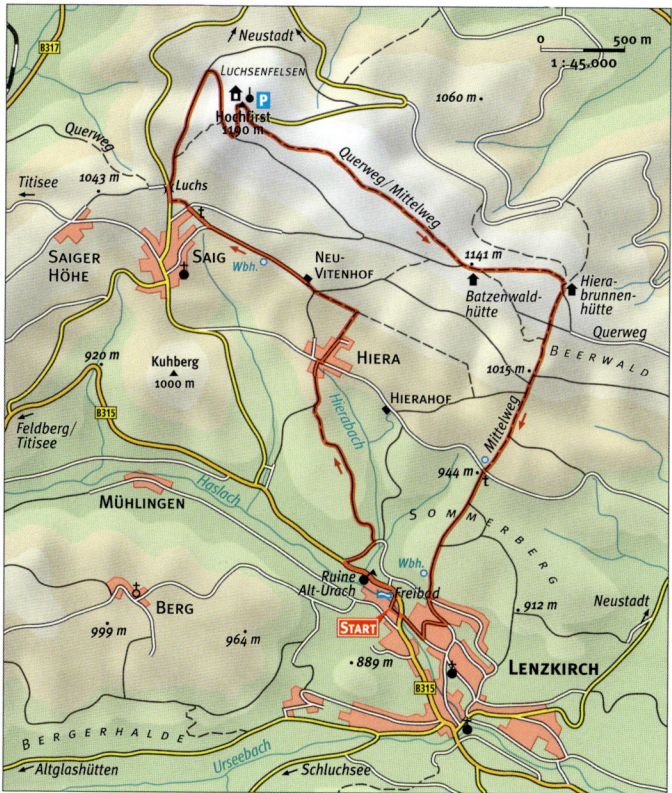

Links im Wald liegt dann die Startrampe, und schließlich ist der **Hochfirst** erreicht (1.45 Std.). Viele Bänke laden zur Rast ein, und der gleichnamige Berggasthof bietet eine gute Auswahl an lokaltypischen Gerichten.

Die Besteigung des reichlich mit Antennen bestückten Turmes sollte man sich nicht entgehen lassen! Der Ausblick aus 1200 m Höhe reicht bei klarem Wetter von den Alpen im Süden bis zum Brandenkopf im Norden, von den Bergen bei Zabern (Frankreich!) im Nordwesten bis zum Randen und den Hegau-Vulkanbergen im Osten und Südosten, von all den Tälern und Bergen in näherer Umgebung gar nicht zu reden. Besonders eindrucksvoll: Der Blick zum Titisee und zum Einschnitt des Höllentales (Touren 20, 22 und 23).

Ab jetzt geht es nur noch bergab. Den Markierungen der wichtigsten europäischen Fernwanderwege folgend, verlassen wir den Turm in östliche Richtung (u. a. Main-Neckar-Rhein-Weg). Zwischen hochstämmigen Fichten führt der stark ausgetretene Weg geradeaus und überwiegend leicht bergab. Noch immer sind hier die Wälder von den Schäden des Wintersturms Lothar (1999) deutlich gezeichnet: Nach Süden bietet sich eine hervorragende Aus-

Blick vom Hochfirst auf den Titisee

sicht. Auffällig sind viele alte massige Grenzsteine aus rötlichem Granit: Unser Weg verläuft entlang einer alten Grenzlinie. Rasch haben wir auf dem Kamm einen weiteren Aussichtspunkt erreicht, die **Batzenwaldhütte** (2 Std.; keine Einkehrmöglichkeit). Sie liegt nur 30 m abseits vom Wanderweg und bietet über das Haslachtal hinweg einen schönen Blick zum Schwarzwälder Höchsten, dem Feldberg.

Weiter unseren Fernwanderwegen folgend (inzwischen ist noch der Deutsche Uhrenwanderweg hinzugekommen), gehen wir durch hochstämmigen Wald immer weiter nach Osten. Allmählich wendet sich der Weg in südliche Richtung, um schon 200 m weiter in rechtem Winkel abzuknicken. An der Hürenbrunnen- oder **Hierabrunnen-Hütte** links im Wald (2.15 Std.) verzweigt sich der

Weg: Hier verlassen wir den Querweg und folgen dem Mittelweg (rote Raute mit senkrechtem weißen Strich bis Lenzkirch) geradeaus weiter.

Nach 100 m erreichen wir, immer südwärts gehend, einen aufgelockerten Waldrand, der durch einen großflächigen Holzschlag entstanden ist. Hier gehen wir geradeaus, überqueren einen einfachen Holzabfuhrweg und folgen dann dem Wanderpfad geradeaus in den Wald hinein (gehen also nicht auf dem Weg halbrechts hinab). Der hochstämmige Fichtenwald ist hier am Südhang von Unterholz durchsetzt. Das Gewann nennt sich **Beerwald,** weil hier im Sommer Heidelbeeren in großen Mengen gedeihen. Dreimal noch überqueren wir Holzabfuhrwege, unser Pfad führt stetig im Wald bergab. Rechts öffnet sich dann eine Wiese, die sich sanft den Hang entlang hinüber zum schon vom Hinweg bekannten malerischen Hierahof hinzieht. Ein kurzes Wegstück geht es bei einem Wasserhochbehälter am Waldrand entlang bergab. Bei einem hohen Longinuskreuz mit einer davorstehenden Betbank überqueren wir erneut ein Sträßchen. Immer weiter und teilweise steiler bergab führt der Weg wieder in den Wald hinein. Eben bis leicht bergauf erreichen wir dann im Wald den **Sommerberg** (2.40 Std.), den Lenzkircher Hausberg. Diesen geht es jetzt, vorbei an einem weiteren Wasserbehälter, sehr steil hinab auf die ersten Häuser von Lenzkirch zu, wo wir auf eine quer verlaufende Straße treffen. Wir queren diese, gehen auf dem Schloss-Schachen-Weg steil hinab, biegen dann scharf rechts in den Lärchen-Weg ein (und verlassen dabei den Mittelweg), folgen diesem erneut steil links hinab, um unten eine breitere Querstraße (Alfred-Hummel-Str.) zu erreichen, auf der wir rechts weitergehen bis zum **Parkplatz** bzw. zur Bushaltestelle »Freibad« in **Lenzkirch** (3 Std.) "

Fernwanderwege des Schwarzwaldvereins

Die rote Raute steht geradezu als Symbol für das Wandern im Schwarzwald, obwohl sie im Prinzip nur das Wegzeichen für einen der beliebtesten Fernwanderwege in Mitteleuropa ist: der **Westweg.** Er führt von Pforzheim über 275 km bis Basel und durchquert dabei die schönsten Regionen im westlichen Schwarzwald. Ebenfalls in Nordsüd-Richtung verlaufen weitere Höhenwege, Mittel- und Ostweg sowie der **Kandelhöhenweg.** Alle sind mit individuellen rotfarbenen Rauten markiert.

Von den westöstlich verlaufenden Querwegen treffen wir in unserem Wandergebiet vor allem auf den **Querweg Freiburg–Bodensee** und den **Querweg Lahr–Rottweil.** Beide sind mit senkrecht geteilten zweifarbigen Rauten markiert, weißrot und rotblau auf gelbem Grund.

Dieses Raster aus Höhen- und Querwegen wird ergänzt durch Zugangs- und Verbindungswege, die mit blauen Rauten markiert sind: Zugangswege zum Westweg mit gefüllter blauer Raute, Verbindungswege zwischen den Höhenwegen mit blauer Raute und senkrechtem weißen Balken.

Wiederholt treffen wir auch auf den **Dreiländerweg** (Sentier des trois pays), ein Fernwanderweg, der in der Regio Frankreich, Deutschland und die Schweiz in einem weiten Bogen miteinander verbindet. Er verläuft vom Kaiserstuhl über Freiburg zu Schauinsland und Feldberg und erreicht über St. Blasien und Waldshut die Schweiz. Sein Symbol ist ein rotes D auf weißem Grund.

Noch internationaler gibt sich der **Europäische Fernwanderweg E 1:** Von der Nordsee führt er über den Schwarzwald zum Bodensee, dann über den Gotthard zum Mittelmeer. In unserem Wandergebiet folgt er von Norden dem Westweg bis zum Feldberg, um dann über Titisee und Hochfirst dem Querweg Freiburg–Bodensee bis zum ›Schwäbischen Meer‹ zu folgen.

Recht bescheiden hingegen ist der **Wanderweg Baden-Württemberg–Main-Neckar-Rhein.** Ein grünes Baumsymbol zeigt, welche Wanderidee die Streckenführung dieses Fernwanderweges beseelt: Er führt sehr häufig durch Wald. Den Mittelweg verbindet er über Hochfirst–Titisee mit dem Westweg.

Durch die Wutachschlucht

Durch eines der bedeutendsten deutschen Naturreservate

Die Wutachschlucht zählt unter geologischen und botanischen Aspekten zu den interessantesten Wandergebieten im Südwesten Deutschlands. Sie auf dem Querweg Freiburg–Bodensee zu durchwandern, gehört zu den Highlights eines Schwarzwald-Aufenthaltes.

DIE WANDERUNG IN KÜRZE

++
Anspruch

6 Std.
Gehzeit

20 km
Länge

Charakter: Rundwanderung auf mäßig guten Wanderwegen. Bei Nässe sind Teilstrecken sehr rutschig. Der Weg sollte erst ab 1. Mai begangen werden, da er nach den Frühjahrshochwassern wieder instandgesetzt werden muss. Daher u. U. geänderte Wegführung .

Markierung: Zugangswege (blaue Raute mit senkrechtem weißen Strich) und Schluchtweg (Querweg Freiburg–Bodensee); am Rückweg auch GR

Ausrüstung: Grundproviant und bei heißem Wetter Getränkevorrat

Wanderkarten: LVA/SWV 9, F 509, Atlasco 224, WKW (Klettgau Wutachschlucht), ADAC Blatt 18

Einkehrmöglichkeiten: In Bachheim, an der Strecke Gasthaus Schattenmühle (nach Brand 2007 neu erbaut, auch Zimmer), Kiosk an der Wutachmühle

Anfahrt: Mit dem PKW: Über die B 31 bis Löffingen bzw. Döggingen, dann über Unadingen bis Bachheim; 1 km südlich des Ortes großer Wanderparkplatz. Bei Anfahrt mit dem **Bus** sollte die Tour von der Südseite aus organisiert werden, z. B. von der Wutachmühle bis zur Lotenbachklamm; hier existieren gute Verbindungen mit SBG-Bus-Linien (7258, 7260, 7344) und Wanderbussen (s. S. 124, Wendepunkt).

Hinweise: Weitere **Auskünfte** in der Tourist-Information Bonndorf, Tel. 07703/76 07. Der Weg durch die Wutachschlucht ist jetzt Teil des europaweit beworbenen **Schluchtensteiges.**

Vom **Wanderparkplatz Bachheim** folgen wir der blauen Raute mit weißem Strich bzw. dem Hinweis »Wutachschlucht«. Der Weg führt bald steil bergab in den Wald hinein und zieht sich ein Kerbtal entlang hinab Richtung Wutach. Nach 20 Min. erreichen wir bei einer Tafel und Bank den Querweg Freiburg–Bodensee, dem wir nach rechts folgen. Die Wu-

Die Lotenbachklamm in der Wutachschlucht

tach ist unter uns bereits in Sichtweite. Wir befinden uns hier im Versickerungsbereich der Wutach, weshalb der Fluss fast immer wenig Wasser führt. Der Weg wird rasch zum Pfad, verläuft jetzt nur noch wenige Meter oberhalb des Flusses und wird zunehmend grobsteinig. Schon wenig weiter ist links der Rümmelesteg zu sehen, auf den wir jetzt zugehen. Gegenüber steigt die Kalkwand der Schlucht auf. Dann sind wir am neuen hochwassersicheren **Rümmelesteg** (35 Min.; malerische Reste der alten Brückenteile von 1904 sind flussabwärts noch zu sehen).

Wir befinden uns hier im Zentrum der Versickerung und könnten den Fluss außer in Hochwasserzeiten oft trockenen Fußes durchqueren.

Am anderen Ufer steigt der Weg rasch in die Felsen hinein: Die Schlucht ist zu eng, um Fluss und Weg Platz bieten zu können. Nach einem der Präsidenten des Schwarzwaldvereins, der kurz nach der Jahrhundertwende den Weg hier in die Felsen hauen ließ, heißt der Pfad Ludwig-Neumann-Weg. Stahlseile sichern die Wegkante. Von oben ist sehr schön zu sehen, wie die Wasser der Wutach in regelrechten Strudeln in den Kalkklüften verschwinden. Wir erreichen den Rastplatz **Schurhammerhütte** (1.15 Std.).

Unser Wanderweg zieht sich mal höher mal tiefer oberhalb der Wutach entlang. Üppige Vegetation gedeiht in der feuchten und geschützten Tallage. Im Sommer fällt vor allem die Pestwurz mit ihren riesigen, rhabarberähnlichen Blättern auf. Dem Kenner erschließt sich eine ganze Fülle anderer, seltener Pflanzen. Der Tierfreund kann sich an der lebhaften Vogelwelt erfreuen. Fast weiße Grobkiesbänke (Kalkstein!) hellen an vielen Stellen neben der glitzernden Wasserfläche das geheimnisvolle Grün etwas auf.

Nun weitet sich die Schlucht, von links rauscht der Tannegger Bach über die Felsen herab. Auf einer einfachen Brücke wird ein Altwasser überquert. Wir gelangen an eine Al-

lee aus Linden, Eschen, Ulmen und Kastanien, die uns bis zum ehemaligen Kurgelände Bad Boll führt, zum **Badhof** (2 Std.). Spärliche Ruinen und eine Kapelle liegen kaum 5 Min. weiter links des Weges im ehemaligen Kurpark: Um die Wende vom 18. zum 19. Jh. existierte hier ein lebhafter Kurbetrieb. Besonders Gäste aus England besuchten die heilkräftige Schwefelquelle. Ein kürzlich errichteter kleiner Info-Pavillon (Unterstehmöglichkeit), der in der urigen Schluchtumgebung etwas deplaziert wirkt, informiert über die Geschichte des verlassenen Kurortes.

Hier am Pavillon verzweigt sich der Weg: Rechts geht es über eine Brücke über den Fluss und hinauf nach Reiselfingen; wir halten uns gerade-

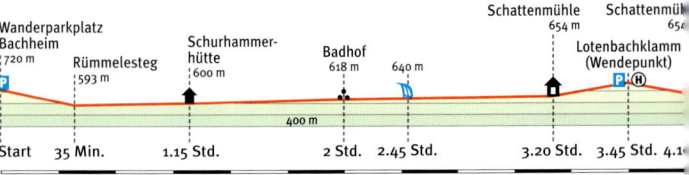

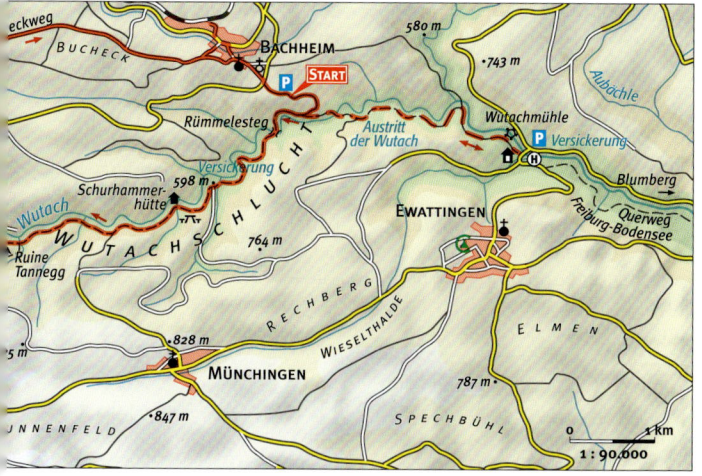

aus und erreichen wenige Meter weiter ein kleines asphaltiertes Sträßchen, dem wir bergauf in den Fichtenwald hinein folgen. Wir bleiben dabei auf dem Querweg Freiburg–Bodensee.

Nach etwas mehr als 500 m verlassen wir das Sträßchen und folgen der Markierung rechts hinab in den Wald. Wenige Meter weiter ragen steile Felsen zur Rechten auf. (Halten Sie hier eventuell mitwandernde Kinder rechtzeitig von Kletterexperimenten ab.) Steil führt der Weg über Stufen hinab ans Ufer der Wutach. Nach einem halben Kilometer erreichen wir erneut einen Holzabfuhrweg, dem wir nach rechts folgen, um dann auf der Dietfurter Brücke die Wutach zu queren.

Unmittelbar hinter der Brücke zieht sich der Weg jetzt am sonnigen Nordhang links hinauf. Kreuze markieren den Beginn eines Stationenweges, der sich bis hinauf nach Reiselfingen zieht (s. Rückweg). Wir passieren einen hübschen kleinen **Wasserfall** (2.45 Std.), und kurz danach zweigt der Weg hinauf nach Reiselfingen ab; wir gehen geradeaus weiter.

Der Weg senkt sich nun wieder zur Wutach hin ab. 500 m weiter erreichen wir die Ruinen von **Ober-Dietfurt,** das ehemalige Gasthaus zur Krone, Säge und Gipsmühle, mit den Mauerresten der hochgestellten Brücke über die Wutach, die bis 1873 die einzige Verbindung zwischen dem Löffinger und Bonndorfer Gebiet darstellte. Nach dem Bau der Brücken

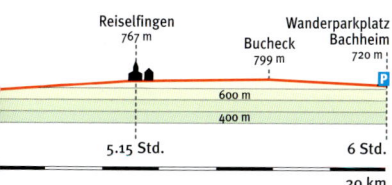

bei der Wutachmühle (flussabwärts) und der bei der Schattenmühle (flussaufwärts, s. u.) zerfiel die Dietfurter Brücke rasch. 200 m folgen wir dem alten Sträßchen, verlassen es aber bei der ersten Spitzkehre, wo wir steil links hinab in die Schelmenhalde hineingehen.

Wir passieren erneut einen Quellhang, an dem das Wasser aus den Felsen sprudelt. Der hohe Mineralgehalt hat hier richtige Sinterterrassen entstehen lassen. Der Weg wird jetzt schlechter, das Gelände zeigt deutlich, wie jung dieses Gebiet unter geologischen Aspekten ist: Noch immer gräbt sich die Wutach tiefer und tiefer in den kalkigen Boden ein.

Über eine hübsche Wiese, an deren Ende wir uns rechts halten, erreichen wir eine kleine Schlucht, durch die sich unser Pfad zwängt und dabei eine Wutach-Schlaufe abkürzt. Steinig geht es dann direkt am Fluss entlang weiter. Bald wird jedoch das Rauschen der Wutach vom Lärm der Fahrzeuge übertönt, die jetzt nur wenige Meter unterhalb unseres Pfades auf der Straße hinab zur Schattenmühle fahren. Wir überqueren einen Mühlbach und erreichen schließlich das **Gasthaus Schattenmühle** (3.20 Std.).

Von hier aus gehen wir weiter, queren sowohl die Landstraße (L 170) als auch die Wutach auf der Brücke und erreichen unmittelbar darauf einen Wanderparkplatz mit Infostand und Wanderbus-Haltestelle (Achtung! Der Querweg Freiburg–Bodensee bleibt am anderen Flussufer!). An seinem Ende halten wir uns links und gehen – jetzt der blauen Raute mit senkrechtem weißen Strich folgend – auf einem schönen Wanderweg ins Tal hinein: Wir befinden uns am Eingang der **Lotenbachklamm.**

Rasch wird der Weg steil, der Bach rauscht über Felsblöcke zu Tal, das Gelände nimmt dramatische Gestalt an, mit Wasserfällen, tiefen Gumpen und riesigen umgestürzten Fichtenstämmen im Bannwald. Einfache Treppen und Leitern führen zwischen Felsen und großen Steinblöcken hinauf. Im klaren Wasser des fast immer nahen Baches tummeln sich Forellen. Wir haben den Kalkbereich verlassen und befinden uns nun im Buntsandsteinbereich, was sich auch in einem ganz anderen Bewuchs zeigt.

Schon nach 30 Min. ist die eigentliche Klamm überwunden, der Wanderweg verflacht. Hier ist unser **Wendepunkt** erreicht: Wir kehren um (3.45 Std.; von hier bis oben zur Bundesstraße 315 und der Bushaltestelle der SBG-Linie 7258 sind es nur 10 Min.).

Zurück geht es zunächst wieder hinab zur Schattenmühle, dann die Wutach entlang, jetzt flussabwärts, vorbei an den Ruinen von Ober-Dietfurt bis zum **Stationenweg** (4.45 Std.). Dort folgen wir den vor kurzem erneuerten Stationen auf romantischem Weg bergauf! Auf der Höhe gehen wir auf einem asphaltierten Feldsträßchen in den geruhsamen Ort **Reiselfingen** (5.15 Std.) hinein und folgen dann bergauf gehend den Hinweisen »Bachheim«. Der gesamte Rückweg folgt dem asphaltierten Bucheckweg. Vom freien Höhenrücken des Bucheckes genießen wir einen schönen Blick über den gesamten Schluchtverlauf der Wutach. Bachheim erreichen wir beim Rathaus. Zurück zum **Wanderparkplatz Bachheim** halten wir uns rechts, den Wegmarkierungen folgend (6 Std.).

Über den Kaiserstuhl

Von Endingen über Katharinenberg und Totenkopf nach Ihringen
Sonneninsel, Wärmeinsel, deutscher Hitzepol: So lauten die Attribute für das vulkanisch geprägte Weinbaugebiet am Kaiserstuhl. Durch Weinberge und Wald über die Höhenrücken der Naturschutzgebiete Badberg geht es nach Ihringen.

DIE WANDERUNG IN KÜRZE

+
Anspruch

Charakter: Streckenwanderung auf überwiegend breiten Wanderwegen. Bei Hitze nicht zu empfehlen

5 Std.
Gehzeit

Markierung: Klassischer Nord-Süd-Weg (blaue Raute auf gelbem Grund)

Ausrüstung: Getränke

16 km
Länge

Wanderkarten: LVA/SWV 6, F 505, Atlasco 240, Seeger 8220 (Kaiserstuhl), ADAC Blatt 9

Einkehrmöglichkeiten: Viele in Endingen und Ihringen, an der Strecke nur am Lenzenberg (Mi u. Do geschl.), Kiosk am Katharinenberg (nur an Sonn- und Feiertagen April, Mai, Sept., Okt. geöffnet)

Anfahrt: Mit **Bahn** oder **Bus** nach Endingen; ab Ihringen mit Bahn oder Bus. Fahrplanauskunft beim RVF. Tel. 01805/77 99 66 (0,12 €/Min.)

Hinweis: Webcam s. www. regiowebcam.de (Kaiserstuhl)

Vom **Bahnhof** in **Endingen** gehen wir durch die Üsenberger Straße und das St. Jakobs-Gäßli der Markierung folgend nach Süden (ca. 50 m links der Üsenberger Hof mit Verkehrsverein und sehenswertem Vorderösterreich-Museum). Die Wegzeichen finden sich oft an Dachrinnen, Verkehrsschildern oder Laternenmasten. Wir überqueren die Endinger Hauptstraße (rechts das Königsschaffhausener Tor), den Marktplatz mit seinem eindrucksvollen Ensemble aus Bürger- und Amtshäusern, gehen an der Kirche St. Martin vorbei über den Lindenplatz und weiter auf dem Freiburger Weg Richtung Sportplatz.

Am Rand des alten Ortskerns finden wir vor einer kleinen Kapelle einen großen Plan mit dem Wegverlauf des Kaiserstuhl-Nord-Süd-Weges. Gegenüber der Stadthalle biegen wir nach rechts in die Marienstraße ein. Hier steht ein Brunnen, dessen Wasser jedoch nicht trinkbar ist. Durch Neubaugebiete, vorbei an einem Tennisplatz und einer Minigolf-Anlage erreichen wir das Endinger Freibad, folgen hier einer Rosskastanien-Allee (Gus-Zimmermann-Allee), die hinter den alten Sportplätzen in Südrichtung genau auf den immer wieder erkennbaren Katharinenberg zuführt. Bevor die Allee endet, passieren wir einen kleinen **Brunnen** mit Marienbild, wo Sie bei Bedarf Ihre Wasserflasche füllen können (20 Min.).

Rasch ist der Waldrand erreicht, und nun wird es ernst, schließlich besteigen wir ja einen (ehemaligen) Vulkan! In Serpentinen führt der schmale Wanderweg steil nach oben, mündet dann in einen Holzabfuhrweg. Die **Katharinen-Kapelle** leuchtet bereits durch die Bäume herab und ist schnell erreicht (1.15 Std.).

Katharina ist eine in dieser Region häufig gewählte Schutzpatronin. Die Kapelle hier auf dem Endinger Hausberg wird erstmals im 14. Jh. genannt. Sie steht auf den Gemarkungsgrenzen von Endingen, Balingen und Schelingen. Jährlich am Pfingstmontag findet von Endingen herauf eine Flurprozession statt, eine weitere im November.

Ein kurzes Stück gehen wir von der Kapelle aus den Hinweg steil nach Süden hinab, dann den Wegzeichen folgend nicht auf dem Holzabfuhrweg, sondern auf einem Wanderweg weiter und noch immer steil durch den lichten Buchenwald bergab. Der Weg wendet sich mehr und mehr nach Osten und wird flacher. An einer gut markierten Abzweigung gehen wir weiter geradeaus. Der eigentliche Wanderweg bleibt im Wald (hier viele und auch teilweise sehr schön bearbeitete Grenzsteine). Sollten Sie jedoch Ausblicke und Sonne oder beides schätzen, können Sie auch nach rechts aus dem Wald heraus-

gehen und dann immer dem Waldrand folgen; auch hier findet sich ein Weg, der in unsere Richtung weiterführt. Sie sollten nur den Waldrand nicht hinab ins Tal verlassen. Ob wir im Schatten oder in der Sonne gehen, nach flachen und angenehmen Wegpassagen erreichen wir (über die Schönebene wieder nach Süden gehend) einen großen Wanderparkplatz, die **Schelinger Höhe** (1.45 Std.). An diesem Pass überwindet die Landstraße von Schelingen nach Bahlingen den Kaiserstuhl. Wir überqueren die Straße und folgen den Wegzeichen auf angenehmem Wanderweg leicht bergauf.

Ein Stück Weges geht es fast eben durch Wald, dann treten wir auf Wiesengelände hinaus: Weithin dehnen sich jetzt die vulkanisch geprägten Höhenrücken des westlichen Kaiserstuhls vor uns aus. Die Aussicht reicht im Westen bis zu den Vogesen, malerisch liegen die Gemeinden des inneren Kaiserstuhls, Ortsteile von Schelingen, Oberbergen und Vogtsburg unten in den Tälern. Mal leicht bergab, dann wieder sachte bergauf überqueren wir weite Wiesenflächen: Wir befinden uns hier am Rand des **Naturschutzgebietes Badberg-Haselschacher Buck** und später Badberg-Eichelspitze. Ein annähernd mediterranes Klima hat hier Pflanzengesellschaften entstehen lassen (Trockenrasen-Biotop), die teilweise aus dem Mittelmeerraum stammen. Besonders bekannt sind

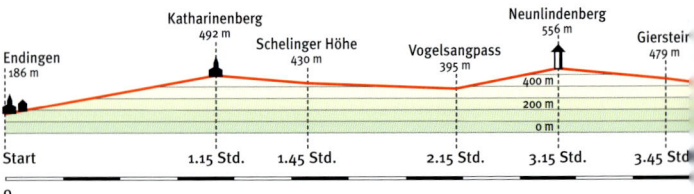

die Küchenschelle und die Kaiser-
stuhlanemone. Je nach Jahreszeit
blühen in den Magerwiesen Orchideen und eine Fülle anderer eher
seltener Blumen. Bitte auf keinen
Fall Blumen oder andere Pflanzen
pflücken (streng verboten!).

Weiter geht es über lange Strecken
am Waldrand entlang; immer wieder
stehen dort interessante Grenzsteine, darunter auch sogenannte Dreimärker. Ausblicke öffnen sich nur
nach Westen. Andere Wegeklassiker
wie der Dreiländerweg oder der
Querweg Schwarzwald–Kaiserstuhl–
Rhein verlaufen eine Weile mit unserem Nord-Süd-Weg und verlassen
ihn später wieder. Dann öffnet sich
bei der Eichelspitze der Blick auch
weit nach Süden. Wir gehen hinab,
an Obstbaumwiesen und Rebbergen
vorbei und erreichen den **Vogel-
sangpass** an der stark befahrenen
Landstraße Vogtsburg-Bötzingen
(2.15 Std.).

Vom dortigen Wanderparkplatz gehen wir an der Schautafel vorbei
durch die Rebberge hindurch den
Markierungen folgend nach Süden
weiter. Jetzt bieten sich hervorragende Ausblicke nach Osten, über
Bötzingen hinweg Richtung Gotten-
heim und Tuniberg bis Freiburg vor
der Kulisse der Schwarzwaldberge.
Wir folgen einem begrasten Lössweg
um eine Böschungskante der Rebberge herum und erreichen am
Waldrand eine Weggabelung: Wir
nehmen den mittleren, steil bergauf

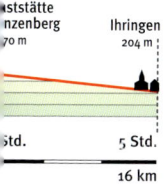

in den Laubwald hineinführenden
Weg (Neunlinden). Im Frühling blühen hier Maiglöckchen in großer
Zahl. Nach kurzem, steilem Anstieg
geht es auf einem Kammweg fast
eben weiter, der dichte Bewuchs verhindert jedoch Ausblicke. Wie graue
Elefantenbeine stehen mächtige Buchen im Wald. Die Kammlinie, der
wir weiter folgen, ist eine alte Grenzlinie, wie die vielen Grenzsteine be-
legen, allerdings nicht ganz so schön
bearbeitete wie drüben bei der
Schelinger Höhe. Einmal ist deutlich
die Jahreszahl 1667 zu erkennen,
dann 1773. Steil geht es den ehemaligen Vulkan hinauf. Sturmschä-

Landschaft am Kaiserstuhl

den schlugen im März 1997 Schneisen in den Wald und ermöglichen so Ausblicke nach Westen. Nach einem Anstieg von ca. 150 Höhenmetern haben wir den **Neunlindenberg** erklommen (3.15 Std.), der zusammen mit dem Totenkopf einen Doppelgipfel bildet. Während auf letzterem ein moderner Fernsehmast steht, erhebt sich auf Neunlinden ein Aussichtsturm: Um 1900 vom Schwarzwaldverein errichtet, eröffnet seine Plattform eine spektakuläre Aussicht nach allen Seiten, vor allem nach Süden: Die Kämme des Schwarzwalds im Osten und der Vogesen im Westen verschwinden im Dunst der endlos scheinenden Rheinebene. Bei sehr klarem Wetter sind das Basler Münster und dahinter (flach) die Alpenkette zu erkennen. Im Süden fällt das von lichten Baumbeständen bewachsene Liliental auf: Dort liegt das Versuchsgelände der Staatlichen Forstverwaltung, bekannt vor allem wegen seiner wilden Orchideen und seines **Mammutbaum-Waldes,** der europaweit seinesgleichen sucht. Wer unter Verzicht auf das Kaiserstuhl-Erlebnis diese botanische Lehrbuch-Land-

schaft besuchen will, verlässt am unten angegebenen Abzweig die Wanderroute, geht über Liliental weiter und auf gut ausgeschilderten Wegen bis Ihringen.

Steil und steinig geht es im Wald bergab. An einer Gabelung nach 500 m bleiben wir auf dem deutlich ausgeschilderten, mittleren Weg. Hier zweigt nach links auch der Weg ab, der hinunter nach Liliental zum Arboretum mit dem Mammutbaum-Wald führt (s.o.).

Gemäßigt auf und ab führt der Weg auf der Kammlinie durch den lichten Laubwald weiter zum **Gierstein** (3.45 Std.). Mehrere Bänke laden zur Rast ein, der Bewuchs lässt leider keine Aussicht zu. Hier am Gierstein verzweigt sich der Weg erneut, und wir folgen geradeaus dem Kaiserstuhl-Nord-Süd-Weg weiter die Kammlinie entlang bergab. Die Vegetation ist jetzt auffallend anders, die Bodendecke so dünn, dass die Bäume nur einen sehr niedrigen Wuchs aufweisen. Bei den Bäumen dominieren jetzt verschiedene Eichenarten und auch südländische Spezies. Der steinige Weg führt auf einen Funkumsetzer zu, es geht noch einmal steiler bergab, doch dann wird der Weg besser. Schließlich erreichen wir einen Parkplatz im Wald und dann die zugehörige **Ausflugsgaststätte Lenzenberg** (4.15 Std.) am Waldrand. Haben wir bisher die Ruhe genossen, dürfen wir solches jetzt nicht mehr erwarten. Der Lenzenberg erfreut sich großer Beliebtheit, besonders bei Kindern. In einem Gehege tummeln sich eine Vielzahl von Tieren, neben Gänsen, Perlhühnern, Pfauen und Enten leben hier gar Emus!

Wir verlassen den Lenzenberg in der gleichen Richtung, aus der wir gekommen sind, vorbei an vielen geparkten Autos. An einem quer verlaufenden Asphaltsträßchen biegen wir der Markierung folgend rechts ab und folgen diesem Sträßchen ein Stück in nordwestliche Richtung. Rasch ist ein Wäldchen erreicht: Hier zweigt ein Wanderpfad links hinunter ab und trifft unmittelbar darauf auf Rebberge, wo wir zwischen Böschungen auf einem schönen Wiesenweg in südliche Richtung gehen. Im Frühling blühen hier Anemonen, blaue Iris und Bauernbübchen. Ein kurzes Wegstück geht es über Asphalt, dann wieder auf einem Feldweg zwischen Reben weiter. Der Blick über die Rebterrassen ist besonders hinüber zum Tuniberg vor der Kulisse der hohen Schwarzwaldberge (Belchen und Blauen) eindrucksvoll.

Die Dächer von Ihringen liegen schon in greifbarer Nähe, wenn wir in eine neue, für den Kaiserstuhl charakteristische Landschaft eintauchen: Wir folgen bergab einem typischen Lösshohlweg, der zunächst recht hübsch ist, in Richtung Ort jedoch etwas von seiner Naturnähe verliert, obwohl er hier deutlich tiefer eingeschnitten ist, d. h. die Lösswände höher werden. An den sonnenexponierten Flanken lassen sich mit etwas Glück Smaragdeidechsen beobachten.

Schließlich ist nahe der Kirche der Ortsrand, eine erste Gasse und damit wieder Asphalt erreicht. Die Winzergemeinde **Ihringen** ist ein weitläufiger Ort, sodass sich unser Weg bis zum Bahnhof in die Länge zieht (5 Std.).

Endingen

Endingen besitzt ein malerisches, typisch vorderösterreichisches Stadtbild: Von 1379 bis 1805 war die Stadt habsburgisch. Eine Ortsbesichtigung beginnen Sie am besten erst nach einem Besuch des Vorderösterreich-Museums im Üsenberger Hof. Hier wird die Geschichte Vorderösterreichs in Breisgau und Elsass dokumentiert und demonstriert. Ein Rundgang sollte das Königsschaffhausener Tor, das alte Rathaus mit seinen kostbaren Wappenscheiben, das Kornhaus aus dem 17. Jh. und das Palais Krebs einschließen.

Smaragdeidechse

Tour 28

Über dem Glottertal

Vom Glottertal zwischen Wald und Weinbergen über den Luser

Den Einheimischen ist das Glottertal nicht erst seit der Fernsehserie »Schwarzwaldklinik« ein Begriff: Gastronomie, Gastlichkeit und ursprüngliche Landschaft standen hier schon immer miteinander in Einklang.

DIE WANDERUNG IN KÜRZE

+
Anspruch

Charakter: Rundwanderung auf überwiegend angenehmen Wanderwegen

3 Std.
Gehzeit

Markierung: Teilweise Zugangswege des SWV, teilweise Gemeinde-Wanderwege, GR; gut markiert

8 km
Länge

Wanderkarten: LVA/SWV 6, F 505, Atlasco 216 und Seeger-Karte Glottertal, ADAC Blatt 10

Einkehrmöglichkeiten: Viele in Glottertal

Anfahrt: Mit dem Bus: SBG-Linie 7205 bis Glottertal/Haltestelle Sonne. **Mit dem PKW:** Über die L 112 von Freiburg–Denzlingen oder von St. Peter (Parkplätze am Freibad).

Hinweis: Im Umfeld der Schwarzwaldklinik herrscht an Sonntagen stets ein chaotischer Besucherandrang, daher besser während der Woche wandern.

Vom Ausgangspunkt **Bushaltestelle Sonne** (bzw. bei PKW-Anfahrt Parkplatz am Freibad) gehen wir von der Landstraße L 112 auf dem **Höhen-Zugangsweg** (blaue Raute) die lebhafte Badstraße nach Norden in Richtung Glotterbad/Kurklinik hinauf. An einer Weggabelung auf Höhe des Neubaus der Rehaklinik folgen wir dem Zeichen des Luser-Rundwegs (gelber Kreis/II) bis zum Luser, halten

uns also rechts (Gehrenstraße) und verlassen dabei (entgegen Hinweisen Luser, Kandel, Pfisterhof) vorübergehend die blaue Raute. Vorbei an der Klinik (Haus Kandel, Haus Luser) folgen wir der Straße steil bergauf. An einer querstehenden Garagenzeile gehen wir nach links, dem Schild »Apfelbaumweg« und der Markierung des Luser-Rundwegs folgend.

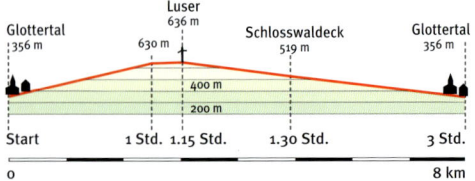

	Luser 636 m		Schlosswaldeck 519 m		Glottertal 356 m
Glottertal 356 m	630 m				
		400 m			
		200 m			
Start	1 Std.	1.15 Std.	1.30 Std.		3 Std.
0					8 km

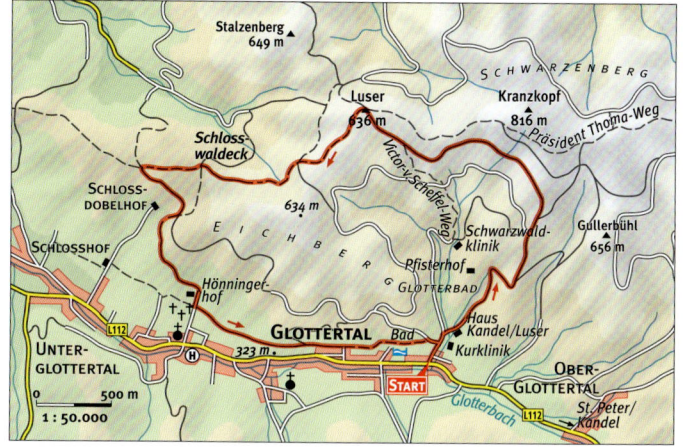

Bereits hier sind wir dem Trubel entronnen. Auf einem asphaltierten Pfad gehen wir an einem Rain entlang weiter und folgen dabei einem Tälchen. Links drüben liegt frei hinter Wiesen die Schwarzwaldklinik. Nach 15 Min. endet der asphaltierte Pfad bei mehreren Ruhebänkchen. Steil geht es jetzt auf einem engen »Jägerpfad« in Serpentinen einen lichten, von großen Lärchen bestandenen Hang hinauf. An einer Verzweigung sollten Sie sich nicht von einem Pfeil irritieren lassen: Wir halten uns weiter an den Luser-Rundweg.

Nach dem steilen Anstieg erreichen wir eine Waldfahrstraße, der wir zunächst nach rechts bis zu einer Wiese mit Holzlagerplatz folgen. Hier haben wir einen schönen Überblick über das untere Glottertal. Gehen wir einige Schritte nach links, öffnet sich auch der Blick aufs obere Glottertal. Eine Bank lädt zur Rast mit beschaulichem Ausblick über das Glottertal und hinüber zu den bewaldeten Höhen unterm Flaunser.

Unser Wegzeichen leitet uns um den Hang herum auf einen einfachen Holzabfuhrweg, der stetig bergauf führt. Ab einer gut markierten Verzweigung folgen wir dann nur noch der Markierung des Luser-Rundwegs auf dem flacher verlaufenden Jägerpfad durch den schönen Bergwald, in dem einige mächtige Tannen stehen. Steil ziehen sich die Hänge neben uns hinauf in Richtung Kranzkopf. Unser Weg beschreibt einen weiten Bogen um das Tal von Glotterbad. Nach ca. 45 Min. überqueren wir ein vom Kranzkopf herabplätscherndes Bächlein.

Kurz darauf mündet von links unten der **Victor-von-Scheffel-Weg** in unsere Route ein (1 Std.). Ab hier dient uns bis zum Schlosswaldeck die blaue Raute als Markierung. Wir folgen dem eben verlaufenden Pfad, erreichen zunächst einen erdigen Holzabfuhrweg und kurz darauf eine Abzweigung: Hier gehen wir den Ausschilderungen nach einen Stichweg rechts hinauf und erreichen oben den **Luser** (1.15 Std.), eine Passhöhe im Wald zwischen Glottertal und Elztal. Ruhebänkchen und ein Tisch bei einem Wegkreuz laden zur Rast ein. An dieser Stelle kommt der **Präsident-Thoma-Weg** (blaue

131

Raute) rechts vom Kandel herab, dem wir jetzt nach links folgen.

Zunächst geht es auf einem einfachen Holzabfuhrweg leicht bergauf, bis uns die Markierung nach rechts auf einen Pfad in den Wald hinein und an dessen Nordseite sachte bergab führt. Hin und wieder eröffnen Holzeinschläge oder Sturmlichtungen begrenzte Ausblicke zum Elztal. An mehreren Verzweigungen folgen wir stets der blauen Raute. Schließlich haben wir den Bergsattel **Schlosswaldeck** erreicht (1.30 Std.; Ruhebänkchen). Hier bietet sich ein prächtiger Ausblick nach Norden, den Schwarzwaldrand entlang und über das Elztal hinweg zur Hochburg bei Emmendingen.

Halblinks folgen wir der blauen Raute in den Wald hinein, gehen jetzt flott bergab und erreichen 400 m weiter wieder einen Fahrweg und eine Wegverzweigung: Hier verlassen wir die blaue Raute und folgen links dem Schlossberg-Rundweg (grüne Weintraube auf weißem Grund) eben am Waldrand entlang jetzt in östliche Richtung. Von hier aus genießen wir einen sehr schönen Blick über die Rebberge des Schlossdobels hinweg hinunter nach Glottertal, auf das gegenüberliegende Föhrental mit seinen mächtigen Walmdachhöfen, hinüber zum Rosskopf und bis in die Breisgauer Bucht; bei klarem Wetter sind die Vogesen als horizontbegrenzende

dunkle Kulisse zu erkennen. Zwischen Wald und Reben beschreibt der Weg einen Bogen nach rechts, führt dann bergab. Von links mündet der mit einem gelben Punkt markierte Suggentalweg ein, dem wir jetzt folgen.

Auf dem Wuhrweg (ein Pfad, der an einem alten Bewässerungskanal entlang führt) wird ein Waldstück durchquert. Drüben gelangen wir wieder an den Rand des Weinbergs und genießen erneut eine schöne Aussicht ins Glottertal. Durch die Weinberge bergab gehend passieren wir den **Hönninger-Hof** (auch Hönninger Gütle) und dann auf asphaltiertem Weg den Friedhof. Wer mit dem Bus gekommen ist, geht hier geradeaus auf Kirche und Dorf zu und erreicht nach ca. 400 m die **Haltestelle** (2.30 Std).

Wer zurück zum Ausgangspunkt will bzw. muss, geht am Friedhof links und folgt dem mit blauem Punkt auf weißem Grund markierten Glotterpfad (teilweise auch Winzerpfad). Gewissermaßen ›hinter den Häusern‹ zieht sich dieser Pfad zwischen Weinbergen und Feldern hindurch und bleibt bis zum Freibad bzw. bis zum Endpunkt stets am Fuße des Eichbergs. Gleichmäßig ansteigend, mal über Wanderwege, mal über asphaltierte Sträßchen gehend, vorbei an Reit- und Sportplatz erreichen wir wieder die **Bushaltestelle Sonne** (3 Std.).

Auf den badischen Blocksberg

Von Waldkirch über den Damenpfad zum Kandel

Der höchste Berg im nordwestlichen Südschwarzwald erhebt sich mit seiner steilen Nordflanke markant über dem Elztal. Der Sage nach sollen sich am mächtigen Kandelfelsen die Hexen aus dem gesamten Breisgau zum Tanz mit dem Teufel getroffen haben.

DIE WANDERUNG IN KÜRZE

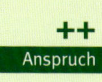

++
Anspruch

Charakter: Durch An- und Abstiege anstrengende Streckentour auf guten Wander- und Wirtschaftswegen. 1000 Höhenmeter Anstieg zum Kandel, 500 m Abstieg nach St. Peter

6 Std.
Gehzeit

15 km
Länge

Markierung: Bis Kandel GR Damenpfad, bis St. Peter Kandel-Höhenweg (weißes K in roter Raute)

Wanderkarten: LVA/SWV 6, F 505, ADAC Blatt 10

1000 m
Anstieg

Ausrüstung: Trinkwasser mitnehmen!

Einkehrmöglichkeiten: In Waldkirch, nahe der Route

am Kandelgipfel, Gasthof Engel (Di geschl.) und Café Schuler im Sägendobel, mehrere in St. Peter

Anfahrt: Mit der **Elztalbahn** DB 726 oder **SBG-Bus** 7206; Rückfahrt mit SBG-Buslinien 7216, 7273. **Mit dem PKW:** Über die B 294 bis Waldkirch (Parkplätze am Bahnhof)

Hinweis: Bei geringer Schneehöhe schöne Winterwanderung, bei guten Schneeverhältnissen nicht begehbar (Skigebiet).

Von der großen Orientierungstafel des Schwarzwaldvereins gegenüber dem **Bahnhof von Waldkirch** gehen wir über den Marktplatz und durch die Kandelstraße in südöstlicher Richtung bergauf durch den Ort. Nach 15 Min. unterqueren wir die Schnellstraße Freiburg-Elzach (B 294) und gehen weiter steil bergauf. Die Herz-Kreislauf-Klinik passierend, erreichen wir den Rand des Bruckwaldes, den wir auf guten Wirtschaftswegen durchqueren. Ganz nahe der Landstraße L 186 verlassen wir sowohl den Wirtschaftsweg als auch den Kandel-Höhenweg und folgen nun dem weiter steil bergauf führenden **Damenpfad** (GR und blaue Raute) an der Ostseite des Höhenrückens Langeck entlang. Schließlich haben wir die auf 780 m gelegene **Langeckhütte** erreicht (1.45 Std.) – Zeit für eine Verschnaufpause!

Wir folgen der Markierung ein kurzes Stück auf einem Waldwirtschaftsweg (die alte Kandelstraße!) nach links und gehen dann wieder auf einem Pfad nach rechts in den Wald hinauf. Vor uns liegt eine Bergkuppe, der Härterer Felsen (976 m),

Waldkirch
Start
Elzach
516 m
Obertal
Rainbach
0 1 km
1 : 85.000
Altersbach
Talbach
B294
Freiburg
E L Z T A L
Hugenwald
Langeck
L126
Wolfsgrubenkopf
1112 m
Kandelwald
Dettenbach
Langeckhütte
Sattelhöhe
1217 m
1008 m
Kandelfelsen
Schwarzenberg
Damenpfad
Kandel
1242 m
Luser
630 m
Kranzkopf
816 m
Präsident-Thoma-Weg
Gullenbühl
656 m
Kandel-
1000-m
Bank
Höhenweg
994 m
Glottertal
Disselhäusle
Ober-Glottertal
369 m
Stecklebächle
Bayerhäusle
G L O T T E R T A L
L112
L186
Nazihof
Sägewerk
Felsenhof
Sägendobel
482 m
Glotterbach
Haldenhof
535 m
Bühlhof
Ebnehof
Brombeerkopf
864 m
Steingrubenhof
Ränkewald
Flaunser
866 m
Kandel-Höhenweg
Langeck
862 m
St. Märgen
Konventwald
Sankt Peter
Freiburg

Kandel
1242 m
Großer Kandelfelsen
1088 m
Langeckhütte
780 m
Sägendob
730 m
Waldkirch
260 m
1000 m
800 m
600 m
400 m
200 m
Start
1.45 Std.
3 Std.
3.30 Std.
4.30 St
0

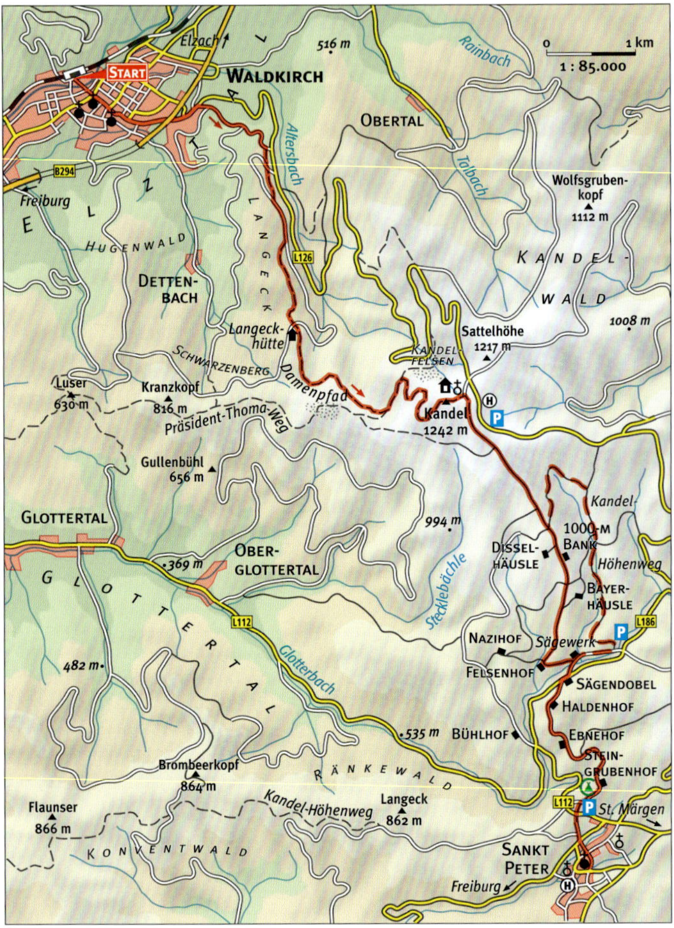

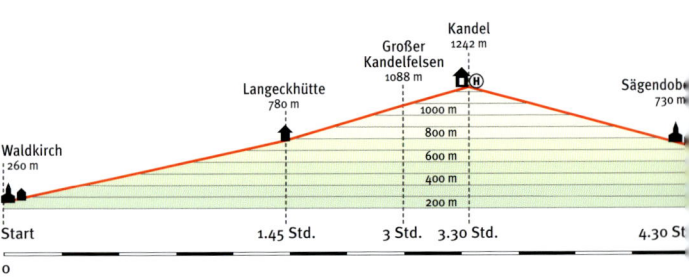

den wir – vorübergehend etwas weniger steil bergauf – in einem Links-Rechts-Bogen umgehen. Unser Pfad quert verschiedentlich andere Wege, ist aber stets gut markiert. Der Bergwald zur Rechten wird immer steiler, schließlich ist die 1000-m-Marke überschritten, und wir gehen geradewegs auf den **Großen Kandelfelsen** zu (3 Std.). Wir haben den Hexenplatz erreicht, kamen aber über einen Damenpfad hierher! Wer diese sinnige Wegführung wohl ausgeheckt hat?

In Serpentinen führt der Weg weiter steil hinauf, ein als Aussichtspunkt dienender Felsblock wird passiert. Noch zwei Serpentinen, dann verflacht der Hang. Wir treten hinaus auf freies Gelände und sind damit auf dem **Kandel** (3.30 Std.). Bei klarem Wetter ist die Aussicht überwältigend: Das Panorama reicht hinüber bis zu den Vogesen hinter der Rheinebene, den Westrand des Schwarzwaldes entlang zum Schauinsland und bis zu den Alpen. Im Norden kann man die Hornisgrinde neben anderen Panoramabergen des Nordschwarzwaldes erkennen. Nach Osten hin ist über dem Einschnitt des Simonswälder-Tales vor allem der Nordrand der Schwäbischen Alb markant. Eine Steinpyramide mit kleinem Pavillon hinterlässt einen etwas martialischen Eindruck: Sie wurde als Mahnmal für im Ersten Weltkrieg gefallene Soldaten errichtet. Westlich und etwas unterhalb des Gipfels stehen das Kandel-Rasthaus (auch Berghotel Kandel, Mai 2005 allerdings geschl.; dort befindet sich auch die Bushaltestelle), jenseits der Kandelstraße (L 186) die Piuskapelle und das Berggasthaus Kandelhof. Im Winter fallen besonders die Skilifte ins Auge und zu allen Jahreszeiten die oft überfüllten Parkplätze. Wer Zeit und Muße hat, kann den bei entsprechender Wetterlage nach Westen hin startenden Gleitschirmfliegern zusehen. Wer hier die Wanderung abbrechen will, kann mit dem Bus hinunter nach Waldkirch oder St. Peter fahren (nur wenige Abfahrten täglich).

Wir setzen jedoch unsere Wanderung fort und verlassen zunächst den Gipfel hinab nach Osten in Richtung Landstraße. Vor dieser treffen wir wieder auf den **Kandel-Höhenweg** und gehen hier nach rechts. 300 m weiter erreichen wir den Waldrand und folgen dem Höhenweg über einen Sattel hinweg und dann immer weiter bergab durch den lichten Bergwald. Eine halbe Stunde nach Verlassen des Kandel-Gipfels treten wir aus dem Wald auf eine Wiese heraus und genießen einen herrlichen Ausblick nach Süden über die großen Höfe von St. Peter hinüber zum Feldberg. Wir überqueren die Wiese bergab. An einer Gabelung zweigt der Kandel-Höhenweg nach links hinunter ab, wir wählen jedoch den schöneren und aussichtsreicheren Weg geradeaus über den Höhenrücken. Am Waldrand entlang geht es weiter bergab, rechts unten ist das Disselhäusle zu sehen. Am Ende des Waldstücks erreichen wir bei einem Wegkreuz die »**Tausendmeter-Bank**«, die ziemlich genau auf der 1000-m-Höhenlinie steht und eine schöne Aussicht bietet.

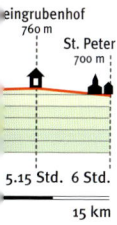

eingrubenhof
760 m

St. Peter
700 m

5.15 Std.   6 Std.

15 km

Der Kandel im Winterkleid von St. Märgen aus gesehen

Wir folgen dem Höhenrücken von Aussichtspunkt zu Aussichtspunkt recht steil bergab, vorbei am Bayerhäusle und am Nazihof (kommt von Nathan!), biegen wir dann an einer Geländekante nach links um ein felsiges Eck und haben hier mit dem Felsenhof das erste Haus von **Sägendobel,** einen Ortsteil von St. Peter, erreicht (4.30 Std.). Rasch gehen wir hinab bis zum Glotterbach und überqueren diesen auf einem asphaltierten Sträßchen beim Sägewerk. Hier treffen wir wieder auf den **Kandel-Höhenweg.**

Diesem folgen wir jetzt nach rechts hinauf und überqueren 5 Min. später die L 186. Weitgehend eben, kurze Stücke leicht bergauf oder auch bergab gehend, wandern wir auf einem von Kirschbäumen gesäumten Fahrweg an mehreren mächtigen Schwarzwaldhöfen vorbei. Nachdem wir zwei Waldstücke passiert haben, betreten wir dann beim **Steingrubenhof** fast unvermittelt wieder die ›Zivilisation‹ (5.15 Std.). Unter uns liegt St. Peter, um das Waldcafé herum drängen sich die Fahrzeuge ebenso wie auf dem benachbarten Campingplatz die Wohnwagen. 500 m weiter haben wir am passähnlichen **Horneckle** die L 112 erreicht, die das Glottertal mit St. Peter verbindet. Hier liegt die **Bushaltestelle Campingplatz.** Wer will, kann hier die Wanderung beenden oder bis St. Peter weiter wandern. Dazu folgen wir schon auf Höhe des Campingplatzes den Hinweisen **St. Peter** und erreichen den Ort vom Steingrubenhof/Campingplatz aus nach ca. 1 km und einer Gesamtwanderzeit von knapp 6 Std.

Auf dem Panoramaweg

Vom Thurner über St. Märgen nach St. Peter

Diese Panoramawanderung entlang der Höhenlinie vom Thurner nach St. Märgen und St. Peter bietet bei guten Wetterverhältnissen fantastische Ausblicke über Täler und Höhen zwischen Feldberg und Kandel sowie über die Rheinebene hinweg zu den Vogesen.

DIE WANDERUNG IN KÜRZE

+
Anspruch

Charakter: Leichte Höhenwanderung mit gemäßigten An- und Abstiegen; wechselhafte Wegbeschaffenheit, überwiegend Wanderwege

4 Std.
Gehzeit

Markierung: Höhenzugangsweg (blaue Raute), GR und Texthinweise

13 km
Länge

Wanderkarten: LVA/SWV 6, Atlasco 216 und Wanderkarte der Gemeinde St. Märgen (1:20 000), ADAC Blatt 12

Einkehrmöglichkeiten: Ausgangspunkt Turner-Wirtshaus (Mo und um Ostern geschl.), an der Strecke Gasthaus Neuhäusle (Mo geschl.) und mehrere in St. Peter

Anfahrt: Mit **SBG-Bus** Linie 7216 von Freiburg oder via Hinterzarten mit der **Höllentalbahn** 727 und dann Linie 7216 oder 7261. **Mit dem PKW:** Ausgangspunkt Thurner liegt an der B 500, 8 km nördlich von Hinterzarten. Zurück zum Thurner dann wieder mit SBG-Bus Linie 7216

Hinweis: Bei sonniger, aber kalter Witterung in Gegenrichtung wandern (mehr wärmende Anstiege, der Sonne entgegen)

Vom **Gasthaus Thurner** bzw. der Haltestelle gehen wir entlang der B 500 der GR folgend in östlicher Richtung und passieren dabei die großen Parkplätze an diesem beliebten Ausflugsziel (Thurnerspur-Langlaufloipe, Infotafel).

Nach knapp 15 Min. überqueren wir (ein kurzes Stück Weges gemeinsam mit dem Westweg) beim Süßen Häusle die Bundesstraße nach links und durchqueren ein Waldstück. Wir befinden uns hier am **Hohlen Graben.** Im Wald liegen (wie oft an solchen Höhenlinien) Schanzen, die mal gegen eindringende Franzosen, mal gegen Schweden angelegt wurden. Dann treten wir wieder ins Freie und genießen die prächtige Aussicht über die im Vordergrund liegenden Schweighöfe hinweg. Am Waldrand entlang (der Westweg zweigt nach rechts ab) geht es bergab bis zum Forsthaus am Lehenwald an der alten Verbindungsstraße zur Schwarzwaldhochstraße. Der **Uhrenträgerweg** (s. Tour 31) mündet kurz zuvor in unseren

Höhenweg und wird uns bis St. Märgen begleiten.

Ein kurzes Stück folgen wir der Landstraße L 128, gehen dann wieder über Wiesen und überqueren dabei einen flachen Höhenrücken. Drüben geht es bergab und geradewegs auf den Bergsattel am **Neuhäusle** zu (Einkehrmöglichkeit). Hier überqueren wir die K 4987, die rechts hinab ins Hexenloch führt (s. Tour 31).

Drüben steigen wir steil auf einem Wirtschaftsweg die **Geigerhöhe** hinauf, folgen dann oben dem Wegzeichen weiter und zunächst eben nach Norden. Wieder bergab wandernd liegt dann der nächste Sattel vor uns, das Gewann **Auf dem Steinbach** mit dem ehem. Gasthaus Hirschen (1.15 Std.).

Kurz nach dem Hirschen queren wir die Straße L 128 nach links, gehen im Pfisterwald den Wegzeichen folgend entlang der Höhenlinie und der nahen Straße immer weiter nach Nordwesten, queren erneut die Straße (jetzt nach rechts und nahe einer Haltestelle) und erreichen die Schwarzwaldhalle sowie die Sportplätze von **St. Märgen** (Ausgangspunkt von Tour 31). Auf einem Kiesweg überqueren wir danach einen windausgesetzten, breiten Sattel.

An einer Kreuzung biegen wir im rechten Winkel nach links ab und erreichen kurz darauf die hübsche **Rankmühle,** eine alte Mühle und sicher eines der beliebtesten Fotomotive im gesamten Südschwarzwald (1.45 Std.).

Unseren Wanderweg fortsetzend, biegen wir hinter der Rankmühle rechts hinauf spitzwinklig ab, umgehen ein Feld (Aussicht über St. Märgen hinweg zum Feldberg!) und folgen dann wieder der blauen Raute nach rechts in den Wald hinein. Kurz bevor wir den Wald verlassen, liegt links zwischen den Bäumen eine mächtige Schanze, die **Franzosenschanze.** Erneut geht es rechts in den Wald hinein und dabei zunächst stetig bergauf. Dann verflacht der Weg im lichten Hochwald, und nur wenig später erreichen wir die **Ibenbachquelle.** Ein hübscher Brunnen und Ruhebänkchen laden zu einer Rast im schattigen (aber windgeschützten) Wald. Wer nicht nur Windschutz, sondern auch Sonne sucht, geht noch ein Stück weiter, wieder aus dem Wald heraus, und erreicht in 5 Min. die **Kapfenkapelle** (2.15 Std.). Weit dehnt sich der Blick nach Süden über Hänge und Höfe des Ibentales hinweg bis zum Feldberg und zum Schauinsland, hinab zur Rheinebene mit dem Kaiserstuhl und zu den Vogesen. Bei klarem Wetter ist ganz im Süden die Alpenkette zu sehen – ein einzigartiges Panorama.

Der bewaldete **Kapfenberg,** auf dem die gleichnamige Kapelle steht, gilt im übrigen den St. Märgenern als Wetterheiliger, schützt er die Kirchen- und Klostergemeinde doch vor

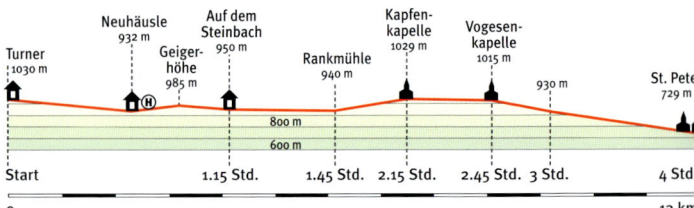

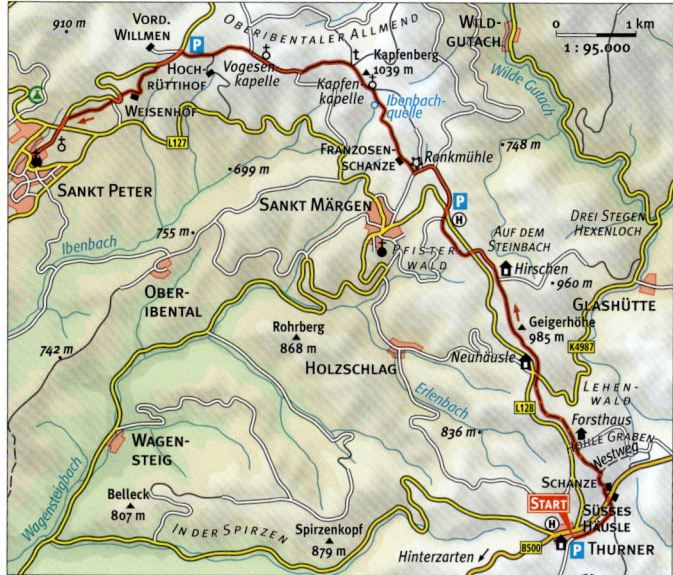

kalten Nordwinden. Eine Tafel informiert über den Ursprung der Kapelle, die der Kapfenhofbauer 1850 in Einlösung eines Gelübdes errichten ließ. 1973 abgebrannt, erstand sie mit tätiger Hilfe des Schwarzwaldvereins zwei Jahre später wieder in ihrer heutigen Form.

Unser Panoramaweg zieht sich jetzt mehr und mehr nach Westen hinüber. Wir folgen dem Waldrand zunächst leicht bergab und erreichen knapp 10 Min. später ein Wegkreuz: Geradeaus führt ein mit blauer Raute markierter Weg über die Oberibentaler Allmend, den Vorderen Hochwald und die Schönhöfe in Richtung Kandel. Wir dagegen folgen dem zweiten, ebenfalls mit einer blauen Raute gekennzeichneten Weg Richtung St. Peter, wenden uns hier also nach links. Erneut queren wir ein kurzes Waldstück und erreichen dann einen weiteren Aussichtshöhepunkt, die **Wiese am Diescheneck:**

Über den am Südhang liegenden Kernewiesenhof dehnt sich erneut der Blick über eine helle Schwarzwaldlandschaft. Nach Querung eines weiteren kurzen Waldstücks treten wir hinaus auf die Weiden an der **Vogesenkapelle** (2.45 Std.; s. S. 140).

Von hier aus gehen wir in unserer bisherigen Richtung bergab durch ein Waldstück und überqueren anschließend die Wiesen beim Hochrüttihof auf einem Wirtschaftsweg. Ein Ziehweg führt uns durch den Hirschbühlwald. Am Waldrand erreichen wir dann beim Vorderen Willmen das **Schmittenbach-Sträßchen** (3 Std.), das von St. Peter hoch zum Plattensee führt, einem beliebten Badeziel. Wir folgen diesem kirschbaumgesäumten Fahrweg nach links bergab.

Etwa 10 Min. später verlassen wir das Sträßchen der blauen Raute folgend nach links hinunter auf einem Feldweg zum Weisenhof hin. Durch

Wanderer am Thurner

Wiesen geht es dabei recht steil hinab, und bei den ersten Häusern (Einkehrmöglichkeit) stoßen wir wieder auf das Schmittenbach-Sträßchen, folgen diesem ca. 50 m bergab und gehen dann der blauen Raute folgend auf Wiesen- und Wirtschaftswegen hinunter auf St. Peter zu. Auf einem asphaltierten Weg unterqueren wir die Landstraße L 127 und erreichen bald darauf die Ortsmitte von **St. Peter** mit der berühmten Barockkirche (ca. 4 Std.). Hier befindet sich auch eine Haltestelle der SBG-Buslinie 7216 (Rückkehr zum Ausgangspunkt).

Die Vogesenkapelle

Eine echte Schwarzwälder Waldkapelle, trotz des befremdlichen Namens: Der Rainerhofbauer Leopold Hättich lag im Ersten Weltkrieg bei den Minenwerfern am Hartmannsweilerkopf in den Vogesen (von dort aus konnte er bei klarem Wetter den heimatlichen Weidberg bei seinem Hof sehen!) und legte angesichts all der Toten um ihn herum das Gelübde ab, dort Herzjesu eine Kapelle zu errichten, wenn er wieder heimkomme und die Heimat verschont vorfinde.

Heil zurückgekehrt, zeugte er erst einmal sieben Töchter und einen Sohn und erinnerte sich erst in den Vorwehen des Zweiten Weltkriegs an sein Gelübde. Die Kapelle wurde von ihm 1938 ohne Genehmigung der Nazibehörden erbaut, blieb aber trotz einer Anzeige gegen ihn erhalten. Sein Sohn Josef wurde 1944 noch einberufen, überlebte den Krieg aber ebenso. Seine Frau kümmert sich heute liebevoll um das Kapellchen.

Mörderloch und Balzer Herrgott

Von St. Märgen zu Mörderloch und Hexenloch-Mühle und zurück

Die Wanderung folgt den alten Pfaden der Uhren- und Glasträger, die ihre wertvollen Waren auf dem Rücken durch dunkle, unheimliche Täler (›Löcher‹) und über wildromantische Flussläufe schleppten. Die Gefahr, unter Mörder und Hexen zu fallen, ist aber gebannt.

DIE WANDERUNG IN KÜRZE

+
Anspruch

Charakter: Leichte Rundwanderung auf teils steilen und steinigen Wegen; überwiegend schattig

Markierung: Texthinweise und GR

Ausrüstung: Wanderstöcke für steile Routenabschnitte

4 Std.
Gehzeit

12 km
Länge

Wanderkarten: Gde. St. Märgen (1:20 000), Gde. Furtwangen (1:25 000), Atlasco 216, ADAC Blatt 12

Einkehrmöglichkeiten: Kiosk und Gaststätte an der Hexenlochmühle, verschiedene Gasthäuser in Glashütte und in St. Märgen

Anfahrt: Mit dem Bus: SBG-Linie 7216, Haltestelle Ortsmitte St. Märgen oder am Sportplatz. **Mit dem PKW:** Von Freiburg (20 km) über die B 31 und L 128, Parkmöglichkeit an den Sportplätzen

Von der neuen **Schwarzwaldhalle** und den Sportplätzen am östlichen Ortsrand von **Sankt Märgen** (unmittelbar an der L 128) folgen wir einem mit GR markierten Wiesenweg in östlicher Richtung. Rasch geht es bergab und dann auf einem einfachen Feldweg durch ein Waldstück und ein kurzes Stück auf einem asphaltierten Weg zur ehemaligen **Steinbach-Mühle** hinunter.

Hier überqueren wir den Steinbach, dem wir dann auf einem Pfad im gleichnamigen Tal abwärts ins tief eingeschnittene Wilde-Gutach-Tal folgen. Der teilweise sehr steinige Weg führt steil durch dunkle Tannenwälder bergab, erst im unteren Teil geht er in angenehme Holzabfuhrwege über. Im Talgrund überqueren wir auf einer Brücke die **Wilde Gutach** (45 Min.), die im Gegensatz zu Eintragungen auf manchen Landkarten nach Norden fließt, d. h. für uns von rechts nach links. Wir gehen drüben nach rechts auf dem geteerten Wildgutacher Sträßle (K 5731) talauf entgegen der Fließrichtung der Wilden Gutach. Malerisch liegt der Waldvogelhof jenseits des typischen Schwarzwaldflusses. Nach etwa 700 m auf dem hier nur sachte ansteigenden Sträßchen und auf Höhe des **Sattelhofes** gehen wir wieder nach links auf einem nicht asphaltierten Wirtschaftsweg hinauf weiter.

Der Weg steigt stetig bergan und hält sich dabei am steilen Hang über der Wilden Gutach. Nach rechts öffnet sich eine Weide, und dann ist auch schon das auf einem Absatz

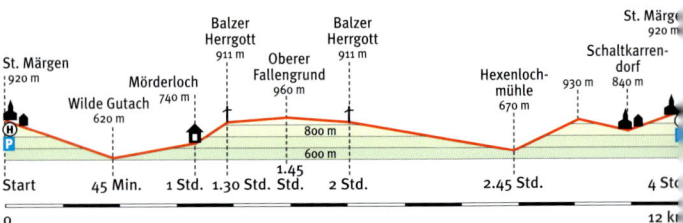

am steilen Hang unterhalb der Winkelfelsen liegende kleine **Hofgut Mörderloch** zu sehen, heute ein Vereinsheim. (1 Std.). Der Sage nach wurde hier einst ein Glas- und Uhrenträger erschlagen und seiner Ware beraubt.

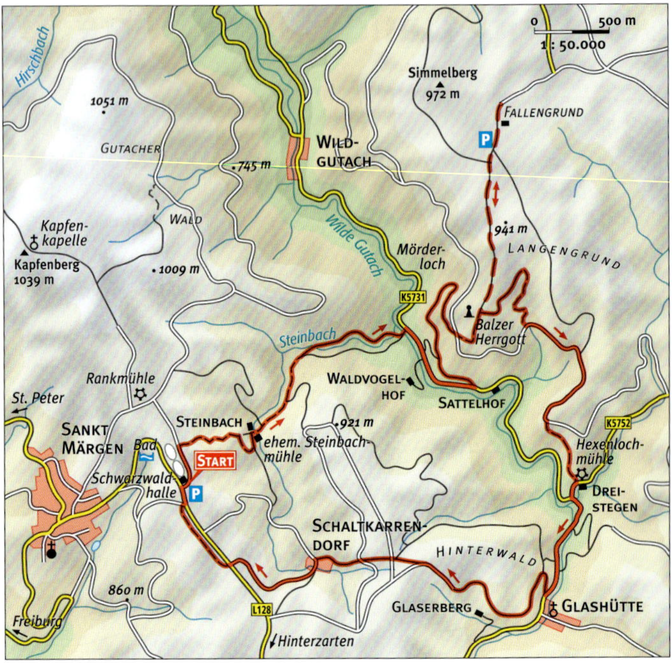

Vom Mörderloch folgen wir der GR auf einem einfachen Waldwirtschaftsweg rechts hinauf. Unser Weg ist hier Teil des Uhrenträger-Weges (Schwarze Zeiger und Ziffern auf rot-umrandetem weißen Zifferblatt), der die Zentren der kleinbäuerlichen Uhrenherstellung in den steilen unwirtlichen Halden der Wildgutach-Region mit den wohlhabenden Gebieten der geschlossenen Hofgüter an der Westabdachung des Schwarzwaldes verbindet.

Im lichten Hochwald am Höhenrücken der **Großen Hürst** wendet sich unser Weg wieder in weitem Bogen links herum nach Norden und wird dabei etwas flacher. Auf einem bequemen Wirtschaftsweg erreichen wir dann den **Balzer Herrgott**, ein von einem Buchenstamm umwachsenes steinernes Kruzifix (1.30 Std.). Der Name dieses kleinen Wanderer-Mekkas rührt vermutlich vom Namen Balthasar her (»Winkel-Balzer«, ein Waldhof, der aufgegeben und vom Wald zurückerobert wurde). Dieses Denkmal bot immer schon Stoff für Legenden, ist doch unklar, wie der Heiland in den Baum kam. Wie auch immer, das Denkmal ist wirklich anrührend, und viele Wanderer kommen hierher, um eine Andacht zu verrichten. Sie sollten die Stelle also mit etwas Respekt behandeln. Eine Aufnahme von 1934 zeigt, dass damals nur die Lenden Christi vom Baum umschlossen waren. 1986 wurden Teile des Stammes entfernt, inzwischen ist er fast schon wieder vollständig eingewachsen.

Wanderer-Mekka: Der Balzer Herrgott

Abstecher: Bevor wir ins Tal zurückkehren, empfiehlt sich ein Abstecher zum Fallengrund, dem Drehort der Fernsehserie »Die Fallers«. Vom Balzer Herrgott folgen wir weiter der GR und dem Hinweis Fallengrund/Gütenbach. Wir gehen durch schönen Hochwald bergauf, dann verflacht der Weg mehr und mehr. Nach einer rechter Hand sich öffnenden Wiese passieren wir ein weiteres Waldstück und erreichen dann das Waldeck **Oberer Fallengrund** (1.45 Std.). Von hier bietet sich ein weiter Blick auf die Waldhöhen von Gütenbach, zu den Gasthöfen und Hotels von Neueck an der B 500 und vor allem auf den im Wiesenhalbrund liegenden Unter-Fallengrundhof. Hier wurden die Außenaufnahmen für die oben genannte Fernsehserie gedreht, und falls Sie diesen Dauerbrenner unter den Seifenopern kennen, wird Ihnen die Landschaft sicher bekannt vorkommen.

Zurück am Balzer Herrgott, folgen wir der Markierung GR, dem Zeichen des Uhrenträger-Weges und den Texthinweisen Langengrund/Dreistegen. Ein Wirtschaftsweg führt zunächst bergab, dann biegen wir nach rechts auf einen Pfad ab. Wir befinden uns oberhalb des Langengrundes, dessen kleine Höfe zuvor schon wiederholt zu sehen waren. In Serpentinen geht es im Wald bergab. Dass dies tatsächlich ein alter Handelsweg ist, erkennen Sie an den wohlgesetzten Stützmauern, auf denen der breite Pfad verläuft. An keiner Stelle ist die Bedeutung des alten Saumpfades besser zu sehen als hier im Wald.

Über einen etwas ermüdenden Waldwirtschaftsweg geht es nun wieder eben weiter. Trösten Sie sich mit den Worten von Erich Kästner: »Die Seele wird vom Pflastertreten krumm. Mit Bäumen kann man wie mit Brüdern reden und tauscht bei ihnen seine Seele um. Die Wälder schweigen, doch sie sind nicht stumm, und wer auch kommen mag, sie trösten jeden.« In einer Linkskehre verlassen wir den Fahrweg und folgen der Markierung steil und steinig nach rechts einen Pfad hinunter. Nach ca. 500 m haben wir dann bei der **Hexenloch-Mühle** die Zivilisation erreicht: Häuser, Straße und viel Publikum (2.45 Std.). Die ehemalige Mühle mit zwei Wasserrädern zählt zu den beliebtesten Fotomotiven des Schwarzwaldes. Ein Kiosk und ein Restaurant bieten Ess- und Trinkbares, ein Souvenirladen hauptsächlich Kuckucksuhren an.

Nun steht uns ein eher unangenehmes Teilstück bevor, denn wir müssen zunächst auf der Kreisstraße K 5752 (Ziffern am Brückenpfeiler) ca. 100 m flussabwärts gehen. Vorbei an der Einmündung des Wildgutacher Sträßles (Dreistegen) halten wir uns dann weiter auf der Straße links bergauf, in einer fast schluchtartigen, dunkel-feuchten Umgebung dem Glaserbach entgegen gehend, den wir auf einer Straßenbrücke überqueren. Nach ca. 800 m können wir beim Ort Glashütte (sehr günstige Einkehrmöglichkeit) die Fahrstraße verlassen: Die GR weist uns rechts hinauf auf den nach Sankt Märgen führenden Wanderweg. Steil geht es den Immenbühl hinauf. Der lichte Wald erlaubt Blicke hinab auf den Sankt Märgener Ortsteil **Glashütte**. Im Bereich des Gewanns Glaserberg haben wir wiederum eine weite Aussicht hinab auf den Glaserbach und die gegenüber liegenden Waldhänge. Dort liegen die Redeck, legendärer Ursprung der

Kuckucksuhr, der Ferndobel und die Dobel beim ehemaligen Königshof. Nur schwer lässt es sich aus dieser Perspektive vorstellen, dass sich am Königshof eines der schwersten Winterunglücke des Schwarzwaldes ereignete: Am 24. Februar 1844 wurde der Hof von einer Lawine verschüttet; 16 Menschen kamen ums Leben. Natürlich kam solches Unglück nicht von ungefähr: Fromme sahen darin eine Strafe Gottes; der Bauer saß – vermutlich gar kräftig fluchend – mit Nachbarn und Gesinde beim Kartenspiel. Tatsächlich hatte er wohl leichtsinnigerweise den Wald oberhalb des Hofes abgeholzt, die Stämme an Glaser und Köhler verkauft.

Wir kommen heraus aus den steilen Halden der Wildgutach-Täler, oberhalb des Glaserberges verflacht der Weg am Waldrand. Wir wandern ein Stück auf einem asphaltierten Sträßchen, dann geht es wieder auf einem Wanderweg in den Wald hinein und durch diesen leicht bergab. Am Waldrand sehen wir vor uns den idyllisch im Talgrund liegenden Sankt Märgener Ortsteil **Schaltkarrendorf**. Vorbei an ruhig gelegenen Hofgebäuden überqueren wir wieder den Steinbach und gehen drüben einen asphaltierten Weg recht steil hinauf auf den Wald zu. Nach Durchqueren dieses Waldstücks treffen wir wieder auf die Landstraße L 128. Der Wanderweg zurück nach St. Märgen verläuft auf der gegenüberliegenden Straßenseite nach rechts im Wald. Die Straße erneut überquerend erreichen wir nach 800 m die Sportplätze in **Sankt Märgen** (4 Std.).

Über der Schwarzwaldbahn

Über den Tunnels und Kehren der Schwarzwaldbahn von Triberg nach Hornberg

Bei Triberg überwindet die Schwarzwaldbahn mit 36 Tunnels 448 m Höhenunterschied auf 11 km Luftlinie. Von Robert Gerwig erdacht und 1873 eingeweiht, prägte diese technische Meisterleistung den Eisenbahnbau. Die Wanderung führt zu den Highlights.

DIE WANDERUNG IN KÜRZE

++
Anspruch

4 Std.
Gehzeit

13 km
Länge

Charakter: Mittelschwere Streckenwanderung auf teils steinigen Pfaden, teils unbefestigten Wirtschaftswegen; teilweise steiler Anstieg bis Rappenfelsen

Markierung: Ab Bahnhof Triberg Franz-Göttler-Weg (blaue Raute) und Robert-Gerwig-Weg (GR), ab Storenberg Querweg Lahr–Rottweil (rotblaue Raute auf gelbem Grund)

Ausrüstung: Bei warmer Witterung Getränkevorrat

Wanderkarten: LVA/SWV 4 und 7 (beide erforderlich), F 506, Atlasco 247, ADAC

Blatt 8 und 11 (beide erforderlich)

Einkehrmöglichkeiten: In Triberg und Hornberg mehrere, an der Strecke keine

Anfahrt: Mit der **Schwarzwaldbahn** DB 720 bis Triberg/ab Hornberg; in Triberg Ticketautomat/Fahrplanausdruck. Mit **SBG-Buslinien** 1066, 7265, 7269, 7270 und 7274 bis Triberg/Bahnhof und ab Hornberg/Bahnhof zurück. **Mit dem PKW:** Triberg liegt an der B 33 ca. 50 km östlich von Offenburg. Parkmöglichkeiten am Bahnhof.

Vor dem **Bahnhof Triberg** (Kiosk) steht auf der gegenüberliegenden Straßenseite ein Wegweiser. Von dort folgen wir dem **Franz-Göttler-Weg** an den Bahnhofsgebäuden und dem Zaun einer Baustoffhandlung entlang talauswärts. Beim letzten Gebäude zweigt der Wanderpfad vom Bahnhofsgelände ab und führt steil und mit Geländersicherung in Richtung Gutach-Fluss hinab. Oberhalb des rauschenden Flusses wandern wir talab den sehr steilen Hang entlang. Ein Schild weist darauf hin,

dass dieser Wanderpfad 1963/1964 erbaut wurde.

Der Pfad verläuft mal eben, mal leicht bergauf, insgesamt jedoch wie die rauschende Gutach bergab. Wir umgehen den Zuckerhut, wo die B 33 in einem Tunnel verläuft, so dass wir in aller Ruhe die Stille der Bergwälder über uns genießen können. Ein Kruzifix ist einem der verunglückten Wegebauer gewidmet. An Abzweigungen folgen wir immer dem gut sichtbaren Wegzeichen. Weitere Geländer sichern zu Tunnel-

145

Ausgängen hin. Nach gut 20 Min. erreichen wir einen hübschen **Brunnen** und einen kleinen **Wasserfall.** Die Bahnlinie verläuft wieder unmittelbar über uns; eine kleine Aussichtsfelskanzel lohnt den Aufstieg nicht.

Unmittelbar unter uns befinden sich Häuser. Nach 30 Min. erreichen wir einen Engpass zwischen Felsen: Über Treppen führt der Pfad steil hinab, ein Gedenkstein erinnert an den erfolgreichen Wegedurchbruch. Nach weiteren 10 Min. passieren wir am Fuße einer gemauerten Stützhalde der Eisenbahnlinie ein kleines Hüttchen (Unterstand). Dann steigt der Pfad über etwa 300 m recht steil an. Oben erreichen wir einen felsigen Aussichtsplatz mit einem weiteren Gedenkstein für Franz Göttler. Am gegenüberliegenden Hang über das wildromantisch-enge Tal hinweg ist ebenfalls die Bahnlinie zu sehen: Dort verbirgt sich im Seelenwald einer der Kehrtunnel dieser Bahnstrecke, nachdem sie Triberg bergauf passiert hat.

Nach 40 Min. mündet von links der **Robert-Gerwig-Weg** ein, ebenfalls ein Höhenzugangsweg (Markierung GR). Er kommt steil vom Losbachtal herunter und unterquert hier am Losbachtunnel die Bahnlinie.

Hier verlassen wir den Göttler-Talweg und biegen nach rechts zurück in den Gerwig-Weg ein (GR). Steil führt der Pfad hinab, teilweise auch über Treppen. Fangnetze schützen

vor Steinschlag. Unten erreichen wir eine Stützmauer der Bundesstraße, der wir jetzt nach rechts – talaufwärts – auf engstem Pfad etwa 300 m folgen. Dann überqueren wir die B 33 und die Gutach auf einer Fußgängerbrücke und wandern drüben auf einem Asphaltsträßchen wieder talauswärts nach links weiter. Ein Haus bezeichnet sich mit großen Aufschriften als »Haus der 1000 Uhren«.

Auf der ruhigen alten Bundesstraße durchqueren wir zwischen riesigen wohlriechenden Balken- und Bretterstapeln das Holzlager der **Steinbissäge.** Noch im Bereich des Sägewerks gehen wir an einer gut markierten Verzweigung rechts den Robert-Gerwig-Weg hinauf und folgen dem Sträßchen am sonnigen Berghang und unterhalb einer kleinen Kapelle bis zum schön gelegenen und malerischen **Hinteren Steinbishof** (1.15 Std.).

Hinter diesem Hof endet der Asphalt, und es geht auf einem Wirtschaftsweg mit schönen Ausblicken auf das gegenüberliegende Bergpanorama weiter. Dann führt der Weg bergauf in den lichten, sonnenausgesetzten Wald hinein. Zunächst geht es steil bergan, dann nach einer Wegkehre ebener weiter. Wir durchqueren einen schönen Bergwald am steilen Hang. An einem Holzlagerplatz halten wir uns halblinks, gehen also nicht den steilen und auf einer Stütz-

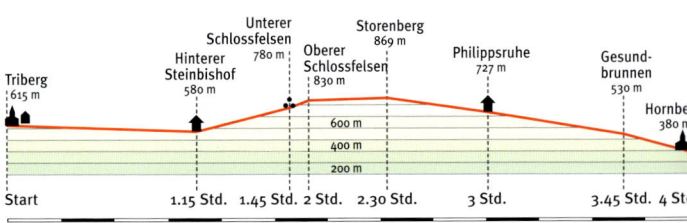

mauer verlaufenden Weg hinauf, sondern immer weiter auf dem angenehmen Wirtschaftsweg durch lichte Wälder bergauf. An einem Felsriegel gewährt der lichte Baumbestand zu allen Jahreszeiten Ausblicke auf die Höhen der gegenüberliegenden Talseite. Dann wird der Weg zum Pfad und führt jetzt wieder steil und steinig bergauf. Mehrere Felskanzeln bieten Ausblicke. Schließlich wendet sich der Pfad in spitzem Winkel nach rechts (gut markiert) und führt zwischen Felsen steil in Serpentinen bergauf. Wenig später erreichen wir einen engen Bergpass zwischen hohen Felsblöcken: Wir sind am **Unteren Schlossfelsen** (1.45 Std.) angelangt. Spärliche Ruinen deuten noch darauf hin, dass hier einstmals das Schloss Alt-Hornberg stand. Links hinauf führt ein gesicherter Felspfad zur Aussichtskanzel, auf der sich eine quadratische wassergefüllte Zisterne befindet, auch sie ein Hinweis auf das erwähnte Schloss Alt-Hornberg. Die Aussicht von dieser Felskanzel wird von der des Oberen Schlossfelsens noch übertroffen, den wir kurz darauf erreichen werden.

Dazu folgen wir der Beschriftung »Oberer Schlossfelsen – Rappenfelsen« vom Pass aus rechts hinauf. An einer Felsverblockung findet sich ein weiteres Mal eine Inschrift zum Lobe der Wegebauer. Der Serpentinenpfad verläuft jetzt auf der kühlen Nordseite des Geländes, und wenige Minuten später haben wir den gut gesicherten **Oberen Schlossfelsen** erreicht (2 Std.). Wieder führen Felsstufen und eine Geländersicherung auf die Aussichtskanzel, von der sich eine herrliche Aussicht auf das ›Techniktheater‹ aus Tunnels, Brücken und Gleisen sowie die Naturkulisse aus Bergen, Tälern und Höhen

bietet. Im Norden ist die Burg Hornberg und neben dem Brandenkopf mit seinem Fernsehturm der Farrenkopf zu sehen (vgl. Tour 35).

Von hier gehen wir geradeaus weiter bergauf dem Wegzeichen nach, also nicht nach rechts. Nach weiteren 5 Min. erreichen wir den **Rap-**

Vom Oberen Schlossfelsen hat man eine herrliche Aussicht auf die Naturkulisse aus Bergen, Tälern und Höhen und das ›Techniktheater‹ der Schwarzwaldbahn

penfelsen. Im Süden ist über den markanten Gutach-Einschnitt hinweg Triberg schön zu erkennen.

Fast eben wandern wir nun auf einem breiteren Weg weiter. 15 Min. später erreichen wir den schmalen Bergsattel **Storeck** (auch Kreuzacker; Wegkreuz). Links unter uns sehen wir über die Bergwiesen hinweg die Höfe von Althornberg, rechts unten liegt Oberrötenbach. Wir gehen am Waldrand entlang geradeaus weiter, durchwandern ein kurzes Waldstück und erblicken – wieder im freien Gelände – rechts

unter uns die Höfe von Leutschenbach. Bei einem Wanderparkplatz überqueren wir die Landstraße und gehen am Waldrand geradeaus weiter. Nach 100 m erreichen wir eine deutlich markierte Verzweigung, den **Querweg Lahr–Rottweil** (rot-blaue Raute auf gelbem Grund) und damit den **Storenberg** (2.30 Std.). Wir folgen dem Querweg in Richtung Lahr bis hinab zum Bahnhof Hornberg.

Zunächst geht es auf einem Wirtschaftsweg eben bis leicht durch Kiefern-Tannen-Mischwald bergab. An einem Sattel mit einer Wiese rechts

(3 Std.). Auch hier biegen wir wieder nach rechts um den Hang herum und gehen weiter stetig bergab.

Nach gut 10 Min. kommen wir zur **Immelsbacherhöhe** (Grillplatz und Schutzhütte), einem richtigen Bergsattel. Hier verlassen wir den Wirtschaftsweg nach halblinks hinab und wandern auf einem steinigen Pfad durch sonnige Berghänge mit einem schönen Kiefern-Mischwald, Heidelbeeren und Erika als Unterwuchs immer weiter bergab und talauswärts. Nach etwa 20 Min. treffen wir auf den **Gesundbrunnen**, dessen köstlich schmeckendes Wasser den Namen rechtfertigt (im August 2008 war der Brunnen allerdings trocken).

Ein kurzes Stück unter uns liegt ein Grill- und Rastplatz mit Spielplatz und Brunnen. Bis hierher ist Fahrzeugverkehr gestattet, entsprechend lebhaft geht es mitunter an Wochenenden zu. Wir überqueren das Gelände rasch in unserer bisherigen Richtung und gehen unmittelbar danach wieder über Stufen nach links auf einem Pfad weiter.

Dieser führt im Bogen um einen Hang herum, dann liegen die Häuser von Hornberg unmittelbar unter uns, die gleichnamige Burg genau gegenüber. Rasch steigen wir über Stufen steil ins Tal hinab, durchqueren praktisch die Vorgärten der ersten Häuser und erreichen schließlich die asphaltierte Innerortsstraße Im Buchenbronn, der wir folgen (die Querwegzeichen finden sich teilweise an ›verrückten‹ Stellen, z. B. hoch oben an der Stützmauer der Straße oder an der Signalanlage der Bahnschranke). Wir überqueren die Gleise am südlichen Bahnübergang, wenden uns dann nach rechts und erreichen den **Bahnhof Hornberg** (mit netter Wirtschaft) nach einer Gesamtwanderzeit von 4 Std.

halten wir uns weiter an den Wirtschaftsweg ganz links. Dieser führt jetzt etwas steiler durch einen lichten Mischwald bergab. Rechts über uns liegt die Hornberger Höhe. An einer Hangkante erreichen wir eine größere Wegkreuzung und biegen hier nach rechts um den Hang herum. Vorbei an einer Schranke, führt jetzt ein bequemer Waldwirtschaftsweg schwach bergab. Ein Kahlschlag zur Linken eröffnet Ausblicke weit hinaus ins Gutachtal. Eine weitere größere Wegkreuzung erreichen wir bei der **Schutzhütte Philippsruhe**

Zum Schellenmarkt am Biereck

Rundwanderung von Elzach zur Wasserscheide zwischen Elz und Kinzig

Als der elektrische Weidezaun noch nicht erfunden war, trafen sich die Hütebuben am Pfingstsonntag auf dem Biereck, um dort Schellen und Glocken zu handeln.Weiter geht es zur Heidburg und über Pfaus und Lenzeck zurück nach Elzach.

DIE WANDERUNG IN KÜRZE

+
Anspruch

4.30 Std.
Gehzeit

16 km
Länge

Charakter: Leichte Rundwanderung auf guten Wanderwegen

Markierung: Bis Biereck Eckstraße (GR), bis Heidburg teils Hans-Jakob-Weg (schwarzer Hut in weißer Raute), teils Querweg Lahr–Rottweil (rotblaue Raute auf gelbem Grund), bis Elzach Höhenzugangsweg (blaue Raute)

Wanderkarten: LVA/SWV 4, F 505, ADAC Blatt 7 und 10 (beide erforderlich)

Einkehrmöglichkeiten: In Elzach mehrere, an der Route Gasthof Rössle-Biereck (Mo nachmittag, Di sowie mehrere Tage nach Ostern und im Okt. geschl.), Funis-Straußenwirtschaft, Café Pfaus (Fr geschl.). Entgegen der Hinweistafel keine Einkehrmöglichkeiten mehr im Wirtshaus Heidburg und im Gasthaus Sonne (Eilet)

Anfahrt: Mit der **Elztalbahn** DB 726 bis Elzach/Bahnhof, Elzach/Ort mit SBG-Bus Linien 1066, 7201, 7272, 7206. **Mit dem PKW:** Elzach liegt an der B 294 nordöstlich von Waldkirch.

Hinweise: Besonders schön bei Ginsterblüte (Mai/Juni) und mit Herbstlaub. Pfingsten Volksfest Schellenmarkt am Biereck

Vom Kopfbahnhof **Elzach** gehen wir über die Elzbrücke, dann der GR und den Texttafeln »Biereck« folgend, vorbei an Narrenbrunnen, Kirche und Elzacher Löwenbrauerei, dem Neunlinden-Berg am nördlichen Talrand zu. Steil führt der Weg zur Neunlinden-Kapelle hinauf: Das Gnadenbild im Innern befand sich einst in einer Kapelle unten im Tal, die bei einer Hochwasserkatastrophe 1780 zerstört wurde. Das Gnadenbild wurde von den Fluten fortgerissen, konnte aber 30 km flussabwärts unbeschädigt geborgen und 1912 hier in der neuen Kapelle gleichen Namens untergebracht werden.

Unser Wanderweg führt jedoch schon unterhalb der Kapelle am Wasserreservoir nach rechts durch ein Waldstück und dann sehr steil als aussichtsreicher Feldweg über Wiesen hinauf zum **Becherer Eck**

(40 Min.). Hier wurde 1998 ein Obelix-Hinkelstein aus Anlass des hundertjährigen Bestehens des Elzacher Schwarzwaldvereins eingeweiht. Ein Ruhebänkchen lädt zur Rast an diesem Aussichtshöhepunkt. Ca. 150 m vom Wanderweg entfernt liegt im Südwesten drüben am Waldeck der Schutzhütte am Goldenerkopf; dort findet sich auch eine Panoramatafel, die die Bergkulisse jenseits des Elztales erläutert.

Der Weg verflacht. Nach Nordosten ist am Rande des Elztales sehr schön der Finsterkapf zu sehen, über den unsere Route zurückführen wird. Ein kurzes Stück wandern wir im Wald, dann am Waldrand entlang, schließlich wieder über freie offene Flächen: Zwischen Wald und Wiesen geht es nach Norden, immer der blauen Raute folgend.

Nach dem Höhenrücken Burgersberg erreichen wir **Drei Kreuze**, eine im Wald liegende Wegkreuzung mit einem Dreifachkreuz. Wir halten uns geradeaus an die GR und erreichen dann einen breiten Weg, die **Eckstraße**. An vielen Stellen tritt aus dem Untergrund noch die Pflasterung einer alten Straße zutage. Diese Wegverbindung zwischen den beiden großen Schwarzwaldtälern Elz- und Kinzigtal besteht schon seit Urzeiten, weshalb sich in Landkarten auch immer wieder die Bezeichnung Römerstraße findet.

Leicht bergauf wandern wir mal durch Hochwald, dann wieder über freie Wiesen oder Waldlichtungen hinweg. An mehreren Verzweigungen oder Kreuzungen folgen wir geradeaus stets der GR. Nach Osten hin erkennen wir über das Prechtal – die Verlängerung des Elztales – hinweg den markanten **Gschasikopf.** Voraus ist der gestutzte Kegelberg zu erkennen, auf dem sich einst die

Heidburg befand. Vorübergehend führt uns die Höhenlinie auch ganz leicht bergab. Von links kommt das asphaltierte Sträßchen aus Biederbach herauf. Wir halten uns jedoch an unser Wegzeichen und bleiben auf der Eckstraße, desgleichen an einer weiteren Verzweigung, nach der es im Wald immer weiter leicht bergan geht.

Kurz vor unserem Etappenziel Biereck treten wir erneut aus dem Wald heraus. Wir treffen auf einen Wanderparkplatz und ein asphaltiertes Sträßchen, über das wir nur wenige Meter weiter das Gasthaus Rössle am **Biereck** erreichen (2 Std.)

Hier am Biereck treffen wir sowohl auf den **Hansjakob-Weg** (s. Tour 34) als auch auf den **Querweg Lahr–Rottweil.** Das Wegzeichen des letzteren dient uns jetzt teilweise als Markierung, und wir wandern Richtung Rottweil. Eine der Informationstafeln des Hansjakob-Weges weist uns darauf hin, dass hier alljährlich an Pfingsten ein **Schellenmarkt** stattfindet. War dies früher tatsächlich noch ein dem Glockenkaufen und -verkaufen gewidmetes Zusammentreffen von Hirtenbuben aus der gesamten Region, ist heute ein lebhaftes Volksfest daraus geworden. Sicher, auch Glocken werden noch verkauft, aber viel mehr wird heute der Höhenrücken bei diesem Fest seinem Namen Biereck gerecht.

Vom Gasthof aus folgen wir zunächst ca. 50 m der Straße und gehen dann nach rechts, u. a. dem Wegzeichen des Querwegs folgend, auf einem Wanderweg leicht bergan in den trockenen Fichten- und Kiefernwald hinein. Kurz bevor wir die kleine Fahrstraße zwischen Biereck und Heidburg erreichen, passieren wir den links im Wald stehenden **Bildstock am Sandbrunnen** (2.15

Std.): An dieser Stelle hatte sich einst zwischen zwei Bauern ein Streit um eine Quelle entzündet. Ursprünglich floss das Wasser aus dieser in Richtung Kinzig; dann jedoch grub der Widersacher auf der Elzseite das Wasser ab. Aus Gram darüber erhängte sich der so Trockengelegte. Die alte ›trockene‹ Quelle ist jenseits des Fahrsträßchens noch am Wiesenrand zu finden und an typischen Feuchtgehölzen (Weiden) leicht zu erkennen. Das Wasser der neuen Quelle aber läuft bis zum heutigen Tage höchst lebhaft auf der Südseite der Elz zu. Der Bildstock von 1823 ist jedoch älteren Datums.

Wir folgen jetzt dem asphaltierten Fahrweg (kaum Verkehrsaufkommen), auch wenn die Wanderwegzeichen mitunter anderes zeigen (Tour 34 folgt hier dem Wanderweg). Unmittelbar am Fuße des Heidburg-Bergkegels erreichen wir eine freie Wiesenfläche und genießen den schönen Ausblick über den Schlossbauernhof und die Frischnau-Täler im Vordergrund bis zu Hörnleberg und Kandel. Verschiedene Pfade führen zur **Heidburg** hinauf: Die Besteigung lohnt der Aussicht wegen nicht, doch finden sich dort noch verschiedene Mauerreste und auch der Schacht einer Zisterne. Die Heidburg wurde im 11. Jh. von den Zähringern erbaut, verfiel aber bereits im 30jährigen Krieg. Mit den Steinen als Baumaterial wurden teilweise die Höfe in der Umgebung aufge-

baut. Vielleicht wurde aus diesen Steinen auch der hübsche Bildstock errichtet, der unmittelbar beim Schlossbauernhof am Weg steht.

Wir folgen weiter dem Sträßchen, passieren bergab ein Waldstück (von links mündet wieder der **Querweg Lahr–Rottweil** nach der Umgehung der Heidburg auf der Nordseite in unser Sträßchen ein) und erneut einen Wiesen-Bergsattel beim **Gehöft Funi** (rechter Hand). Ein weiterer Bildstock am Wege wurde 1818 zum Andenken an einen Verunglückten errichtet. Weit reicht von dieser Wasserscheide wieder der Blick in die Berg- und Tallandschaften des südlichen (Prechtal, Elztal) und nördlichen (Kinzigtal) Schwarzwaldes. Achten Sie auf Hinweisschilder, einen Besen am Weg und auf wehende Fahnen unten am Hof: Wenn die Strauße geöffnet ist, sollten Sie einen Abstecher die wenigen Meter hinab nicht versäumen (ortstypisches Vesper).

Bald ist dann nach einem Waldstück und vorbei am Rotebühl ein weiterer Bergsattel mit Pass erreicht: Beim ehemaligen Gasthaus Heidburg überqueren wir die B 294. Ein **Wanderparkplatz** ermöglicht es Autofahrern, die Rundwanderung auch von diesem Punkt aus durchzuführen. Hier halten auch die Busse der SBG-Linien 7206 und 1066. Eine weite Aussicht bietet sich wie zuvor schon ins Elz- und Kinzigtal. Eine Möglichkeit zur Einkehr haben wir

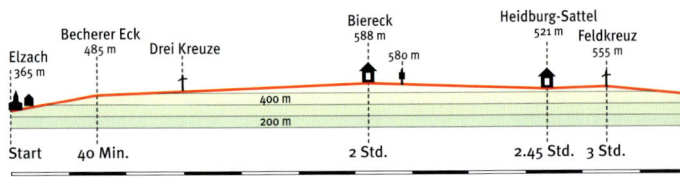

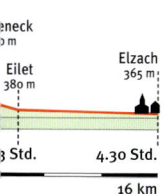

nur wenig nördlich unterhalb des Bergsattels im **Café Pfaus** (2.45 Std.).

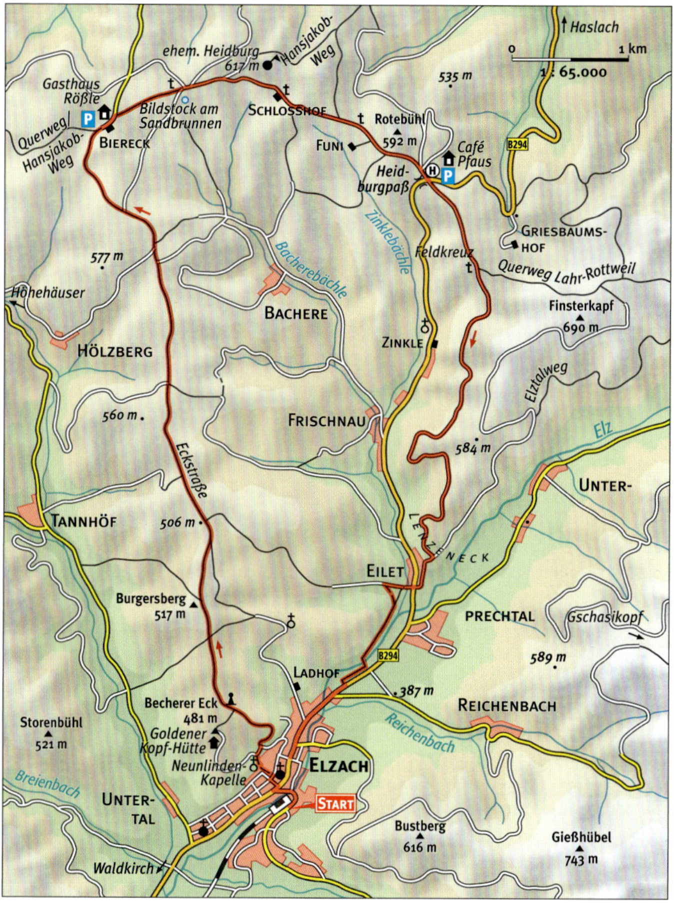

Auf der gegenüberliegenden Straßenseite gehen wir zunächst auf einem asphaltierten Wirtschaftsweg weiter und folgen dabei dem Zeichen des Querweges. Es geht bergauf den Waldrand (auch Blick zurück zur Heidburg) entlang, dann durch ein Waldstück (hier endet für uns die Asphaltierung), bis wir dann im Freien eine Wegkreuzung erreichen (3 Std.): Hier steht das große schöne **Feldkreuz** des Griesbaumhofes, der nördlich unterhalb des Sattels im freien Feld liegt. **Achtung!** An dieser Stelle weicht die Wegführung von den Eintragungen in diversen Wanderkarten ab: Hier trennt sich unser blauer Rautenweg vom Querweg. Wir gehen halbrechts auf einem fast eben verlaufenden Wirtschaftsweg bis zum Ort Eilet weiter. Die Markierungen sind aufgrund der Neuverlegung häufig und lassen keinen Zweifel aufkommen. Unterhalb des Finsterkapfes durchqueren wir die Wald- und Weidehänge dieses Berges. Dabei bieten sich immer wieder schöne Ausblicke über das Frischnautal zum Höhenrücken mit der Eckstraße, über die unser Wanderweg auf weiten Teilen verlief. An einem romantischen Weidehang steht ein Ruhebänkchen. Tief unten im Zinkle liegt malerisch der Schulzhof, ein Doppelhof, der eher für die Kinzigtal-Region typisch ist.

Eben oder leicht bergab, ein kurzes Wegstück auch wieder etwas bergauf, geht es dann durch wechselnden Mischwald den Hang entlang. Über eine Schonung hinweg bietet sich ein letzter Blick zurück auf den Bergkegel der ehemaligen Heidburg. Unser Weg beschreibt weite Bögen um Taleinschnitte herum. Hinter einer Kehre gestattet eine Lichtung (Ruhebänkchen) derzeit gerade noch einen Blick auf die mächtige Bergkulisse jenseits des Elztales. An einer weiteren Kehre mündet von links oben und nur für den Insider erkennbar der alte Wanderweg in unseren Wirtschaftsweg ein, der uns jetzt teilweise steil bergab führt. Eine Weide rechter Hand gewährt noch einmal einen weiten Blick das Frischnau-Tal hinauf, dann liegt seine Einmündung in das Elztal unter uns. Hier am **Lenzeneck** laden zwei Ruhebänkchen zum Verweilen und zur Betrachtung der Bergkulisse ein: der Gschasikopf, an seiner von Drachen- und Gleitschirmfliegern benutzten Waldlichtung immer gut zu identifizieren, liegt imposant gegenüber. Die weiten Waldflanken des Rohrhardsberges schließen sich im Westen an. Ganz rechts drüben über Elzach ragt der Hörnleberg über dem Taleinschnitt auf.

Der Weg ist jetzt wieder asphaltiert. Von links mündet der Elztalweg von Oberprechtal kommend ein. Steil hinab gehen wir auf den Ort **Eilet** unten im Elztal zu und erreichen beim ehemaligen Gasthaus Linde erneut die **B 294** (3.40 Std.). Wir überqueren die Bundesstraße und den Frischnaubach (auch Zinklebächle) auf einer Brücke. Nach der Brücke folgen wir der blauen Raute zwischen Häusern durch wieder nach links. Nach der Einmündung des Zinklebächles in die Elz gehen wir ein Stück den lebhaften Fluss entlang, überqueren ihn dann unmittelbar am Rand des Elzacher Stadtteils Ladhof. Vorbei an einer Schlosserei gehen wir durch ein Neubaugebiet weiter talabwärts. 20 Min. bleiben noch – dem Elztalweg folgend – teilweise auch bergauf, bergab und jenseits der Elz bis **Elzach-Ortsmitte** und wenig mehr bis zum Bahnhof (4.30 Std.).

Durchs Haslacher Land

Von Haslach auf dem Hansjakob-Weg über die Höhen zwischen Kinzig und Elz

Der Hansjakob-Weg, benannt nach dem Schriftsteller Heinrich Hansjakob, führt durch die schönsten, relativ milden Landschaften des mittleren Kinzigtales. Einsame Höfe liegen malerisch in waldgesäumten Talauen.

DIE WANDERUNG IN KÜRZE

++
Anspruch

Charakter: Aufgrund der Länge mittelschwere Wanderung, die aber auch auf zwei Tage verteilt werden kann. Steiler Anstieg von Haslach zum Fehrenbacher Kreuz

7 Std.
Gehzeit

Markierung: Hansjakob-Weg (schwarzer Hut in weißer Raute), Zugangsweg (blaue Raute) und GR

25 km
Länge

Wanderkarten: LVA/SWV 4, Atlasco 235 und 247 (beide erforderlich), ADAC Blatt 7 und 10 (beide erforderlich)

Einkehrmöglichkeiten: In Haslach mehrere, an der Route in Höhehäuser, Am Biereck und in Hofstetten; keine Einkehrmöglichkeit mehr auf dem Fehrenbacher Hof

Anfahrt: Mit der **Schwarzwaldbahn** DB 720 und mit verschiedenen Buslinien. **Mit dem PKW:** Haslach liegt an der B 33 ca. 30 km südöstlich von Offenburg; Parkmöglichkeit am Kapuzinerkloster

Unterkunft: In Höhehäuser und auf dem Biereck

Jahreszeit: Besonders schön zur Zeit der Ginster- und Obstbaumblüte (Juni)

Vor dem **Haslacher Bahnhof** überqueren wir die stark befahrene B 33, gehen schräg links gegenüber auf der Alten Eisenbahnstraße (große Wandertafel) in Richtung Ortsmitte und durchqueren die historische Altstadt auf der Hauptstraße. Im Hof des Kapuzinerklosters können wir ein modernes Hansjakob-Denkmal bewundern und uns gegebenenfalls im Verkehrsamt mit Informationen versorgen (besonders umfangreich zum Thema Hansjakob, s. auch S. 161).

Vom Hof des Kapuzinerklosters gelangen wir an dessen Nordostseite durch einen Torbogen auf die Hofstetter Straße, der wir ortsauswärts bis zur Schulstraße folgen (15 Min.). Hier gehen wir rechts und dann halblinks auf dem Schänzleweg bergauf und aus dem Ort heraus durch schöne Streuobstwiesen. Der Asphalt endet, wir folgen einem geschotterten Wirtschaftsweg weiter durch Obstbaumwiesen und vorbei am Landhaus Heinrichsruh (1888), erreichen die Höhe und überqueren oben den

Bergsattel **Schänzle**. Jenseits des Sattels kommen wir an den Waldrand und gehen nach rechts in den Wald hinein. Zunehmend steiler führt der Wanderweg durch unterschiedlichen Hochwald bergauf. Wir befinden uns auf dem Ruheweg, was aber nicht Erholung, sondern ›Rauer Weg‹ bedeutet. An Verzweigungen halten wir uns jeweils an die blaue Raute, die GR und Texttafeln. Gelegentlich finden sich auch die Texthinweise ›7 Lochen, Fehrenbacher Kreuz‹ oder auch ›Höhehäuser‹. Kurze Zeit folgen wir einem Holzabfuhrweg, überqueren nach einem kleinen Bergsattel im Wald eine Wegspinne und gehen hier wieder steil auf einem Wanderweg durch den Wald hinauf.

An einem weiteren Bergsattel mit einem hässlich-weißen Ruhebänkchen sind wir am **7 Lochen** angelangt (1 Std.), sieben historischen Grenzsteinen, die knäuelartig und wenig eindrucksvoll in einem Erdloch stehen. Der Weg wird flacher, und nach 10 Min. erreichen wir am **Hofstetter Eck** die **Schwedenschanze**, eine lange, wallartige Erhöhung aus groben Steinen, die sich quer durch den Wald zieht.

Von Haslach herauf kommt ein mit blauem Punkt markierter Wanderweg hinzu. Dann geht es auf einem Wirtschaftsweg den Hang entlang fast eben weiter. Ein Kahlschlag ermöglicht derzeit noch einen herrlichen Blick auf Hofstetten. Von rechts kommt nun der **Hansjakob-Weg** dazu, dem wir bis zum Ende dieser Wanderung folgen werden.

Leicht bergab geht es durch Bergwald Richtung Fehrenbacher Kreuz. Vom Bergsattel mit dem Kruzifix führt ein bequemer Wirtschaftsweg wieder bergauf. An einer Gabelung klären große Hinweistafeln über Baumkrankheiten und Waldsterben auf. Hier gehen wir halblinks weiter bergauf durch einen wenig schönen Wald. Deutlich markiert, zweigt dann ein einfacher Wirtschaftsweg als Hangweg wieder recht steil hinauf ab. Auf diesem erreichen wir rasch die Höhenlinie (630 m). An Gabelungen oder Abzweigungen halten wir uns stets an das Symbol des Hansjakob-Weges.

Auf einem ebenfalls steinigen Weg geht es durch einen steinverblockten Buchenwald. Nachdem wir einen dunklen Fichtenwald passiert haben, queren wir eine kleine Waldwiese. Der Bergrücken **Beim Heidenstein** fällt durch eine völlig andere Vegetation (Kiefern und Heidelbeeren) auf. Der Kammweg durchschneidet hier einen von Menschenhand zusammengetragenen Steinwall, der sich weithin nach Osten durch den Wald zieht, vielleicht Teil einer frühgeschichtlichen Fliehburg

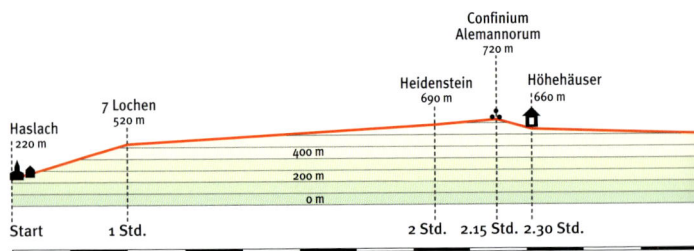

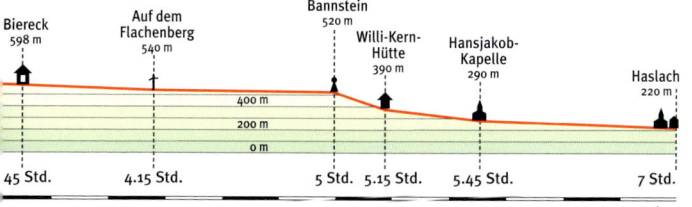

oder eines Ringwalls. Wir sind am **Hesseneck** angekommen. Alte Grenzsteine markieren die Höhenlinie, der wir fast eben folgen. An einem Bergsattel und einer Kreuzung findet sich mit dem Schild »Alemannorum 150 m« bereits ein Hinweis auf unser nächstes Etappenziel. Sehr steil und steinig geht es einen Stichweg hinauf bis zum sogenannten **Confini-**

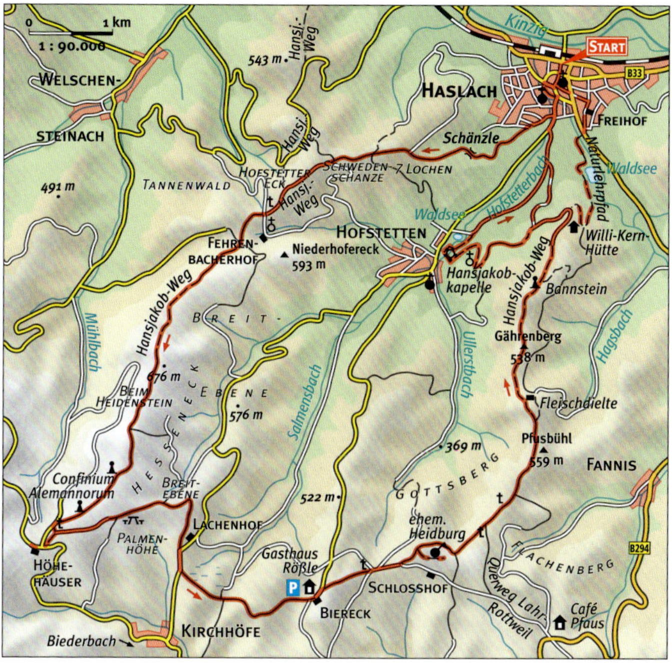

um Alemannorum (2.15 Std.), der alten Grenzlinie zwischen den Alemannen (Schwaben) und den Franken seit der Zeit Pipins von Heristal 710, urkundlich als Grenze um 900 beschrieben. Ein Grenzstein von 1588 markiert die Machtbereiche der Fürsten von Fürstenberg (Adler) und des Klosters Ettenheimmünster (Abtstab).

Auf der Höhenlinie weiter wandernd, erreichen wir einen weiteren alten **Grenzpunkt**, einen Dreimärker von 1585, von dem – wie uns eine Tafel berichtet – nur noch der »Arsch« (der im Boden verbleibende Sockel des Steines) vorhanden ist. Hier trafen sich die alten Gaugrafschaften Breisgau und Ortenau.

Ein einfacher Wirtschaftsweg, zunächst eben und dann bergab verlaufend, führt durch Fichtenwald. Am Waldrand haben wir dann einen freien Blick über Wiesen und Weiden hinweg auf Höhehäuser und die mächtigen Berge jenseits des Elztales. Durch ein Waldstück wandern wir abwärts, biegen dann am ersten Hof um die Ecke nach links ab. An diesem Wegeknick bei **Höhehäuser** stehen eine weitere Infotafel und ein Kreuz, das die Wasserscheide zwischen Elz- und Schuttertal markiert (2.30 Std.). Wir genießen den weiten Blick zum Rohrhardsberg (Fernsehturm) und zum Hörnleberg mit seiner Wallfahrtskapelle. Hier mündet nun der **Querweg Lahr–Rottweil** in unseren Schlapphut-Weg ein. Zu den Gasthäusern (Café Schwarzwaldstüble, Wirtshaus Kreuz) drüben an der Passstraße zum Schuttertal sind es nur 300 m. Die nächste Einkehrmöglichkeit, das Gasthaus Rössle am Biereck, ist dagegen noch 5 km entfernt.

Unsere Route führt jetzt in östlicher Richtung über eine Weide bergauf der Palmenhöhe zu. Ein Wald mit zwei Hütten wird durchquert, dann bietet sich beim Weitergehen am Waldrand entlang ein Panoramablick über das Elztal. Eben folgen wir einem Wirtschaftsweg nach Osten, sicher der aussichtsreichste Abschnitt hier in der Mitte unserer Rundwanderung. Der Rastplatz **Palmenhöhe** lädt mit Tisch und Bänken zu einer Pause ein.

Vorbei an einem hässlichen modernen Haus in schönster Aussichtslage gehen wir auf den Waldrand zu, durchqueren dann das Waldstück und treten drüben über der Breitebene wieder ins Freie. Die Breitebene ist ein aussichtsreiches, steil nach Hofstetten abfallendes Hochtal am Fuße des Alemannorums. Hansjakob bezeichnete es als »herrliches Erdenfleckchen«, besonders zur Zeit des golden leuchtenden Ginsters in den Weidebergen (Mai/Juni).

Am Bergsattel Breitebene biegen wir rechts ab und gehen am Waldrand entlang. An einem frei stehenden Grenzstein vorbei führt der Weg noch ein Stück geradeaus, durch den fast schon selten gewordenen Ginster (Hansjakobs Lieblingspflanze) einen von Lärchen bestandenen Waldrand entlang nach Nordosten. Dann aber biegt er in spitzem Winkel rechts herum und führt in den Wald hinab in südwestlicher Richtung weiter. Kurz darauf treten wir erneut auf eine freie Weidefläche hinaus: Ein Schwarzwald-Bilderbuchblick über das Lachengehöft hinweg auf Heidburg und Biereck und auf die Höhenzüge jenseits des Elztales bietet sich uns dar.

Steil geht es am Waldrand neben der Weide hinab. Auf Höhe des **Lachenhofes** erreichen wir ein asphaltiertes Sträßchen, das die Elztalgemeinde Biederbach mit der Kinzigtalgemeinde Hofstetten verbindet. Diesem folgen wir jedoch nur wenige Meter und biegen dann halblinks wieder in den Wald hinein auf den Wanderweg ein. Ein kleines Moor markiert an diesem Bergsattel die Wasserscheide.

Etwa 300 m gehen wir durch Wald und treten dann auf den Bergsattel Bei Oberbiederbach hinaus (Informationstafel). Auf einem einfachen Wirtschaftsweg geht es dann durch unschönen Fichtennutzwald bergauf bis zu weiteren freien Wiesen mit Blick nach Norden. An einem Wanderparkplatz vorbei erreichen wir schließlich das Gasthaus Rössle auf dem **Biereck** (3.45 Std.).

Das Biereck ist vielen wegen des Schellenmarktes an Pfingsten ein Begriff. Zu Zeiten, als der elektrische Weidezaun noch nicht erfunden war, erwarben die Hütebuben hier tatsächlich ihre Glocken. Heute ist der Schellenmarkt eher ein lebhafter Hock (man trifft sich und hockt zusammen), bei dem zwar auch immer noch Glocken angeboten werden, der aber viel eher dem Namen Biereck gerecht wird.

Wir treffen hier auf dem Bergsattel auf eine uralte Straße, die **Eckstraße,** die vermutlich schon von den Römern benutzt wurde, die vom Elztal bzw. aus dem Breisgau hinüber ins Tal der Kinzig zogen (vgl. Tour 33). Wir folgen der Eckstraße talabwärts etwa 200 m, dann führen uns die Wegzeichen (Schlapphut und Querweg) wieder nach rechts in den Wald hinein auf einen breiten, teilweise sandigen, teilweise wurzeligen und steinigen Wanderweg. Bergauf durchqueren wir einen trockenen lichten Kiefernwald, überqueren einen Höhenrücken und erreichen schon wenig später wieder eine Gabelung mit einer kleinen Fahrstraße. Ein **Bildstock** (4 Std.; ehem. Schlosshof) steht links im Wald. An dieser Stelle hatte sich einst zwischen zwei Bauern ein Streit um eine Quelle entzündet. Ursprünglich floss das Wasser aus dieser in Richtung Kinzig; dann jedoch grub der Widersacher auf der Elzseite das Wasser ab. Aus Gram darüber erhängte sich der so Trockengeleg-

te. Die alte ›trockene‹ Quelle ist jenseits des Fahrsträßchens noch am Wiesenrand zu finden. An typischen Feuchtgehölzen (Weiden) ist sie leicht zu erkennen. Das Wasser der neuen Quelle aber läuft bis zum heutigen Tage höchst lebhaft auf der Südseite der Elz zu.

Wir folgen ein kurzes Stück dem Fahrsträßchen, um es aber bald wieder nach links in den Wald hinein zu verlassen. Wir durchqueren abermals einen trockenen Wald, in dem Kiefern und Heidekraut charakteristisch sind. Rasch erreichen wir eine auf einem Sattel gelegene und offensichtlich öfters zu Rast- und Spielzwecken besuchte Bergwiese (Bei der Heidburg). Wir stehen hier unmittelbar vor der auf einem Buntsandsteinkegel gelegenen **ehemaligen Heidburg**. Der Aussicht wegen lohnt der Aufstieg nicht, sie wurde bereits zu Beginn des 18. Jh. endgültig zerstört. Alles ist eingewachsen, die ehemaligen Mauern, heute nur noch als wallartige Anlagen erkennbar, machen dennoch einen wildromantischen Eindruck. Ein einfacher Weg führt an der Südseite hinauf; sein Beginn unmittelbar am Wiesenrand am Bergsattel ist jedoch nicht ganz einfach zu finden. Achtung auch: Der Wirtschaftsweg auf der Nordseite des Burgberges führt nicht hinauf ans Ziel!

Uns etwas links haltend, finden wir die Markierungen für den Weiterweg. Unterhalb des Burgberges und auf dessen Nordseite durchqueren wir ein Waldstück, gehen an einer Wiese erneut nach links in den Wald hinein und treten dann in nördlicher Richtung auf einen weiten Höhenrücken mit Wiesen und Feldern hinaus, den **Gottsberg,** auf dem der Ausblick immer schöner wird, je weiter wir nach Norden wandern.

An der Schwedenschanze auf dem Hansjakob-Weg

An einer Gabelung mit einem weiteren **Bildstock** (Jahreszahl 1838) unter einer Eiche trennt sich der Querweg Lahr–Rottweil von unserem Schlapphut-Weg. Einen Hinweis auf das Wirtshaus Heidburg sollten Sie unbeachtet lassen: Es existiert seit einigen Jahren nicht mehr.

Wir folgen einem kirschbaumgesäumten Wirtschaftsweg und kommen kurz darauf, Wiesen und Felder durchquerend, **Auf dem Flachenberg** an ein weiteres Wegkreuz (4.15 Std.). Hier befindet sich leider auch ein Modellflugplatz (mitunter Lärmbelästigung). Dem Wirtschaftsweg nach Norden folgend, erreichen wir erneut einen birkenbestandenen Waldrand. Geradeaus weist uns die Markierung in den Wald hinein. Auf weichem, nadelbedecktem Wanderweg kommen wir nur wenig später an einen weiteren Bergsattel. Steil fallen die Weidehänge ins Hagsbachtal über Mühlenbach hin ab. Geradeaus folgen wir dem Waldrand, umgehen

eine Berghütte auf ihrer Ostseite und gehen dann über eine Kirschbaumwiese in den Hang oberhalb der Fleischdielte (= Geröllmulde).

Geradeaus geht es in den Fichtenwald hinein, in dem sich kurz darauf der Wanderweg hinab nach Mühlenbach vom Hansjakob-Weg trennt. Dem Höhenrücken folgend, wandern wir teilweise wieder leicht bergauf, überqueren den Gährenberg, gehen erneut bergab und wieder leicht hinauf durch teilweise steinverblockten Bergwald. Der Weg wird dabei vorübergehend zum Pfad. Dann erreichen wir den **Bannstein** (5 Std.), eine klassizistisch anmutende Säule, wie sie früher wohl rings um die Gemeinde Hofstetten standen.

Vom Bannstein gehen wir halblinks auf einem Pfad in den Hang hinein bergab, stoßen auf einen kiesgeschotterten Holzabfuhrweg und folgen diesem weiter bergab. In einer Linkskehre des Wirtschaftsweges erreichen wir die **Willi-Kern-Hütte**

(5.15 Std.), eine offene Schutzhütte des Schwarzwaldvereins mit Tischen und Bänken, in der Hinweistafeln die geschützten Pflanzen und Pilze erläutern (Haslacher Wald- und Naturlehrpfad). Wer kein Interesse am Besuch von Hofstetten und der Hansjakob-Kapelle hat, folgt hier dem Lehrpfad in Richtung Haslach und erreicht den Ausgangspunkt Bahnhof nach ungefähr 3 km.

Wir folgen um die Kehre links herum dem Wirtschaftsweg bergab, verlassen ihn aber später in einer Rechtskurve. Jetzt wird der Hansjakob-Weg wieder zu einem teils sehr schmalen Pfad, folgt oder quert weitere Wirtschaftswege. Als Wegmarkierung dient jetzt neben dem Hansjakobhut (ein Symbol, das von Souvenirjägern leider immer wieder abmontiert wird) mitunter auch ein rotes Diagonalkreuz. Nach einem etwas steileren Abstieg über einen steinigen Holzabfuhrweg gelangen wir endlich zur **Hansjakob-Kapelle** (5.45 Std.): Noch zu seinen Lebzeiten hat sich der Schriftsteller sein Grab von einem bekannten Architektenpaar erbauen lassen. 1916 wurde er hier zur letzten Ruhe gebettet.

Rasch führt die Wanderroute über einen Holzabfuhrweg bis nach **Hofstetten** hinab. Am Waldsee ist der Hofstetter Talbach erreicht. Geradeaus führt die Brücke über den Bach in die Ortsmitte mit dem historischen Gasthaus Drei Schneeballen. Wer direkt nach Haslach will, wendet sich unmittelbar hinter der Brücke nach rechts, geht vorbei an der Talmühle, quert erneut den Talbach auf einer Brücke und folgt dann zwischen Wald und Bach dem Bächle-

waldweg talauswärts in nördlicher Richtung.

Nach einem Fischweiher erreichen wir ein asphaltiertes, nur schwach befahrenes Sträßchen, das uns bis Haslach als Wanderweg dienen muss. Etwas oberhalb des Talgrundes immer am Waldrand entlang wandernd, schweift der Blick über Obstbaumwiesen dem Ort Haslach und den hinter ihm liegenden Bergen jenseits des Kinzigtales zu. Bei der Wassertretstelle erreichen wir wieder die Schulstraße, womit sich die Rundwanderung schließt. Über den schon bekannten Herweg kommen wir in die Altstadt von **Haslach** und zum **Bahnhof** (7 Std.).

Der Hansjakob-Weg

Der Pfarrer und populäre Schriftsteller Heinrich Hansjakob (1837–1916) war ein glühender Verehrer seiner Heimat. In seinem umfangreichen Schriftwerk beschreibt er auch seine liebsten Wanderziele. Als demokratisch gesonnener Zeitgeist setzte er sich oft in Opposition zur herrschenden Schicht, was ihm mehrere Gefängnisaufenthalte einbrachte. Seine sozialkritische Gesinnung brachte er auch durch seinen ›Hecker-Hut‹ zum Ausdruck, einen schwarzen Hut mit geschwungener weiter Krempe, wie er auch von dem 1848 in die USA geflüchteten Revolutionär Hecker getragen wurde. Dieser Hut markiert als Symbol den Hansjakob-Weg, einen der schönsten Wanderwege des Schwarzwaldvereins. Informationstafeln am Wege erläutern landes- und volkskundliche Eigenheiten.

Von der Stirne heiß ...

Von Hausach über den Farrenkopf nach Gutach

Die Überquerung des Farrenkopfes gilt unter Westweg-Wanderern als eine der anstrengendsten Etappen. Steil steht der Berg über der Einmündung des Gutachtales ins Kinzigtal.

DIE WANDERUNG IN KÜRZE

++
Anspruch

4 Std.
Gehzeit

14 km
Länge

Charakter: Mittelschwere Streckenwanderung auf einfachen Wander- und Gehwegen; steiler Anstieg zum Farrenkopf, steiler Abstieg nach Gutach

Markierung: Westweg (rote Raute), Höhenzugangsweg nach Gutach (blaue Raute)

Wanderkarten: LVA/SWV 4, Atlasco 235, ADAC Blatt 8

Einkehrmöglichkeiten: In Hausach, an der Strecke im Freilichtmuseum Vogtsbauernhof und in Gutach; nicht am Farrenkopf

Anfahrt: Mit der **Schwarzwaldbahn** DB 720 Offenburg–Konstanz oder verschiedenen **Buslinien. Mit dem PKW:** Über die B 33 nach Hausach; Parkplätze an den Kinzigbrücken (Nordseite) benutzen

Vogtsbauernhof: Besuch des Freilichtmuseums möglichst vormittags und außerhalb der Ferienzeit einplanen (starker Andrang).

Am **Bahnhofs-Wanderparkplatz** von **Hausach** finden wir eine Hinweistafel auf die Wanderwege des Schwarzwaldvereins, darunter auch den **Westweg,** dem wir bis zum Farrenkopf folgen werden (auch identisch mit dem Europäischen Fernwanderweg 1 Nordsee–Gotthard–Mittelmeer).

Zunächst geht es talabwärts nach Hausach hinein und auf Höhe der Kinzigbrücke bzw. des Kinzigstegs (Bahnunterführung, große Orientierungstafel an der B 33 unmittelbar unterhalb der Burgruine) steil links hinauf. Bei der **Ruine Hausen** (auch Husen, erbaut im 12. Jh., bereits Mitte des 17. Jh. Ruine) und dem Krie-

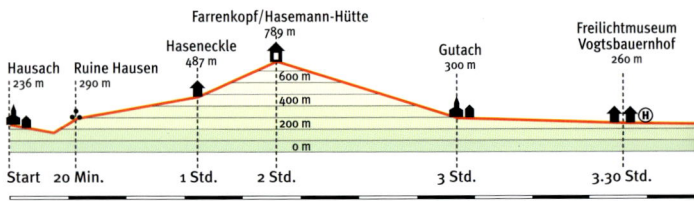

Hausach 236 m · Ruine Hausen 290 m · Haseneckle 487 m · Farrenkopf/Hasemann-Hütte 789 m · Gutach 300 m · Freilichtmuseum Vogtsbauernhof 260 m

Start · 20 Min. · 1 Std. · 2 Std. · 3 Std. · 3.30 Std.

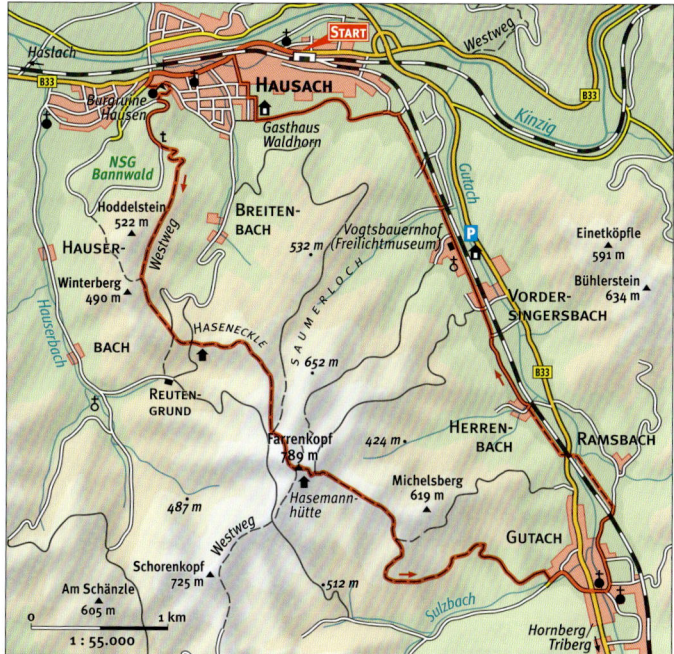

Hausach
236 m

4 Std.

14 km

gerdenkmal überrascht uns der Ausblick hinab auf Hausach und das Kinzigtal (20 Min.) – wir haben sehr rasch Höhe gewonnen. Weiter steil bergauf gehend, erreichen wir auf der Schlossebene eine Fahrstraße, der wir ein Stück weniger steil bergauf folgen. Wir durchqueren dabei das **Naturschutzgebiet Bannwald.** Bei einem Holzkreuz verlassen wir die Fahrstraße nach links und steigen in mehreren Serpentinen durch den Gummenwald immer weiter steil zum Bergrücken **Hoddelstein** hinauf. An Verzweigungen und Gabelungen folgen wir jeweils der Markierung des Westwegs. Durch den Hochwald sind links unten die Höfe von Breitenbach zu erkennen, an einer Bergwiese bietet sich dann ein ungehinderter Blick hinab ins Breitenbachtal.

Der Weg verläuft wieder im Wald. Rechts über uns bleibt der Winterberg zurück, und wir erreichen den Bergsattel **Haseneckle** (1 Std.; Unterstand). Nach rechts hinab haben wir einen Blick in den Reutengrund und ins Hauserbachtal, wo sich viele Silberminen befanden, die den Reichtum der Kinzig-Gemeinde Hausach mitbegründeten.

Vom Haseneckle gehen wir erneut steil bergauf, ein weiterer kleiner Bergsattel gewährt einen Blick über

163

Hausach zum Brandenkopf jenseits der Kinzig. Dann treibt uns der Wanderweg wieder den Schweiß auf die Stirn: Steil geht es im dichten Zinowald bergauf. Verzweigungen sind jeweils deutlich markiert. Auf einem Höhenrücken geht es weiter steil hinauf bis zum **Farrenkopf** (2 Std.). Der früher wegen seines famosen Ausblicks als ›badischer Rigi‹ bezeichnete Gipfel kann unter diesem Aspekt nur enttäuschen: Der Wald gestattet heute nur einen Ausblick in südliche und südöstliche Richtung. Die Hasemann-Hütte (benannt nach dem Gutacher Schwarzwaldmaler Wilhelm Hasemann) bietet noch das Flair einer ruhigen Gipfelhütte: Vandalen ist der Aufstieg bis hierher wohl zu schweißtreibend.

Wir verlassen hier den Westweg und folgen jetzt der blauen Raute nach Osten Richtung Gutach, das nicht sichtbar unter uns zu Füßen des Farrenkopfes liegt. Der schmale Pfad führt in Serpentinen steil im Wald bergab.

An Verzweigungen halten wir uns stets an die blaue Raute. Unterhalb des Michelsberges verflacht der Weg und führt jetzt oberhalb des Sulzbachtales den steilen Hang entlang. Sulzbach, das bedeutet Silberbach, und vermutlich befanden sich hier – wie auf der gegenüberliegenden Seite des Farrenkopfes – ebenfalls Silbervorkommen. An der Farrenhalde haben wir eine schöne Aussicht in dieses Tal mit seinen großen Schwarzwaldhöfen. Über Wiesen und Weiden geht es weiter bergab bis zu den ersten Häusern der teilweise sehr malerischen Ortschaft **Gutach** (3 Std.).

Wir gehen Richtung Kirche und überqueren dabei die B 33 bei den Gasthäusern Traube und Krone. Auf der Kirchbrücke überqueren wir die lebhafte Gutach, passieren nach links gehend Kirche und Kirchplatz sowie das historische Gasthaus Linde. Auf dem asphaltierten Ramsbachweg wandern wir talauswärts, unterqueren die Schwarzwaldbahn, wenden uns links und folgen nun der Bahnlinie auf einem nichtasphaltierten Wirtschaftsweg. Wenig weiter queren wir erneut Gutach und Bundesstraße und folgen dann Bahn und Straße immer weiter talauswärts bis zum Gutacher Ortsteil **Herrenbach.** Auf der alten, ruhigen Ortsstraße gehen wir vorbei an schönen Schwarzwaldhöfen und erreichen das Schwarzwälder **Freilichtmuseum Vogtsbauernhof** (3.30 Std.). Einen Besuch sollten Sie nicht versäumen. Es vermittelt einen Einblick in das bäuerliche Leben vergangener Zeiten. Die um den historischen Hof gruppierten Gebäude wurden aus anderen Schwarzwaldregionen zusammengetragen, hier aber so angeordnet, wie sie tatsächlich geografisch verbreitet sind. Von Süden kommend erreichen wir zuerst das Hotzenwaldhaus. Die blaue Raute führt uns zwischen Museumsgelände und Bahngleisen weiter talauswärts. Hippenseppenhof und Vogtsbauernhof – nur letzterer an seinem Originalstandort – sind auch vom Wanderweg aus schön zu sehen.

Wir gehen jetzt nur noch auf Asphalt oder bekiesten Wegen. Zunächst die blaue Raute, später der Hansjakob-Hut, führen uns wieder zurück nach **Hausach** (4 Std.). Wer zum **Bahnhof** will, steigt (ohne Markierung) unmittelbar beim Gasthaus Waldhorn Treppen hinab und geht dann in Nordrichtung in den Ort hinein (vgl. Karte).

Register